한국인을 위한

중국어 오류분석

1. 문법오류
2. 어휘오류
3. 텍스트오류

한국인을 위한
중국어 오류분석

| 황옥화 지음 |

KS 한국학술정보(주)

지난 세기 90년대를 시작으로 전 세계적으로 중국어 학습 열풍이 불기 시작하였다. 2006년의 불완전한 통계에 의하면 전 세계에 중국어를 학습하는 학생 수가 2,550만 명에 이르고 초급수준의 학습자들까지 합하면 대략 3,000여만 명에 달한다고 한다. 중국어는 점차 막강한 언어로 떠오르고 있다. 한국은 우리나라와 국교를 맺은 후 중국어를 학습하는 인구가 급격히 상승하였는데 한국의 300여 개 대학의 3분의 2에 해당하는 대학에서 중국어학과를 개설하였으며 중국어를 학습하는 언어학원은 큰 도시에 널리 분포되어 있다. 중국 대륙에서 중국어를 학습하는 유학생 수는 한국이 일본을 초월하여 제일위를 차지하였다.

외국인들의 중국어학습에 편리를 도모하고 중국과 외국 간의 광범위한 교류를 촉진하기 위하여 외국인을 위한 중국어 교육 분야에서는 지금까지 많은 중국어 교재와 중국어 관련의 전문서적과 참고서가 출판되었다. 하지만 이런 수업서적들이 부동한 나라와 부동한 원어를 쓰는 학생들의 중국어학습특점에 대한 고려가 적은 탓으로 모든 나라 학생들이 천편일률적으로 사용하기에는 적합하지 않다. 특히 한국학생들의 중국어 학습 가운데서 원어의 영향으로 나타나는 적지 않은 문제는 지금까지의 저서와 참고서에서 이상적인 답안을 찾아내기가 어려웠다.

중국어를 처음으로 접하는 한국 학생들로 하여금 가장 짧은 시간 내에 중국어를 효과적으로 학습하고 마스터하게 하며 중국어 학습과정에 나타나는 문제를 해결하도록 하기 위하여 저자는 다년간의 외국인을 위한 중국어 교수 경험의 바탕에서 학생들의 질문, 자연습작, 인터뷰, 한담, 설문조사 등 여러 가지 방법으로 한국학생들에게서 누차 반복되는 중국어오류를 수집하여 유형별로 분류 정리, 귀납하고 치밀한 연구를 거쳐 일정한 규칙을 얻어냈다. 그리고 귀납해낸 규칙을 학생들에게 전수하여 적은 노력으로 확실한 효과를 거둘 수 있음을 확인하게 되었다. 저자가 이번에 출판하게 된 책『한국인을 위한 중국어 오류분석』은 이러한 오랜 시간 한국인을 위한 중국어 교수 현장에서의 경험을 바탕으로 집필되어진 책이다.

이 책에서는 주로 한국 학생이 중국어를 학습하고 사용하는 과정에 나타나는 세 가지 오류에 대해 조사 분석하였다. 즉 문법오류, 어휘오류, 텍스트 오류이다. 문법오류에서는 주로 오류율이 비교적 높은 동사, 조사 "了", 개사 "在"와 "对", 부사 "也"와 "都", 방향보어, 어순 여섯 가지 문법항목에 대해 묘사하고 해석하였으며 동시에 문법오류의 유형 및 생성원인을 하나하나 분석하였다. 어휘오류에서는 주로 동의어, 시간사, 동형어, 성어 네 가지 어휘항목에 대해 묘사하고 해석했으며 어휘오류유형 및 생성원인을 분석하였다. 텍스트 오류에서는 주로 생략, 호응, 접속사, 단어연결 네 가지 항목에 대해 묘사 해석했으며 그 유형과 생성원인에 대해서도 상세하게 분석하였다.

이 책은 한국어를 모국어로 하는 학생들에게 적합하며 한국인을 위한 중국어 수업에 종사하는 교사에게도 적합하다. 이 책이 한국 학생들의 중국어 학습 과정에서 나타나는 오류를 가능한 빠른 시일 내에 극복하고 유창한 중국어 구사에 도움이 되리라고 믿어마지 않는다.

마지막으로 이 책의 출판을 위하여 지원해 주신 한국학술정보(주)에 진심으로 감사를 드림과 동시에 이 책을 위하여 많은 심혈을 기울여 주신 편집팀에 진심으로 고마움을 표한다.

황 옥 화
2008년 4월

차 례

어휘오류 … 101

제4장

텍스트오류···141

제
1
장

서　론

1. 연구 목적

한국어를 원어로 하는 한국학생이 중국어를 배우는 과정에서 나타난 오류, 이 연구는 중요한 이론적 가치와 응용적 가치를 가지고 있다. 첫째, 중국어 隱性특성을 알아보는 데 도움이 되고 중국어 本体연구를 추진시키며 둘째, 한중언어대비연구를 추진시킨다. 셋째, 한국학생들의 중국어 습득과정과 습득순서를 알아보는 데 도움이 되며 중국어를 제2언어로 하는 습득연구를 추진시킨다. 넷째, 심층적으로 제2언어수업에 정보를 제공하여 대외중국어 수업을 개진하기 위하여 참고적인 策略을 제공하므로 대외중국어수업이론의 연구와 발전을 추진시킨다.

2. 앞선 연구 개관

오류분석연구는 일찍이 1967년 영국언어학가 S.P.Corder가 경전논문 The Significance of Learer Errors를 발표한 후로부터 언어학, 심리학, 교육학, 언어교수 등 학과의 각별한 관심을 받아왔다. 비록 단 40여 년의 역사를 가지고 있지만 Corder, Lado, Ellis, Zobl를 중심으로 한 미국, 영국, 싱가포르 등 나라의 학자들은 오류분석의 이론기초, 오류의 내원, 오류 分类模式, 오류분석이 언어수업 가운데서의 응용 등 사람들의 주목을 끄는 문제에 대하여 깊이 탐구했으며 가치 있는 저작을 많이 발표하였다.

우리나라 대외중국어 교수연구원도 20세기 60년대부터 시작하여 외국학생들이 중국어를 학습하는 가운데서 나타난 病句을 수집, 정리,

연구하였으며 "病句分析", "语病分析" 등 저작을 출판하였다. 이 시기 오류연구는 병문과 目的语의 标准形式 사이의 단순한 비교였을 뿐 학생들의 심리적인소와 학습규율로부터 해석하지 못하였다. 80년대 이후 鲁健冀가 솔선해서 외국의 中介语이론으로 음운, 어휘, 문법과 화용 방면으로 외국학생들이 중국어습득과정에 나타난 오류를 해석하고 현대중국어 각 계통에까지 연구분야를 확장하고 넓혔으며 인지심리학과 학습이론으로 해석하고자 하였다. 그 후로 吕文华, 梅立崇, 刘明章, 李大忠, 王魁京, 戴庆厦, 赵金铭, 吴丽君 등 사람들도 多角度, 多层次로 오류연구에 착수하여 수십 편의 가치 있는 저작을 발표하여 중국어습득과정에 나타나는 오류에 대한 了解를 깊이 하고 본 학과 이론연구의 热点으로 되게 하였다.

목전 우리나라의 오류에 관한 분석연구는 아래와 같은 세 가지 방면으로 진행하고 있다.

첫째, 鲁健冀(1984, 1987, 1994), 梅立崇(1984), 李大忠(1990) 등이 언어 구조와 사용으로부터 외국유학생의 중국어습득에서 나타난 오류와 그 내원을 연구하였다.

둘째, 刘明章(1990), 高莉琴(1994), 李红印(1995), 黄玉花(2002), 吴丽君(2002) 등이 민족과 국가별 측면으로부터 조선족과 위글족 학생 및 태국과 일본유학생들이 중국어학습에서 나타나는 오류를 분석하였다.

셋째, 赵金铭(2002), 戴庆厦(2002), 方续军(2001) 등이 "最小差异对"이론과 配价이론 및 비교언어학이론으로 외국인 문법오류와 동사구문의 配价상 오류 및 제2언어습득에서 문법의 "空缺"에 대한 서술과 해석을 하였다.

오류분석연구는 비교적 큰 성과를 거두었지만 아직도 미흡한 점이 많은데 주요하게 아래와 같은 몇 가지가 있다.

첫째, 오류분석의 심리학기초는 인지이론이다. 인지이론으로 오류분석을 하는 데 아직도 부족하다.

둘째, 오류를 분석할 때 중국어의 本体와 연결시키지 못했다.

셋째, 대다수의 오류분석은 음운, 어휘, 문법분석 등 언어적 요소에만 머물렀을 뿐 문단과 화용측면에 대한 언급은 비교적 적다.

넷째, 오류가 나타난 원인에 대해 간단한 유형귀납만 하였을 뿐 학습자의 인지, 개체차별과 심리요인 및 외부환경요인에 대해서는 깊이 파고들지 못했다.

다섯째, 단계별과 국적별로 체계적인 오류분석을 하지 않았으며 한국유학생의 학습에서 나타난 오류연구는 더 적다.

3. 주요내용

본문은 주로 5장으로 되어 있다.

제1장은 서론이다. 서론에서는 주로 연구목적, 앞선 연구개관 및 주요내용과 연구방법을 서술한다.

제2장은 문법상의 오류를 서술했다. 주요하게 오류가 가장 많이 나타나는 동사, 조사 "了", 개사 "在"와 "对", 부사 "也"와 "都", 방향보어, 어순 등 6가지 문법에 대한 설명과 해석을 하였다. 여기서는 부동한 문법오류유형과 그 내원을 분석하여 한국어와 중국어교수에서 참고로 할 수 있다.

제3장은 어휘에서 나타나는 오류이다. 주로 오류가 많이 나타나는 동의어, 시간사, 동형어, 성어 등 네 가지 항목을 설명 해석하였다. 여기서는 각 오류유형과 그 내원을 분석하였는데 한국어와 중국어의 어

휘교수에서 참고로 할 수 있다.

제4장은 텍스트오류이다. 주로 오류가 많이 나타나는 생략, 호응, 접속사, 단어연결 등 네 가지 큰 항목에 대해 해석하였다. 텍스트에서는 매 문단의 오류유형 및 그 내원을 분석하였는데 한국어와 중국어 교수에서 참고로 할 수 있다.

제5장은 오류가 생기는 기제와 오류를 해결하는 책략이다.

본문의 끝에 "한국학생 중국어습득과정의 오류 언어자료" 있다. 언어자료표 중의 대부분 언어자료는 길림대학 국제언어학원 중국어전공 3학년 학생의 중국어습작 가운데서 수집한 것이고 일부는 각 단계별 언어학급 유학생들에게서 수집한 것이다. 언어자료표를 나열한 목적은 한국학생들이 중국어습득과정에서 나타나는 오류분석에 수량적 근거를 제공하여 오류를 더 깊이 연구하는 데 도움이 되게 하려는 데 있다.

4. 연구방법

본문은 인지이론과 中介语이론을 이론지도로 하고 응용연구에 치중하였다. 제2언어습득실제로부터 출발하여 연구과제를 정하고 이론의 지도하에서 분석연구를 진행하며 대외중국어교수의 응용목적에 도달하려 하였다. 다시 말하면 "응용 —— 이론 —— 응용"의 研究模式을 취하였다. 우선 한국학생들이 중국어를 습득하고 응용하는 과정에서 나타나는 규율성을 띤 오류를 전면적 체계적으로 조사하고 충분한 언어자료로 오류내원과 유형에 대해 理性적인 사고와 분석을 하여 심층적으로 제2언어습득과정을 밝히고 제2언어교수에 참고성적인 책략을 제공한다.

본문에서는 주로 아래와 같은 연구방법을 사용한다.

첫째, 대비분석과 오류분석을 결합한다. 대비분석은 行为主义심리학을 이론기초로 하여 제2언어 학습 중의 난이점을 예측할 수 있고 오류분석은 인지심리학을 이론기초로 하여 제2언어의 습득과정과 학습자심리과정을 요해하여 언어의 전반 습득과정을 揭示할 수 있다. 비교분석을 기초로 해야만 오류분석을 정확하고도 깊이 있게 할 수 있다. 오류분석은 대비분석을 가일층 완벽화하고 대비분석에 가치 있는 근거를 제공해 줄 수 있다.

둘째, "三个平面"문법이론과 방법으로 분석 연구한다. 모든 문법항목은 모두 통사, 의미, 화용 등 세 가지 요소로 하나의 유기적인 통일체를 이루었다. 이 세 가지는 독립적이면서도 서로 제약하고 영향 준다. 때문에 중국어 오류분석도 반드시 통사, 의미, 화용 세 평면으로부터 진행해야만이 충분한 설명과 해석을 가져올 수 있다. 어느 한 가지측면에 제한된 분석과 해석은 오류를 정확하게 인식할 수 없다.

셋째, 定量분석법을 사용한다. 오류수량, 오류빈도, 오류비율 등 양적인 统计로 각종 현상을 설명하고 이런 样本统计로 오류의 수량특징에 대해 믿음직한 추측과 판단을 내릴 수 있기에 현상에 대한 총체인식에 도달할 수 있다.

연구순서로는 다음과 같이 진행한다.

첫째, 주로 두 가지 면으로 문헌을 찾아보았다. 하나는 中介语와 제2언어습득이론에 관한 논저로 기의존 연구상황을 요해하고 장악하였다. 이 방면의 문헌자료는 많았는데 특히 영문문헌이 매우 풍부하였다. 둘째로는 오류분석에 관한 논저로 연구현황을 요해 장악하였다. 이 방면의 문헌은 비교적 적었으며 특히 한국학생들을 대상으로 한 오류연구는 적고도 체계성이 없는 상황이었다.

둘째, 언어자료를 수집하였다. 수집방법은 (1) 학생의 일상습작 중에서 오류를 수집하고 性质에 따라 분류하였다. (2) 어휘구문연습, 한중번역문제, 판단문제로 구성된 목적성이 선명한 설문조사로 학생들의 자연적인 언어자료를 인출하였다. (3) 중국어수업을 들으면서 언어자료를 수집하였다. (4) 중국어교사를 인터뷰하였다. 오류언어자료로 확정하는 표준은 (1) 우연성을 피한 규율성 오류 (2) 아래 중의 한 가지면 오류언어자료로 확정한다. 첫째는 문법에 맞지 않는 구문방식 둘째는 事理에 어긋난 의미표현 셋째는 화용오류 넷째는 韵律에 맞지 않는 어음.

셋째, 논문과 저작을 쓴다.

제
2
장

문 법 오 류

중고급단계에 이른 한국학생들은 일정한 수량의 문법항목을 장악하였다. 예를 들면 실사로부터 허사, 특수 구문, 복합문의 关联词语, 문단의 연결장치 등이다. 뿐만 아니라 또 이와 같은 문법을 사용하여 숙달하게 언어 교제를 할 수 있다. 그러나 중국어 문법구조의 복잡성과 중국어와 한국어문법상의 차이점, 중국어 수업 등 요소로 인하여 한국학생들은 문법습득과정에서 적지 않은 문제점이 존재한다. 구체적으로 말하면 첫째, 문법오류의 수량이 많고 미치는 면이 넓다. 둘째, 중국어에서 중요한 통사구조를 늘 回避하는 策略을 사용한다. 예하면 "把"字句, "有/没有"의 비교구문이다. 셋째, 동일한 의미를 표현하는 서로 다른 통사구조의 화용적 차이를 모른다. 넷째, 어떤 문법항목을 장악하는 데 온정하지 못하다, 때로는 정확하게 사용하고 때로는 틀리게도 사용한다. 본 장에서는 오류비례가 비교적 높은 6개 언어 항목, 즉 동사, 조사, 개사, 부사, 보어, 어순 등 항목을 연구대상으로 매개 문법오류의 유형과 오류가 생긴 원인을 분석하고 한국학생에 대한 중국어 수업에 참고를 제공한다.

제1절 동 사

동사는 开放된 유형으로 수량이 많고 통사기능도 복잡할 뿐만 아니라 语义句法상 중국어와 한국어 사이에 큰 차이를 보이고 있다. 그러므로 중고급단계에 이른 한국학생에게도 동사와 동사구문의 학습은 하나의 어려움으로 되고 있다. 한국학생들은 중국어 동사나 동사구문을 학습하고 사용하는 과정에서 원어의 영향을 받거나 어휘량이 부족함으로 인해 오류가 나타나는데 그 수량이 많고 음운, 의미, 문법, 화용 등 방면에 걸쳐 오류가 미치는 범위가 넓다. 본 절에서는 주로 动宾구조를 예로 들어 동사의 오류를 설명한다.

1. 일반동사

1) 동사를 잘못 쓰는 경우

(1) 동사의 의미사용범위를 잘 못 파악함으로 인해 나타나는 오류

단어와 단어의 통합은 의미의 제약을 받는다. 즉 의미통합규칙에 부합되어야 한다. 그 통합규칙을 어긴다면 아래와 같은 오류가 생긴다. 예를 들면

① 电视可以开阔人们的视野，也可以<u>提高</u>人们的知识

　→ 电视可以开阔人们的视野，也可以<u>丰富</u>人们的知识

② 从她的小小的眼睛里<u>射</u>出了感激之情

　→ 从她的小小的眼睛里<u>迸</u>发出了感激之情

③ 每当翻开照片，我的眼里<u>塞满</u>了泪水

　→ 每当翻开照片，我的眼里<u>充满</u>了泪水

④ 老师非常高兴，脸上<u>长满</u>了笑容

　→ 老师非常高兴，脸上<u>绽开</u>了笑容

⑤ 那时侯我和那些朋友们直<u>流</u>冷汗

　→ 那时侯我和那些朋友们直<u>冒</u>冷汗

예 ①은 "丰富"로 고쳐야 하는데 "提高"는 주로 위치, 정도, 수준, 수량, 질 등 방면에서 원래보다 제고를 가져왔다는 의미를 나타내기에 그 의미사용범위는 주로 "效率, 能力, 产量, 水平" 등이다. 예를 들면, 提高效率/提高水平/提高质量。하지만 동사 "丰富"는 주로 "学识, 经

验"등에 쓰인다. 때문에 "知识"과 "丰富"를 결합하여 "丰富知识"로 쓸
수 있다. 예 ②는 "迸发"로 고쳐야 한다. "射"는 주로 光, 热, 电波 등
을 방출(放出)한다는 의미를 나타낸다. 예를 들면, 枪膛里射出了熊熊
火焰. /月光射到地上. "射"는 수식적 색체보다 실제적 의미를 많이
나타낸다. 하지만 "迸发"는 주로 안으로부터 밖으로 갑자기 내뿜는다
는 뜻으로 그 의미가 비교적 추상적인데 수식적 색체가 비교적 강하
다. 예를 들면, 迸发出火星儿/迸发出笑声. 예 ③은 "充满"으로 고쳐야
한다. 그것은 "塞"는 물건을 어떤 틈에 끼워 넣는다는 뜻이기에 일반
적으로 비교적 구체적인 사물과 결합된다. 예를 들면, 塞衣服/塞书/塞
小狗. 하지만 "充满"은 채워 넣는다거나 분포되어 있다거나 충분하다
는 뜻을 나타내기에 일반적으로 추상적 의미를 나타내는 명사와 결합
된다. 예를 들면, 充满阳光/充满活力/充满泪水/充满信心. 예 ④는 "绽
开"로 고친다. "长满"은 곳곳에 생장되어 있다는 의미를 나타내기에
이와 같이 쓰인다. 예를 들면, 长满了草/长满了树木/长满了痱子/长满
了霉. 하지만 "绽开"는 주로 터지다라는 의미만 있을 뿐 가득하다는
뜻은 없다. 예를 들면, 脸上绽开了微笑. ⑤도 이와 마찬가지다.

(2) 동사의 음절수차이에 의해 나타나는 오류

중국어는 韵律을 따지는 언어이기에 단어와 단어의 결합도 운율의
제약을 받으며 통합을 이루어야 하고 운율미가 있어야 한다. 하지만
한국어는 다음절 언어기에 단어와 단어의 결합이 비교적 영활하고 운
율의 제약을 받지 않는다. 한국학생들은 원어의 영향으로 말미암아 중
국어의 동빈결구의 어음규칙을 잘 장악하지 못한다. 그리하여 아래와
같은 오류가 자주 생긴다. 예를 들면,

　　① 我想向她认错误, 可是不敢.

　　　→ 我想向她承认错误, 可是不敢.

② 为了<u>添</u>游戏的趣味性，我们又制作了好多假面具。

　　→ 为了<u>增添</u>游戏的趣味性，我们又制作了好多假面具。

③ 这对我们<u>增</u>智力很有帮助。

　　→ 这对我们<u>增强</u>智力很有帮助。

④ 这件事已经过去三年了，可是在我<u>活</u>了十五年的日子里，是最美好的一件事。

　　→ 这件事已经过去三年了，　可是在我<u>生活</u>了十五年的日子里，是最美好的一件事。

예 ①의 "认"은 "承认"으로 고쳐야 한다. "认"와 "承认"은 동의어지만 "认"과 결합되는 목적어는 단음절로 된다. 예를 들면, 认错/认罚/认罪, 하지만 "承认"은 왕왕 이음절 목적어와 결합된다. 예를 들면, 承认错误/承认中国/承认现状. 예 ②의 "添"은 "增添"으로 고쳐야 한다. "添"과 "增添"은 동의어지만 "添"은 단음절 목적어를 요구한다. 예를 들면, 添人/添彩/添乱/添仓 하지만 "增添"은 이음절 혹은 다음절 목적어와 결합한다. 예를 들면, 增添设备/增添麻烦/增添信心/增添趣味性. 예 ③은 "增"을 "增强"으로 고친다. "增"과 "增强"이 동의어지만 "增"은 왕왕 단음절 목적어와 결합된다. 예를 들면, 增产/增光/增兵/增高, 하지만 "增强"과 결합되는 목적어는 왕왕 이음절 혹은 다음절 단어이다. 예를 들면, 增强体质/增强实力/增强责任心. 예 ④도 이런 경우에 속한다.

2) 동사의 누락

(1) 용언으로 된 목적어를 술어로 생각했기에 문장성분에서 술어성분을 빠뜨리게 된다. 예를 들면,

① 我们两个人都在这次期中考试中[ ]丰收。

　　→ 我们两个人都在这次期中考试中<u>获得</u>丰收。

② 现在可好, 我[　]回家也不能回家了。

　　→ 现在可好, 我<u>想</u>回家也不能回家了。

　　예 ①에서는 "我们获得(取得)丰收"를 표현하고자 한다. "丰收"는 동사로서 단독으로 술어로 될 수 있다. 예를 들면, 小麦连年丰收。 / 今年丰收了. 하지만 어떤 문장에서는 단독적으로 술어로 될 수 없는데 술어성 동사를 보태여 술빈결구를 이룬 다음에 문장의 술어로 될 수 있다. 그렇지 않으면 문장이 순통하지 않게 된다. 한국학생들은 단독으로 술어성분을 감당할 수 있다는 규칙으로부터 추리하여 사용했기에 오류가 나타났다. 예 ①이 이 경우에 속한다. 예 ②의 오류는 "回家"앞에 동사 "想"이 모자란다. "回家"는 술빈결구로서 술어로 될 수 있다. 예를 들면, 我回家。 / 暑假不回家。 때문에 학생들은 문장 중의 "回家"를 술어로 잘못 생각할 수 있다. 하지만 예 ②에서는 모종 계획, 목적을 나타내고자 하는 것이기에 심리활동을 나타내는 동사와 결합하여 술빈구조를 이루어야만 완정한 의미를 표현할 수 있다.

　　(2) 连动式에서 동사로 된 목적어를 두 번째 동사술어로 잘못 생각했기에 문장에 술어가 모자란다. 예를 들면

③ 我一下车就[　]一辆大卡车和一辆小卡车撞在一起了。

　　→ 我一下车就<u>看见</u>一辆大卡车和一辆小卡车撞在一起了。

④ 别的班的同学约了我们班的同学[　]足球比赛。

　　→ 别的班的同学约了我们班的同学<u>进行</u>足球比赛。

⑤ 我们全家带着很多好吃的东西[　]野游。

　　→ 我们全家带着很多好吃的东西<u>去</u>野游。

　　예 ③은 "下车"와 "两车撞" 사이에 동사술어 "看见"을 빠뜨렸다. 문장의 앞부분에 이미 동사술어 "下"가 있고 뒷부분에 또 동사술어 "撞"이 있기에 "我"의 뒤에 와야 할 동사술어 "看见"을 빠뜨리게 되었으며

따라서 문장의 의미가 완정하지 못하고 순통하지 못하게 되었다. 예 ④는 "足球比赛" 앞에 동사술어 "进行"을 빠뜨렸다. "比赛"는 단독술어로 될 수 있다. 예를 들면, "今天不比赛" 하지만 "足球比赛"는 술어로 될 수 없다. 반드시 앞의 형식동사와 함께 술빈결구를 이루어야만 술어로 될 수 있다. 예 ⑤ "野游" 앞에 동사 "去"가 와야 한다. "野游"는 일반적으로 단독술어로 될 수 없기에 그 앞에 반드시 "去"를 써서 술빈결구를 이루어야만 술어로 될 수 있다. "我们带着东西去野游"

3) 동사의 불필요한 첨가

① 我不好好学习, 只会爱玩儿, 常常让爸爸伤心。

→ 我不好好学习, 只会玩儿, 常常让爸爸伤心。

② 我六岁时开始练拉小提琴。

→ 我六岁时开始拉小提琴。

③ 我从上了学就有这样的苦恼－－爱贪玩。

→ 我从上了学就有这样的苦恼－－贪玩。

④ 我不小心打碎了玻璃, 应该要诚实。

→ 我不小心打碎了玻璃, 应该诚实。

⑤ 打那以后, 我只要一有时间, 就会开始画画, 或到书店, 看看别人是怎么画的。

→ 打那以后, 我只要一有时间, 就开始画画, 或到书店, 看看别人是怎么画的。

예 ①에서는 중복된 谓宾동사 "会"와 "爱" 가운데서 하나를 삭제하여 "会玩儿" 혹은 "爱玩儿"로 고쳐야 한다. 예 ② "练拉小提琴"은 중복된 "练"와 "拉" 가운데서 하나를 삭제하여 "练小提琴" 혹은 "拉小提琴"으로 고쳐야 한다. 예 ③에서는 그중의 동사 하나를 삭제하여 "爱

玩” 혹은 “贪玩”로 고쳐야 한다. 예 ④는 “应该诚实” 혹은 “要诚实”로 고치고 예 ⑤는 “会画画” 혹은 “开始画画”로 고친다.

2. 동사 “做”

중국어에서 “做”는 생산성이 아주 강한 동사이다. 이는 문장에서 단독술어로 쓰일 수 있을 뿐만 아니라 여러 가지 부동한 목적어와 붙여 쓸 수 있다. 예를 들면, 무엇을 만든다는 의미를 나타낼 때 결과목적어와 도구목적어를 붙일 수 있다. 예를 들면, 做桌子 / 做机器人 / 做针线. 어떤 작업이나 어떤 활동을 진행한다는 의미를 나타낼 때는 동작의 대상을 나타내는 목적어와 동사목적어를 붙일 수 있다. 예를 들면, 做一件好事 / 做研究 / 做解释. 가정에서의 경축활동이나 기념활동을 진행함을 나타낼 때는 시간목적어를 붙일 수 있다. 예를 들면, 做生日 / 做满月 / 做寿. 담당하거나 사용하거나 결성의 의미를 나타낼 때는 等同목적어를 붙일 수 있다. 예를 들면, 做县长 / 做教室 / 做朋友.

게다가 중국어와 한국어의 “做/하다”는 의미상에서 복잡한 대응관계를 갖고 있다. 예를 들면, “N + 을/를 +하다”가 때로는 “做+ N”(옷을 하다/做衣服)로 대응되고 때로는 “V + N”(如: 식사를 하다 /吃饭)로 대응되며 때로는 “搞 / 干/进行 + N”(如: 축제를 하다/搞活动, 관리를 하다/进行管理)로 대응된다. 때문에 한국학생들이 목적어과 결합되는 “做”를 학습할 때 많은 오류가 생긴다. 그 유형은 주로 아래와 같다.

1) "做"의 잘못된 사용

한국학생들은 중고급단계에 이르러 이미 "做"의 일부 용법을 장악하였다. 예를 들면:

제조의 뜻: 我自己会做书包。

妈妈做饭很好吃。

결성의 뜻(모종 관계): 我们做朋友吧。

모종 활동에 종사할 때: 他做事很认真。

하지만 동사 "做"의 의미가 풍부하고 문법이 복잡하며 특히 한국어의 "하다"와 중국어 "做"의 불일치로 인하여 "做"를 잘못 사용하는 오류가 자주 생긴다.

(1) 원어 "하다"의 영향을 받다. 예:

① 我们都在做着各自喜爱的活动。

→ 我们都在进行各自喜爱的活动。

② 我们在学校做了劳动。

→ 我们在学校进行了劳动。

③ 没有他，就不能做那个事业。

→ 没有他，就不能搞那个事业。

④ 我们对公司的职员要做严格的管理。

→ 我们对公司的职员要进行严格的管理。

⑤ 今年暑假我自己做了独立行动。

→ 今年暑假我自己进行了独立行动。

예 ①～예 ⑤는 한국어의 "하다"가 중국어에서 여러 가지 형식으로 대응되는데 한국학생들은 모든 경우를 "做" 하나만으로 대응된다고 알고 있기에 오류가 많이 생긴다. 한국어의 "하다"가 "进行脑力或体力劳动, 从事某种社会工作或活动"라는 의미를 나타낼 때에는 주로 중국

어의 "做, 搞, 干, 进行" 등 네 가지 형식으로 대응된다. 때문에 예 ①
은 "进行"으로 고치고 예 ②~예 ⑤도 이와 마찬가지다.

(2) "做"의 의미와 문법에 대한 지식이 부족하다. 예를 들면
   ① 现在我决定做一个学习目标, 好好学习, 考好期末。
     → 现在我决定制订一个学习目标, 好好学习, 考好期末。
   ② 我们在雪地里堆雪人, 做雪洞, 打雪仗, 奔跑着, 追赶着。
     → 我们在雪地里堆雪人, 挖雪洞, 打雪仗, 奔跑着, 追赶着。
   ③ 我要好好学习, 上大学, 找个好工作, 做了钱, 买一套房子, 让
     我父母也过上好日子。
     → 我要好好学习, 上大学, 找个好工作, 挣了钱, 买一套房子,
     让我父母也过上好日子。
   ④ 每天早晨背英语, 要做到准确而又快的要求。
     → 每天早晨背英语, 要达到准确而又快的要求。

예 ①의 "做"는 "制订"으로 고쳐야 하는데 "学习目标"는 "制订"하는
것이지 "做"하는 것이 아니기 때문이다. 동사 "做"는 "创制拟定"의 의
미가 없다. 예 ②는 "挖雪洞"으로 고쳐야 하는데 "做"는 만든다는 의
미를 나타내기 때문이다. 예를 들면, 做衣服 / 做汽车 / 做电视机 하
지만 "雪洞"은 만드는 것이 아니라 "挖"하는 것인데 즉 도구나 손을
이용하여 밖으로부터 안으로 힘을 작용하여 일부 눈을 파내고 굴을
만든다는 뜻이다. 예 ③~예 ④도 이런 경우에 속한다. 예 ③은 "挣了
钱"으로 고치고 예 ④는 "达到准确而快的要求"로 고친다.

2) "做"의 누락

한국어의 일부 명사 예를 들면 "학습, 수업, 걱정, 수영, 노력, 낭독,

단결, 숙제, 장사, 복습, 노동"등 단어 뒤에 접미사 "하다"를 붙이면 동사로 변한다. 이런 명사는 동명사라고도 한다. 한국학생들은 이 영향으로 말미암아 이런 동명사가 중국어에서 어떤 경우에 단독술어로 될 수 있으며 어떤 경우에 반드시 "做, 搞, 进行" 등 동사와 결합해야만 술어로 될 수 있는지 잘 모르기에 술어를 빠뜨리는 오류가 자주 생긴다. 예를 들면

    ① 早晨老爷爷[ ]身体运动。

        → 早晨老爷爷做身体运动。

    ② 妈妈到很远的地方[ ]买卖。

        → 妈妈到很远的地方做买卖。

    ③ 我和爸爸经常[ ]功课到深夜。

        → 我和爸爸经常做功课到深夜。

예 ①의 "运动"은 두 가지 용법이 있다. 명사로 쓰일 경우에는 주로 주어나 목적어로 된다. 예를 들면, 每天我们都需要运动。/运动对人们的健康很有好处。동사로 쓰일 경우에는 단독술어로 될 수 있다. 예를 들면, 妈妈天天运动。/你们运动运动。학습자들은 이 두 가지 용법을 잘 분간하지 못하기에 예 ①과 같은 오류가 나타나게 되는데 응당"做身体运动"으로 고쳐야 한다. 예 ②는 "做买卖"로 고쳐야 하는데 "买卖"는 명사로서 "장사"라는 뜻을 나타내면서 주로 주어 혹은 목적어로 쓰일 뿐 술어로 될 수 없다. 예를 들면, 买卖很好。/妈妈做了一笔买卖。예 ③도 이와 마찬가지다.

3) "做"의 불필요한 첨가

동사 "做"는 중국어나 한국어에서 모두 술어성 목적어를 붙여쓸 수 있지만 또한 구별점이 있다. 중국어 "做"는 직접 목적어를 붙여쓸 수

있다. 예를 들면, 做研究 / 做工作 / 做宣传. 하지만 한국어 "하다"는 직접 동사 뒤에 붙여쓸 수 없는데 우선 동사를 체언형으로 고친 다음에 "하다"와 결합될 수 있다. 예를 들면, 책 번지기를 하다 / 땅 따기를 하다 / 방을 청소하기 하다. 한국어에서 용언이 체언형으로 전환된후 자유롭고 영활하게 동사 "하다"와 결합할 수 있는데 다시 말하여 "하다"와 용언의 결합능력이나 결합범위가 중국어보다 훨씬 넓다. 학습자들은 이 영향을 받아 중국어에서 응당 생략해야 하는 "做"를 생략하지 않는 오류가 나타난다. 예를 들면,

① 有的同学在做翻书。

→ 有的同学在翻书。

② 我帮助妈妈做擦地和打扫屋子。

→ 我帮助妈妈擦地和打扫屋子。

3. 동사 "有"

중고급단계에 이른 한국학생들은 이미 "有"의 여러 가지 의미와 용법을 숙련하게 장악하였다. 주요한 것은 아래와 같다.

表示领有: 桌子上有一条鱼。

我有很多时间。

表示存在: 杭州有一个很大的花园。

中国有很多名胜古迹。

表示列举: 我家有五口人, 爸爸, 妈妈, 弟弟, 妹妹和我。

我在长春有朋友, 老师和家人。

하지만 중국어 "有"와 한국어 "있다"가 의미상과 문법상에서 일치하지 않은 경우가 있으며 또한 한국학생들이 "有"의 구문기능을 잘

알지 못하기에 아래와 같은 오류가 자주 나타난다. 예를 들면,

(1) 爸爸不仅对工作<u>一丝不苟</u>, 还对自己子女的成长也<u>有很大的</u>关心。

　　→ 爸爸不仅对工作一丝不苟, 还对自己子女的成长也<u>很</u>关心。

(2) 我对中国的历史和文化<u>有</u>关心。

　　→ 我对中国的历史和文化<u>也</u>关心。

(3) 正式的比赛开始了, 有一百米<u>跑</u>, 二百米跑, 还有短跑和接力。

　　→ 正式的比赛开始了, 有一百米<u>赛跑</u>, 二百米<u>赛跑</u>, 还有短跑和接力。

(4) 那孩子的一双<u>有</u>精神的大眼睛难以忘怀。

　　→ 那孩子的一双精神的大眼睛难以忘怀。

(5) 明年的小麦一定会<u>有</u>大丰收。

　　→ 明年的小麦一定会大丰收。

이상 예에서 오류는 주로 두 가지로 나타난다. 한 가지는 "有"가 응당 체언형 목적어와 결합해야 하는데 술어형 목적어와 결합된 경우이다. 예(1)~(4)가 이 경우에 속한다. 예 (1)은 "很关心"으로 고쳐야 한다. "关心"은 동사로서 단독술어로 될 수 있으며 게다가 "有"가 종속의 의미를 나타낼 때는 체언형 목적어를 가질 수밖에 없다. 예 (2)도 이런 경우에 속하는데 응당 "也关心"으로 고쳐야 한다. 예 (3)은 "有一百米赛跑, 二百米赛跑"로 고쳐야 한다. "跑"는 동사지만 "赛跑"는 명사이다. "有"가 종속의 의미를 나타낼 때는 체언형 목적어를 가질 수밖에 없다. 예 (4)는 응당 "精神"으로 고쳐야 한다. "精神"이 활발하고 발랄하다는 의미로 쓰일 때에는 형용사로서 단독술어로 될 수 있다. 하지만 "有"가 종속의 의미를 나타낼 경우에는 체언형 목적어를 가질 수밖에 없다.

두 번째 경우는 동사 "有"가 남아도는 현상이다. 예 (5)가 이 경우에 속하는데 응당 "会大丰收"로 고쳐야 한다.

4. 동사 "是"

한국학생들이 중고급단계에서 이미 동사 "是"의 기본의미와 통사기능을 장악하고 비교적 영활하게 활용할 수 있다. 예를 들면

중국어에서 "是"는 "主语 + 是 + 宾语"의 구문형식으로 자주 사용하는데 여러 가지 부동한 의미를 나타낸다. 예를 들면

> 表示归类: 我是韩国人, 2003年毕业于吉林大学。
>
> 读书是一件很好的事情。
>
> 表示存在: 山上全是樱花树。
>
> 屋里全是人。
>
> 描写特征: 我的爸爸是高高的鼻子, 大大的眼睛。
>
> 他是韩国人。

하지만 한국학생들은 중국어를 학습할 때 "是"가 "主语 + 是 + 宾语"형식으로 쓰일 때는 생략될 수도 있는 문법활용에서 어려움을 겪고 있다. 예를 들면

"是"가 문장의 맨 앞에 올 때 대부분은 어떤 상황에 대한 확인을 나타내는데 이때 문장의 앞에 오는 "是"는 생략해도 된다. 예를 들면

> 是他自己不想来, 不是没通知他。
>
> 他自己不想来, 不是没通知他。

이 외에도 "是"의 아래와 같은 용법상에서는 늘 회피하는 책략을 쓴다. 예를 들면: "A是A, B是B"구조에서 "是"는 A와 B 사이에 구별점이 있다는 것을 나타낸다.

> 一是一, 二是二。
>
> 这个人言行不一, 说是说, 做是做。

아래는 "是"의 사용에서 오류가 가장 많이 나타나는 두 가지 유형

을 설명하도록 한다.

1) 동사 "是"의 누락

중국어 동사 "是"의 문법활용은 비교적 영활한데 많은 경우에 생략할 수 있다.[1]

(1) "主语 + 是 + 名词"는 特征과 质料를 나타낼 때 쓰인다. 이때 "是"는 생략할 수 있다. 예를 들면

　　这小孩是黄头发。　　　　这小孩黄头发。
　　阳历七月是最热的天气。　阳历七月最热的天气。

(2) "主语 + 是 + 动词 + 的 + 宾语"가 이미 완성된 상황을 나타낼 때 생략할 수 있다. 예를 들면

　　我是昨天买的票。　　　我昨天买的票。
　　他是用凉水洗的脸。　　他用凉水洗的脸。

(3) "主语 + 是 + 动词 / 形容词 + 的 + 宾语"가 주어에 대한 서술과 설명을 나타내면서 语气를 강조할 때 "是"를 생략할 수 있다. 예를 들면

　　他是一定愿意去的。　　他一定愿意去的。
　　他的手艺是很高明的。　他的手艺很高明的。

하지만 어떤 경우에는 생략할 수 없다. 만약 생략하면 오류가 생기게 된다. 예를 들면

　　这个是杯子。　　　　　* 这个杯子。
　　那些是我借来的书。　　* 那些我借来的书。

한국학생들은 중국어 동사 "是"가 어떤 경우에 생략할 수 있고 어떤 경우에 생략이 가능하지 않는지를 잘 모르기에 문장에서 동사 "是"

---

1) 吕叔湘, 『现代汉语八百词』, 北京: 商务印书馆, 1984。

를 누락하는 오류가 자주 생긴다. 예를 들면

* ① 中秋节的月亮[   ]很特别的月亮，又美丽，又使我回忆跟家人
生活的时候。
    → 中秋节的月亮是很特别的月亮，又美丽，又使我回忆跟家
人生活的时候。
* ② 我的妈妈也[   ]很细心的人，常常听我的意见。
    → 我的妈妈也是很细心的人，常常听我的意见。
* ③ 我听说吉林大学[   ]比较有名的大学。
    → 我听说吉林大学是比较有名的大学。
* ④ 我认为这样过生日[   ]最好的方法。
    → 我认为这样过生日是最好的方法。
* ⑤ 经过这次旅行，再一次感到了我自己[   ]多么幸福的人。
    → 经过这次旅行，再一次感到了我自己是多么幸福的人。

예 ①～예 ⑤는[   ]안에 "是"를 써야 한다.

2) 틀식구조 "是……的"

중국어에서 "是……的"구문은 어떤 일이 발생한 시간, 지점, 방식,
목적, 조건 혹은 행동의 주체를 강조하는 문법형식으로 쓰이는데 "是"
와 "的" 둘 중에서 어느 하나가 없어도 안 된다. 중고급단계의 한국학
생들은 강조를 나타낼 때 "是……的"구조를 많이 쓴다.

这是很可惜的。

这是不可能的。

그런데 그들은 두 가지가 반드시 함께 나타나야 하는 사용특점을
모르기에 둘 중에서 하나를 빠뜨리는 오류가 생긴다. 예를 들면

*(1) 我是2003年1月份来到长春并开始学汉语[　]。

　　　　→ 我是2003年1月份来到长春并开始学汉语<u>的</u>。

　　*(2) 这次事故[　]因车速过快而造成的。

　　　　→ 这次事故<u>是</u>因车速过快而造成的。

　　*(3) 这点钱是微不足道[　]。

　　　　→ 这点钱是微不足<u>道的</u>。

　　*(4) 这样的感觉[　]没爬过的人绝不会体会到的。

　　　　→ 这样的感觉<u>是</u>没爬过的人绝不会体会到的。

　　*(5) 这次旅游对我来说是终身难忘[　]。

　　　　→ 这次旅游对我来说是终身难忘<u>的</u>。

　　예 (1) "是"는 시간사 "2003年1月份" 앞에서 이미 시작된 동작 "来"의 시간을 나타내므로 문장 맨 끝의 "学汉语" 뒤에 "的"를 반드시 붙여 앞의 "是"와 함께 강조를 나타낸다. 예 (2)에서는 이미 발생한 "事故"의 원인이 "车速过快"라는 것을 강조하는 것이므로 앞에 "是"를 붙여 문장 뒤의 "的"와 함께 강조의 뜻을 나타낸다. 예(3)은 사건이 발생한 조건을 강조하기에 문장 뒤에 "的"를 붙여 앞의 "是"와 함께 강조의 뜻을 나타낸다. 예 (4) 동작을 실시한 당사자를 강조하기에 동작의 당사자 "没爬过的人" 앞에 "是"를 붙여 문장 뒤의 "的"와 함께 강조의 뜻을 나타낸다. 예 (5)는 사건이 발생한 특점을 나타내기에 문장 맨 끝에 "的"를 써야 한다.

5. 离合动词

　　离合动词는 현대중국어에서 특수한 문법현상인데 그것은 "合"할 수도 있고 "离"할 수도 있기 때문이다. 예를 들면

帮忙 → 帮什么忙 → 帮了一次忙 → 帮他的忙

见面 → 见什么面 → 见了一次面 → 见他的面

하지만 중국어에서 하나의 단어는 분리될 수 없는데 즉 한 단어사이에 다른 성분을 끼워 넣을 수 없다는 말이다. 예를 들면

白菜 → ＊ 白的菜

铁路 → ＊ 铁的路

马路 → ＊ 马的路

离合词는 현대 한어에서 일정한 수량을 차지하는데 통계에 의하면 『现代汉语词典』3184개 이합동사는 전체 이합사의 97%를 차지하고 대부분 이합사는 사용비율이 비교적 높을 뿐만 아니라 외국인학습자들이 초급단계에서도 자주 사용하는 단어들이다. 이합사가 의미상에서는 하나의 단어처럼 쓰이고 또 한국어에서 그에 대응하는 단어를 찾을 수 있으므로 학습자들은 이합사를 하나의 단어로 사용한다. 그래서 이합사의 사용에서 오류가 자주 생긴다.

1) 이합동사가 목적어를 가질 때의 오류

이합사는 일반적으로 직접 목적어를 가질 수 없는데 목적어가 필요할 때는 介词의 도움을 빌어 介宾短语로 되어 이합사 앞에서 부사어로 된다. 하지만 이렇게 목적어를 가지는 이합사는 많지 않은데 대부분 이합사는 연관되는 사람을 이합사 가운데 끼워 넣는다. 그 형식은 V+ 代词(+的)+O이다. 예를 들면

咱们给他帮忙。→ 咱们帮他的忙 → ＊ 咱们帮忙他。

我跟老师见面。→ 我们见老师一面 → ＊ 我见面老师。

给他丢脸 → 丢他的脸 → ＊ 丢脸他

他跟我结婚。→ ＊ 他结婚我。

伤他的心 → * 伤心他

造他的反 → * 造反他

沾你的光 → * 沾光你

또 한 가지 유형은 이합사 가운데 의문을 나타내는 대명사 "什么"를 써서 말하는 사람의 불만이나 부정 혹은 하찮게 여기는 어조를 나타낸다. 예를 들면

表态 → 表什么态

安心 → 安什么心

生气 → 生什么气

认错 → 认什么错

반대로 한국어에는 이합동사가 없는데 중국어의 이합동사는 한국어에서 하나의 단어와 대응되기에 직접 목적어를 가질 수 있다. 한국어에는 이합동사가 없고 또한 문법형식도 다르기에 한국학생들에게서 아래와 같은 오류가 자주 생긴다. 예를 들면

　*(1) 今天下午我见面一个朋友。

　　　→ 今天下午我跟一个朋友见面。

　*(2) 老师请客我们吧。

　　　→ 老师请我们客吧

　*(3) 我要帮忙他, 否则他会很危险的。

　　　→我要帮他的忙, 否则他会很危险的。

예 (1)은 "今天下午我跟一个朋友见面"으로 고치고 예 (2)는 "老师请我们客吧"로 고치며 예 (3)은 예 (2)와 마찬가지 이치다.

2) 이합동사가 수량보어를 가질 때의 오류

이합사가 수량보어를 가질 때 보어가 일반적으로 두 형태소 사이에

놓이며 이합동사 뒤에 붙을 수 없다. 예를 들면

　　　跳舞 → 跳了两个小时舞 → * 跳舞两个小时

　　　帮忙 → 帮了一次忙 → * 帮忙了一次

　　　理发 → 理了三次发 → * 理发了三次

　　　睡觉 → 睡了五个小时觉 → * 睡觉了五个小时

　이합사가 결과보어 혹은 방향성보어를 가질 때 보어는 일반적으로 두 형태소 사이에 놓아야 하며 "了"가 올 경우 "了"의 앞에 놓아야 한다. 예를 들면

　　　签名 → 签上了名 → * 签名上了

　　　安心 → 安下了心 → * 安心下了

　　　照相 → 照完了相 → * 照相完了

　　　丢脸 → 丢尽了脸 → * 丢脸尽了

　한국학생들은 이합동사를 일반동사로 쓰는 경우가 많기에 아래와 같은 오류가 자주 생긴다. 예를 들면

　　　(1)* 那天我们跳舞了三个小时。

　　　　　→ 那天我们跳了三个小时舞。

　　　(2)* 他们已经谈话了很长时间了。

　　　　　→ 他们已经谈了很长时间话了。

　　　(3)* 我吃亏了多少次了。

　　　　　→ 我吃了多少次亏了。

　예 (1)은 "跳了三个小时舞"로 고치고 예 (2)～예 (3)도 이와 마찬가지 이치로 고친다.

제2절 조사 "了"

중국어 조사 "了"는 어음이 같은 두 개의 어휘를 가리킨다. 하나는 动态조사로서 용언 혹은 용언구의 문장 끝에 "了$_1$"로 쓰인다. 다른 하나는 语气조사로서 문장의 맨 끝에서 "了$_2$"로 쓰인다. 만약 "용언/용언구+了$_1$"가 문장의 맨 끝에 오면 "了$_1$"은 동시에 "了$_2$"의 의미를 겸하여 "了$_1$"과 "了$_2$"가 하나로 합하여져 "了$_{1+2}$"로 쓴다.[2] 조사 "了"의 용법이 복잡하고 통사적 위치도 영활하기에 한국학생들은 중국어를 학습하는 각 단계에서 경상적으로 조사 "了"를 잘못 쓰는 현상이 나타난다. 调查에 의하면 한국학생은 습작 가운데서 조사 "了"를 가장 많이 사용하며 오류도 가장 많이 생긴다. 중국어수준이 높은 학생이든 낮은 학생이든 혹은 서술문, 설명문, 논설문 혹은 여행기를 막론하고 다 정도부동하게 조사 "了"의 오류가 생긴다. 수집한 예문에 근거하여 주로 아래와 같은 세 가지 유형으로 나눈다.

1. 조사 "了"의 누락

중국어 조사 "了"는 주로 용언이나 용언구 뒤에 붙어서 동작 또는 변화가 이미 완료 되었음을 나타낸다. 한국어도 상술한 조건에서 조사 "–었"으로 이미 완료된 일을 확인시켜주는데 이는 중국어용법과 기본상 비슷하다. 예를 들면

       我买了两本书。   나는 책 두 권을 샀다.

       教室干净了许多。   교실은 많이 깨끗해졌다.

---

2) 侯学超, 『现代汉语虚词词典』, 北京: 北京大学出版社, 1998。

학습자는 단문에서는 조사 "了₁"을 비교적 능란하게 사용하며 조사 "了₁"를 누락하는 오류가 기본상 생기지 않는다. 그러나 비교적 긴 문단에서는 경상적으로 생략하지 말아야 할 조사 "了₁"를 누락하는 오류를 범하는데 문장이 긴 탓으로 V와 V+了의 용법을 정확하게 판단하는 데 영향을 끼쳤기 때문일 것이다. 이런 오류는 비교적 큰 비율을 차지하는데 초급단계에서는 자주 나타나지 않는다. 예를 들면

*(1) 我们先去宿舍放下行李, 睡一会儿就去[ ]雪乐山。我看到雪乐山, 因它拥有的自然美丽, 景致雄壮, 所以我突然激动起来。

→ 我们先去宿舍放下行李, 睡一会儿就去<u>了</u>雪乐山。我看到雪乐山, 因它拥有的自然美丽, 景致雄壮, 所以我突然激动起来。

*(2) 有人说那个塔的历史很久。所以它的样子已经变成了弯曲, 甚至它可能快要塌下来了。我害怕得马上离开[ ]那儿。

→ 有人说那个塔的历史很久。所以它的样子已经变成了弯曲, 甚至它可能快要塌下来了。我害怕得马上离开<u>了</u>那儿。

*(3) 那个瀑布好像马上吞掉我, 规模也相当大, 在瀑布下边的水里有几位老爷游泳, 我也很想, 但是因为我不是个人来的, 所以舍不得地离开[ ]那儿。

→ 那个瀑布好像马上吞掉我, 规模也相当大, 在瀑布下边的水里有几位老爷游泳, 我也很想, 但是因为我不是个人来的, 所以舍不得地离开<u>了</u>那儿。

*(4) 观光后, 我们马上吃[ ]在这儿杀的猪肉, 肉很嫩, 好吃。

→ 观光后, 我们马上吃<u>了</u>在这儿杀的猪肉, 肉很嫩, 好吃。

*(5) 坐了10多个小时, 终于到了北京站。我们先去宾馆解行李, 然后去[ ]天安门广场。广场上人很多, 我觉得那里聚的人跟韩国的人口数量差不多。

40

→ 坐了10多个小时，终于到了北京站。我们先去宾馆解行李，然后去了天安门广场。广场上人很多， 我觉得那里聚的人跟韩国的人口数量差不多。

*(6) 我在中国过[ ]三个冬天，可是今天我第一次看到冬天下雨。

→ 我在中国过了三个冬天，可是今天我第一次看到冬天下雨。

예 (1)의 두 번째 문장에서 볼 때 "睡一会儿就去雪乐山"에서 "去"는 동작이 곧 실현되는 뜻을 나타내지만 전반 언어적 환경으로 볼 때 "我们去雪乐山"는 동작이 이미 완성되었기에 문장의 앞뒤 내용이 모순된다. 때문에 "去"의 뒤에 "了"를 써서 "去了雪乐山"으로 고치고 예 (2)~예 (6)도 이와 마찬가지다.

2. 조사 "了"의 첨가

때로 중국어 조사 "了"는 문장 중에서 반드시 隐现해야 하는데 隐现하는 정황이 비교적 복잡하다. 보통 "了"의 隐现对立는 "有界－无界"的 对立에 평행된다. "了"는 주로 "有界"를 표시하는 성분 즉 부사 혹은 양화성분을 포함한 动补구조, 动宾구조 등과 문장에서 동시에 나타나는 추세이며 명확한 유표적으로 표시된다. 그러나 "无界"성분과는 문장에서 어울리지 않아 동시에 나타나지 못하고 혹은 일정한 조건하에서 나타날 수 있지만, 주로 隐性으로 零形式적 무표지로 나타나는 추세이다.[3]

하지만 한국어의 조사 "－었"은 일반적으로 생략할 수 없는데 동사 뒤에서 항상 동작의 완료와 실현을 나타낸다. 한국학생들은 원어의 방해와 중국어 조사 "了"가 가지는 隐现规律의 복잡성으로 아래와 같은 상황에서 불필요한 "了"를 첨가하는 오류가 생긴다.

---

3) 陈忠,「"了"的隐现规律及其成因考察」,『汉语学习』2002年第1期.

(1) 중국어에서 어떤 동사는 변화를 나타내는 의미가 없으므로 동작의 완성시제를 나타내지 못한다. 그러므로 "了"를 쓰지 말아야 한다. 예를 들면

我希望他快点来。 　　　 * 我希望了他快点来。

那时特别需要这本书。 　 * 那时特别需要了这本书。

孩子感觉自己长高了。 　 * 孩子感觉了自己长高了。

이러한 동사는 이외에도 "是, 姓, 好像, 属于, 觉得, 认为, 作为……"4) 등이 있다. 학습자들은 이 용법을 모르기에 사용과정에 경상적으로 아래와 같은 오류가 생긴다. 예를 들면

* ① 到了龙庆峡买门票的时候, 我们才<u>知道了</u>有学生证的话, 可以打五折。

　　→ 到了龙庆峡买门票的时候, 我们才<u>知道</u>有学生证的话, 可以打五折。

* ② 早就听说哈尔滨的冰灯节很美丽, 当时亲眼看了以后, 我才<u>知道了</u>哈尔滨的冰灯节名不虚传。

　　→ 早就听说哈尔滨的冰灯节很美丽, 当时亲眼看了以后, 我才<u>知道</u>哈尔滨的冰灯节名不虚传。

* ③ 我非常<u>着急不安了</u>。如果在那一天飞机不能出发, 我怎么办呢?

　　→ 我非常<u>着急不安</u>。如果在那一天飞机不能出发, 我怎么办呢?

* ④ 作为学生没法拒绝老师的建议, 只好给朋友们唱歌, 那时候仿佛受刑的罪犯似的, 我特别<u>难受了</u>。

　　→ 作为学生没法拒绝老师的建议, 只好给朋友们唱歌, 那时候仿佛受刑的罪犯似的, 我特别<u>难受</u>。

---

4) 吕叔湘『现代汉语八百词』, 北京: 商务印书馆, 1984。

* ⑤ 在韩国的名胜古迹里没有任何现代人物的照片，所以我能<u>感觉到了</u>中国人对毛泽东主席的尊敬多么深。

  → 在韩国的名胜古迹里没有任何现代人物的照片，所以我能<u>感觉到</u>中国人对毛泽东主席的尊敬多么深。

예 ①~예 ⑤에서 "知道, 着急不安, 难受, 感觉" 등 동사는 동작의 변화를 나타내지 않으므로 예 ① "知道了"를 "知道"로 고치고 예 ②~예 ⑤도 이와 마찬가지다.

(2) 중국어에서 부사 "一直, 经常, 常常, 时常, 通常, 不时, 往往, 总是, 老是, 每天, 每年" 등이 수식하는 동사는 누차성 반복성 경상성을 띤다. 이런 조건하에서 동사술어 뒤에 조사 "了"를 쓰지 못한다. 예를 들면

* ① 小学的时候，我跟我们班的老师和同学常常一起<u>踢了</u>足球。

  → 小学的时候，我跟我们班的老师和同学常常一起<u>踢</u>足球。

* ② 在长春留学期间，他们总是<u>帮助我了</u>。

  → 在长春留学期间，他们总是<u>帮助我</u>。

* ③ 他一回家就经常跟爱人<u>吵架了</u>。

  → 他一回家就经常跟爱人<u>吵架</u>。

* ④ 在中国留学的时候，我和他经常<u>见面了</u>。

  → 在中国留学的时候，我和他经常<u>见面</u>。

* ⑤ 他一直<u>想了</u>他的儿子怎么不来电话，没有消息。

  → 他一直<u>想</u>他的儿子怎么不来电话，没有消息。

* ⑥ 两年前，在韩国很有名的明星死了，死的原因是，他每天<u>抽了</u>两盒烟，最后得了恶病死了。

  → 两年前，在韩国很有名的明星死了，死的原因是，他每天<u>抽</u>两盒烟，最后得了恶病死了。

예 ①~예 ⑥에서 매 문장에 모두 경상성을 나타내는 부사 "常常, 经常, 每天"이 있다. 예 ① "常常一起踢了足球"는 "常常一起踢足球"로 고치고 예 ②~예 ⑥도 이와 마찬가지다.

(3) 일반적으로 未然을 나타내는 "不"혹은 "没"는 한 문장 안에서 已然을 나타내는 "了"와 동시에 나타날 수 없다. 예를 들면

* ① 有点儿可惜的是天安门里边的很多地方正在补修， 所以我们<u>体会不到了</u>原来的天安门多么雄壮。

  → 有点儿可惜的是天安门里边的很多地方正在补修, 所以我们<u>体会不到</u>原来的天安门多么雄壮。

* ② 他看起来<u>没吃饭了</u>。

  → 他看起来<u>没吃饭</u>。

* ③ 我来中国过了两年, 汉语还<u>没学完了</u>, 还剩了两年。

  → 我来中国过了两年, 汉语还<u>没学完</u>, 还剩了两年。

* ④ 当时妈妈明明<u>没有精神了</u>, 还瞒着我。

  → 当时妈妈明明<u>没有精神</u>, 还瞒着我。

* ⑤ 虽然想买自己喜欢的自行车, 但他<u>没有了</u>攒钱的方法。

  → 虽然想买自己喜欢的自行车, 但他<u>没有</u>攒钱的方法。

* ⑥ 昨天晚上, 我给她打电话, 但是她<u>不接了</u>。

  → 昨天晚上, 我给她打电话, 但是她<u>不接</u>。

예 ①~예 ⑥에는 다 부정부사 "不"혹은 "没"가 있다. 때문에 예 ①은 "了"를 삭제해야 한다. 예 ②~예 ⑥도 이와 마찬가지다.

(4) 일반적으로 중국어의 동사로 된 목적어를 가진 동사술어 뒤에 "了"를 쓰지 않는다. 예를 들면

我们决定坐缆车。　　　* 我们决定了坐缆车。

他们答应比赛。　　　　* 他们答应了比赛。

老师同意我参加。　　　　　* 老师同意了我参加。

　학습자는 이 용법을 잘 모르기에 경상적으로 아래와 같은 오류가
생긴다. 예를 들면

　　　* ① 当时, 天气有点冷, 所以我们决定了坐缆车上去。

　　　　　→ 当时, 天气有点冷, 所以我们决定坐缆车上去。

　　　* ② 高中三年级的时候, 我决定了来中国留学。妈妈知道以后反
　　　　　对了我。

　　　　　→ 高中三年级的时候, 我决定来中国留学。妈妈知道以后反
　　　　　对了我。

　　　* ③ 我上个星期去北京了。原来去北京的主要目的不是旅行, 而
　　　　　是办点事儿。可是, 既然来到北京, 就决心了去旅行。

　　　　　→ 我上个星期去北京了。原来去北京的主要目的不是旅行,
　　　　　而是办点事儿。可是, 既然来到北京, 就决心去旅行。

　　　* ④ 现在的青年男女在婚姻爱情上, 已经没有了那么多的束缚。

　　　　　→ 现在的青年男女在婚姻爱情上, 已经没有那么多的束缚。

　예 ①~예 ④에서 "了" 앞의 동사는 각기 "决定, 决心"이다. 때문에 예
①의 "决定" 뒤의 "了$_1$"을 삭제해야 한다. 예 ②~예 ④도 이와 마찬가지다.

3. 조사 "了"의 위치 오류

　중국어 동사 뒤에 목적어가 올 때 "了$_1$"은 목적어 앞에서 동작의 완
료를 나타낸다. 예를 들면

　　　我通知了老师。

　　　他买了一本书。

　"了$_2$"는 목적어 뒤에서 事态에 변화가 생겼음을 나타낸다. 예를 들면

我通知老师了。

他买一本书了。

한국학생들은 중국어 조사 "了"의 위치가 다름에 따라 그 의미도 변화가 일어나는 용법을 잘 모르기에 "了₁"과 "了₂"를 혼돈하는 오류가 경상적으로 생긴다. 예를 들면

*(1) 回到家，我自己<u>下决心了</u>："冰冻三尺，非一日之寒"。重新开始学习吧!

→ 回到家，我自己<u>下了决心</u>："冰冻三尺，非一日之寒"。重新开始学习吧!

*(2) 他在朋友家<u>喝两杯咖啡了</u>。

→ 他在朋友家<u>喝了两杯咖啡</u>。

*(3) 妈妈<u>开商店了</u>，每天都很忙，所以常常很晚回家。

→ 妈妈<u>开了商店</u>，每天都很忙，所以常常很晚回家。

*(4) 1月份，韩国的天气非常冷，处处都<u>冻冰了</u>。

→ 1月份，韩国的天气非常冷，处处都<u>冻了冰</u>。

*(5) 有一天晚上，要睡觉的时候，姨妈悄悄地叫我出来，让我<u>坐姨夫的车了</u>。

→ 有一天晚上，要睡觉的时候，姨妈悄悄地叫我出来，让我<u>坐了姨夫的车</u>。

*(6) 生活方面或者学汉语方面，她<u>给我了许多帮助</u>。

→ 生活方面或者学汉语方面，她<u>给了我许多帮助</u>。

예 (1) "下决心了"는 결심을 하기 시작하였음을 표현하지만 실제상에서 작자가 나타내려는 의도는 "下决心"이란 동작이 이미 완성된 상태이다. 때문에 "了"를 목적어 "决心"의 앞에 놓아 "下了决心"으로 고쳐야 하고 예 (2)~예 (6)도 이와 마찬가지다.

제3절 介词 "在"와 "对"

중국어 介词는 상대적으로 封闭된 유형으로서 그 수량 또한 제한되어 있다. HSK 어휘 大纲 갑, 을, 병급 어휘에서는 "把, 被, 比, 从, 打, 当, 给, 跟, 对, 和, 叫, 为, 为了, 在, 照" 등 40개 개사가 나타나지만 초급단계에서 언급되는 개사는 많지 않아 대개 "在, 跟, 对, 和, 给, 从, 为了" 일곱 개에 집중되어 있다.5) 개사는 그 사용빈도가 높을 뿐만 아니라 개성이 강하고 활용 또한 복잡하기에 줄곧 외국학생들이 중국어를 학습함에 있어서 중점과 난점으로 되고 있다.

조사에 의하면 중고급단계에 이른 한국학생들도 "在, 向, 对, 给, 把, 被, 叫" 등 개사사용에서 자주 오류가 생긴다. 본문에서는 사용빈도가 높은 "在"와 "对"의 사용에서 나타나는 오류의 유형 및 그 원인을 분석하여 대외중국어의 개사수업에 참고성적인 책략을 제공하는 바이다.

1. 개사 "在"

중급과 고급단계를 마친 한국학생들은 개사 "在"를 비교적 능란하게 사용한다.

예를 들면:

"在+处所词"는 술어 앞에서 장소를 나타낸다. 예를 들면

　　通过分班考试, 我在高级一班上了课。

　　他在航空公司工作。

"在+时间词"는 술어 앞에서 시간을 나타낸다. 예를 들면

---

5) 赵葵欣, 「留学生学习和使用汉语介词的调查」, 『世界汉语教学』, 2000年第2期.

他喜欢在晚上出来活动。

在我生日那天，很多朋友给我送了礼物。

"在+处所词"는 술어 뒤에서 장소를 나타낸다. 예를 들면

夫妻俩坐在沙发上聊天儿。

他把自行车放在了学校。

她站在讲台上。

중국어수준이 비교적 높은 학생들은 중국어에서의 框式介词结构도 비교적 능란하게 사용할 수 있다. 예를 들면

在去东海的路上，我们兴奋地跟着收音机里的旋律唱着歌。(在……上)

我在朋友的鼓励下，登上了蹦极的跳台。(在……下)

在跳台上，往下看，头就晕了。(在……上)

在空中我像一只蝴蝶一样飞来飞去。

하지만 개사 "在"가 나타내는 의미 문법상의 복잡성 및 학생의 원어 문법범주의 "空缺"로 인하여 활용할 때 아래와 같은 오류가 나타난다.

1) 存现句에서 개사 "在"의 불필요한 첨가

중국어 存现句에서 장소나 시간을 나타내는 단어가 문장의 첫머리에 나타난다. 이때 일반적으로 개사 "在"를 사용하지 않지만 한국어 용법은 이와 달리 처소를 나타내는 단어가 문장의 첫머리에 오든 가운데 오든 다 격토 "-에"로 표시한다. 예를 들면

门口有一个人。	문 앞에 한 사람이 있다.
客厅里坐着两位客人。	거실에 손님 두 분이 앉아 계신다.
昨天我们家来了一个学生。	어제 우리 집에 학생 한 명이 왔다.
那个村子死了一头牛。	그 마을에 소 한 마리가 죽었다.

이와 같이 한국학생들은 모국어의 영향으로 말미암아 자주 불필요한 개사 "在"를 첨가한다. 예를 들면

    *(1) <u>在杭州</u>有一个很大的花园。

        → <u>杭州</u>有一个很大的花园。

    *(2) 去年7月, <u>在我们的教堂</u>来了很多客人。

        → 去年7月, <u>我们的教堂</u>来了很多客人。

    *(3) <u>在一层</u>有一个咖啡厅。

        → <u>一层</u>有一个咖啡厅。

    *(4) <u>在外边</u>下着大雪。

        → <u>外边</u>下着大雪。

예 (1)~예 (4)에서는 개사 "在"를 삭제해야 한다.

2) 처소사가 문장 안에서 주어 또는 관형어로 될 때 "在"의 잘못된 사용.

중국어의 처소사는 문장 중에서 스스로 주어가 될 수 있으므로 개사 "在"를 쓰지 않는다. 예를 들면

    北京是中国的首都。(주어)

    东边有商店。(주어)

    高丽大学是韩国有名的大学。(주어)

    学校的旁边是超市。(주어)

    我们的日语老师是日本老师。(관형어)

하지만 처소사가 부사어로 될 때는 일반적으로 개사 "在"를 쓴다. 예를 들면

    我们在教室学习。

    他在这儿住。

    我们在北京分了手。

한국학생들은 중국어에서 처소사가 담당하는 문장성분이 다름에 따라 개사 "在"를 붙이거나 생략하는 용법을 잘 모르고 있기 때문에 아래와 같은 오류가 자주 나타난다. 예를 들면

  *(5) 在这儿是公共场所, 不许吸烟。

    → 这儿是公共场所, 不许吸烟。

  *(6) 我希望在贵公司能给我发挥能力的空间。

    → 我希望贵公司能给我发挥能力的空间。

  *(7) 王府井是在北京最大的购物中心之一。

    → 王府井是北京最大的购物中心之一。

  *(8) 在苏州的风景模仿古代的比较多, 所以常常让人觉得回到了古代。

    → 苏州的风景模仿古代的比较多, 所以常常让人觉得回到了古代。

  *(9) 在韩国的年轻人结婚以后, 只考虑自己的小家庭, 很少关心父母。

    → 韩国的年轻人结婚以后, 只考虑自己的小家庭, 很少关心父母。

예 (5)~예 (9)에서는 개사 "在"를 삭제해야 한다.

3) "在 + 처소사"가 용언 뒤에 올 때, 동사를 泛化하여 사용한다.

중국어의 일부 동사 뒤에는 "在 + 처소사"를 붙여 동작이 진행하는 위치나 사물이 존재하는 위치를 나타낸다. 예를 들면

  我们躺在草坪上聊天。

  他站在门口等一个人。

  老师把地图挂在墙上。

  我们的学校座落在海边。

이러한 동사는 비교적 제한되어 있는데 주요하게 "坐, 蹲, 跪, 趴, 钉, 修建" 등이 있다. 한국학생들은 이러한 동사의 양적 국한성을 잘 모르기에 모든 동사 뒤에 "在 + 처소사"를 사용할 수 있다고 잘못 이

해한다. 예를 들면

    *(10) 爸爸工作在银行。

        → 爸爸在银行工作。

    *(11) 我每天跑在健身房里。

        → 我每天在健身房里跑。

    *(12) 我祈祷在教堂。

        → 我在教堂祈祷。

    *(13) 很多人吸烟在公共场所。

        → 很多人在公共场所吸烟。

예 (10)에서는 개사구조 "在银行"을 동사 "工作"의 앞에 써야 한다. 나머지도 이와 마찬가지이다.

4) 框式介词结构에서 "在"를 빠뜨리는 오류

중국어에는 框式介词结构라고 불리는 굳어진 형식이 있다.6) 예를 들면 "在……上", "在……里", "在……中", "在……内", "在……下", "从…… 中", "从……里" 등이다 . 개사가 가지는 목적어가 다름에 따라 나타내는 문법적 의미도 달라진다. 예를 들면

    我在桌子上放了许多铅笔。 (처소를 나타냄)

    我们在树下乘凉。 (처소를 나타냄)

    他在水里游泳。 (처소를 나타냄)

    这篇文章在题材和结构上都很不错。 (범위를 나타냄)

    在这些学生中, 数他学习最好。 (범위를 나타냄)

    在老师的培养下, 我们都成为国家的有用人才。 (전제와 조건을 나타냄)

---

6) 崔希亮, 「日朝韩学生汉语介词结构的中介语分析」, 『中国语言学报』, 2003年 第9期。

많은 한국학생들은 틀식개사구조가 문장 중에서 부사어로 될 때 "在"의 隱現조건을 잘 모르기에 "在"를 빠뜨리는 착오가 자주 나타난다. 예를 들면

*(14) 我[ ]街上经常看见要钱的人。

　　→ 我在街上经常看见要钱的人。

*(15) 回家以后, 我只[ ]屋子里看书或看电影。

　　→ 回家以后, 我只在屋子里看书或看电影。

*(16) 你的信[ ]桌子上放着没有?

　　→ 你的信在桌子上放着没有?

*(17) [ ]竞争激烈的社会上, 要实现自己的理想的话, 就要努力奋斗。

　　→ 在竞争激烈的社会上, 要实现自己的理想的话, 就要努力奋斗。

*(18) 十岁那年, 我写的作文[ ]比赛中, 得了第一。

　　→ 十岁那年, 我写的作文在比赛中, 得了第一。

*(19) [ ]这种情况下, 庞大的人口是最大的问题。

　　→ 在这种情况下, 庞大的人口是最大的问题。

*(20) 她直到现在, [ ]物资与精神上, 还帮助我。

　　→ 她直到现在, 在物资与精神上, 还帮助我。

예 (14)～예 (20)에서는 개사 "在"를 써야 한다.

5) 틀식개사구조에서 方位词의 누락과 불필요한 첨가.

개사와 方位词로 결합된 틀식구조로 말할 때 어떤 방위사는 반드시 써야 하지만 어떤 방위사는 비교적 자유로운바 쓰나 쓰지 않으나 무방한 경우가 있다.[7]

"在 + 处所词 + 方位词"에서처럼 개사구조가 동사 앞에 놓일 경우

---

7) 陈昌来,「现代汉语介词框架的考察」,『中国语言学报』, 2003年第9期.

에는 일반적으로 방위사를 쓴다. 예를 들면

> 他在桌子上摆了许多糖 —— *他在桌子摆了许多糖

> 孩子们在书包里藏了许多食物 —— *孩子们在书包藏了许多食物

하지만 "在 + 处所词 + 里"의 사용은 비교적 자유스럽다. 예를 들면

> 老师们在会议室里开会 ——老师们在会议室开会

> 小王在银行里存了一笔钱 ——小王在银行存了一笔钱

"在 + 抽象词 + 방위사"가 범위, 조건, 전제 등 의미를 나타낼 때 일반적으로 방위사를 쓴다. 예를 들면

> 王老师在学生中既是慈母又是慈父

> ——*王老师在学生既是慈母又是慈父

> 在同学们的帮助和关怀下, 他又一次战胜了病魔

> ——*在同学们的帮助和关怀, 他又一次战胜了病魔

한국학생들은 틀식개사구조에서 앞의 개사를 생략해야 하는 조건과 뒤의 방위사를 생략해야 할 조건을 잘 모르기에 아래와 같은 착오가 자주 생긴다.

> *(21) 我们每个人都准备一个菜在草地一起吃了饭。
>
> → 我们每个人都准备一个菜在草地上一起吃了饭。

> *(22) 我们在湖划船划得很有意思。
>
> → 我们在湖里划船划得很有意思。

> *(23) 我们在船的时候, 一边聊天一边照像。
>
> → 我们在船上的时候, 一边聊天一边照像。

> *(24) 如果我在这样的情况, 很失望的话, 就没有希望。
>
> → 如果我在这样的情况下, 很失望的话, 就没有希望。

> *(25) 他们都在困难环境, 做出了不懈的努力。
>
> → 他们都在困难环境下, 做出了不懈的努力。

*(26) 有一个女人<u>在大企业上</u>工作。她学历高，很聪明。

　　　→ 有一个女人<u>在大企业</u>工作。她学历高，很聪明。

*(27) 她才19岁，可是<u>在韩国和日本里</u>，她的影响力很大。

　　　→ 她才19岁，可是<u>在韩国和日本</u>，她的影响力很大。

예 (21)에서는 방위사 "上"을 쓰고 예(22)에는 "里"를 쓰며(23)에는 "上"을 쓰고 예 (24)~예 (25)에는 "下"를 써야 한다. 예 (26)에서는 "上"을 삭제하고 예 (27)에서는 "里"를 삭제해야 한다.

2. 개사 "对"

한국학생은 중고급단계에 이르러 이미 개사 "对"의 일부 용법을 장악하였다. 구체적으로 말하면:

사람과 사람 사이의 관계를 나타낼 때:

　　那段历史让我对中国人民产生了深深的崇敬之情。

동작이 미치는 대상을 나타낼 때:

　　我要对大家说，我来到长春从没有后悔过。

모 사람 혹은 모 각도로부터 볼 때:

　　对我来说，这次旅游将会成为终身难忘的回忆。

하지만 개사 "对"의 문법적 의미와 용법이 비교적 복잡하기에 한국학생들이 사용할 때 아래와 같은 문법적 오류가 자주 나타난다.

1) 개사의 혼용

한국학생들은 "对"와 "给", "对"와 "向"을 자주 혼용한다. 이것은 그들 사이의 비슷한 점과 구별점을 이해할 때 어려움이 있기 때문이다.

개사 "对"와 "给"는 동작이 미치는 대상을 나타내는데 언어활동을 나타내는 동사가 술어인 경우에는 혼용할 수 있다. 예를 들면

老师对大家讲了一个故事。 → 老师给大家讲了一个故事。

我对他谈了谈学校的情况。 → 我给他谈了谈学校的情况。

하지만 많은 경우에는 혼용할 수 없다. 예를 들면

我对她很满意。 → * 我给她很满意。

他对电脑很感兴趣。 → * 他给电脑很感兴趣。

한국학생들은 通用될 수 있는 조건과 通用될 수 없는 조건에 관한 문법적 규칙을 잘 모르기 때문에 아래와 같은 착오가 자주 나타난다. 예를 들면

*(1) 我的朋友对我唱生日快乐歌。

　　　→ 我的朋友给我唱生日快乐歌。

*(2) 中国对我留下了很深刻的印象。

　　　→ 中国给我留下了很深刻的印象。

*(3) 那一天, 我第一次上小学。老师对小学生举办了小晚会。

　　　→ 那一天, 我第一次上小学。老师给小学生举办了小晚会。

*(4) 爷爷去世时, 对爸爸没有留下遗产。所以, 爸爸从年轻时就很穷。

　　　→ 爷爷去世时, 给爸爸没有留下遗产。所以, 爸爸从年轻时就很穷。

*(5) 我在中国留学的时候, 常常对我的父母打电话。

　　　→ 我在中国留学的时候, 常常给我的父母打电话。

예 (1)~예 (4)에서 사용한 "对"는 다만 동작이 미치는 대상을 나타낼 뿐 동작의 受益者는 나타낼 수 없다. 때문에 문장 중의 "对" 대신 "给"를 써야 한다. 예 (5)에서 "对"는 동작이 미치는 대상을 나타내지만 술어 "打"는 언어활동을 나타내는 동사가 아니기에 "对" 대신 "给"

를 써야 한다.

개사 "对"와 "向"은 목적과 대상을 나타낸다. 아래와 같은 두 가지 유형의 동사술어가 올 때 그들은 통용할 수 있다. 한 가지 유형은 언어활동을 나타내는 "说, 讲, 谈, 喊, 发誓, 吐露" 등 동사이다. 다른 한 가지 유형은 身体五官의 움직임을 나타내는 "笑, 看, 望, 点头, 行礼, 鞠躬, 踢, 作揖" 등 동사이다. 예를 들면

我对老师发誓, 再也不犯错误了。 → 我向老师发誓, 再也不犯错误了。

她对我喊了一下。 → 她向我喊了一下。

妈妈对我说, 她很健康。 → 妈妈向我说, 她很健康。

我对老师行了个礼。 → 我向老师行了个礼。

我对他点了点头。 → 我向他点了点头。

하지만 表人宾语를 가지는 "问, 请求, 回答, 告别, 嘱咐, 告诉" 등 동사로 구문이 됐을 경우에는 개사 "对"를 사용할 수 없다. 예를 들면

我向老师问一个问题。 → * 我对老师问一个问题。

我向同学们告别。 → * 我对同学们告别。

那位老人向我提出请求。 → * 那位老人对我提出请求。

한국학생들은 이런 용법을 잘 모르기에 아래와 같은 착오가 자주 나타난다.

예를 들면

*(6) 后来因为毕业, 就不得不对他告别了。

　　→ 后来因为毕业, 就不得不向他告别了。

*(7) 看完这篇文章后, 我对这孩子学了很多。

　　→ 看完这篇文章后, 我向这孩子学了很多。

예 (6), 예 (7)은 "向"으로 고쳐야 한다.

2) 개사 "对"의 잘못된 사용

중국어에서 개사 "对"는 심리활동이나 情感태도와 관계되는 사물을 대상으로 할 때는 동사술어나 형용사술어가 대부분 非自主性 의미자질을 가지고 있다. 예를 들면 "爱戴, 担心, 感激, 关心, 失望, 小心, 耐心" 등이다. 때문에 "对" 구문에서는 이상 유형의 동사 혹은 형용사의 앞뒤에 일반적으로 다른 성분을 부가해야 한다. 그렇지 않으면 문장이 순통하지 않다. 한국학생들은 이런 용법을 잘 모르기에 아래와 같은 착오가 자주 나타난다. 예를 들면

*(1) 它是韩国国宝, 所以人们对它关心和珍惜。

　　→ 它是韩国国宝, 所以人们对它应该关心和珍惜。

*(2) 因为父母对儿子溺爱, 所以儿子要什么就给他买什么。

　　→ 因为父母对儿子非常溺爱, 所以儿子要什么就给他买什么。

*(3) 男女老少不管是谁, 都喜欢听赞扬的话, 都希望别人对自己热情。

　　→ 男女老少不管是谁, 都喜欢听赞扬的话, 都希望别人对自己热情一些。

*(4) 想了半天我才知道一点儿, 那就是我对自己失望。

　　→ 想了半天我才知道一点儿, 那就是我对自己很失望。

*(5) 他决心经常给老妈打电话, 对老妈孝顺。

　　→ 他决心经常给老妈打电话, 对老妈孝顺一下。

*(6) 姐姐感到非常幸福, 而且对妈妈非常感谢。

　　→ 姐姐感到非常幸福, 而且对妈妈表示感谢。

*(7) 我读研究生很可能给妈妈增加负担, 所以我对妈妈非常抱歉。

　　→ 我读研究生很可能给妈妈增加负担, 所以我对妈妈表示抱歉。

*(8) 我看她冷得发抖的样子, 对她非常抱歉。

　　→ 我看她冷得发抖的样子, 对她表示抱歉。

예 (1)~예 (5)는 동사술어 혹은 형용사 전후에 부가성분을 빠뜨렸거나 적절하지 못하여 착오가 생겼는데 예 (1)에서 "关心和珍惜" 앞에 응당 부가어 "应该"를 보충하여 "所以人们对它应该关心和珍惜"로 고쳐야 하고 예 (2)는 "溺爱" 앞에 부가어 "非常"을 보충하여 "因为父母对儿子非常溺爱"로 고쳐야 한다. 예 (3)~예 (4)도 이와 마찬가지인데 예 (3)은 "都希望别人对自己热情一些"로 고치고 예 (4)는 "那就是我对自己很失望"으로 고치며 예 (5)는 "对老妈孝顺一下"로 고쳐야 한다.

예 (6)에서 "感谢"와 같은 단어가 "对" 구문에서는 왕왕 목적어로 되는데 그 앞에는 일반적으로 "表示, 进行" 등 단어들이 와야 한다. 그렇지 않으면 문장이 완정하지 못하게 된다.[8] 때문에 예 (6)의 "非常"을 삭제하고 동사 "表示"를 써서 "而且对妈妈表示感谢"로 고쳐야 한다. 예 (7)~예 (8)도 마찬가지다.

3) 개사 "对"의 불필요한 첨가

중국어에서 어떤 동사는 개사 "对"의 도움이 없이 동작이 미치는 대상을 직접 동사 뒤에 쓸 수 있다. 한국학생들은 이 용법을 잘 알지 못하기에 아래와 같은 착오가 자주 나타난다. 예를 들면

　*(1) 我有对妈妈很对不起的事。

　　　→ 我有很对不起妈妈的事。

　*(2) 这几年来, 我一直寻找对我适合的理想。

　　　→ 这几年来, 我一直寻找适合我的理想。

　*(3) 我知道你对我的批评都是为了我好, 可是有的时候我真接受不了。

　　　→ 我知道你批评我都是为了我好, 可是有的时候我真接受不了。

예 (1)에서는 "对"를 삭제하고 "很对不起" 뒤에 "妈妈"를 써서 "我

8) 李琳莹, 「介词 "对"的意义和用法考察」, 『天津师大学报』1999年第4期.

有很对不起妈妈的事"라고 고치면 된다. 예 (2)~예 (3)도 이와 마찬가 지인데 예 (2)는 "我一直寻找适合我的理想"으로 고치고 예 (3)은 "我 知道你批评我都是为了我好"로 고친다.

4) "对……来说"의 오류

중국어개사의 框式结构인 "对/对于------来说/说来/来讲"는 어떤 논단이나 견해 등이 영향을 미치는 특정한 대상을 도입하는 데 동작 이나 변화를 일으키는 주체나 그와 연관되는 대상을 포함한다. 어떤 경우에 "来说/说来/来讲"은 생략할 수도 있다.[9] 예를 들면

　　对于我来说，儿子就是希望。→ 对于我，儿子就是希望。

　　对于我们中年人来说，健康是第一位的。

　　→ 对于我们中年人，健康是第一位的。

　　英语对于一个考大学的孩子来讲是很重要的。

　　→ 英语对于一个考大学的孩子是很重要的。

하지만 "NP1 + 对/对于/ NP2------" 사이에 主客关系로 이루어질 때 "对/对于------来说/来讲"는 주체를 제시해주는 작용이 있기에 이때 는 "来说, 来讲"을 생략할 수 없다. 그렇게 되면 주객이 뒤바뀌게 되 거나 주체를 잃어버릴 수 있어 원뜻을 개변시키거나 심지어 틀린 문 장이 될 수 있다. 그것은 "对/对于------"는 다만 주체를 제시하는 작용 만 하기 때문이다.[10] 예를 들면

　　我对他们来说是非常熟悉的。→ * 我对他们是非常熟悉的。

　　这几项改革方案对于我来讲总是感到不舒服。

　　→ *这几项改革方案对于我总是感到不舒服。

---

9) 陈昌来，「现代汉语介词框架的考察」，『中国语言学报』，2003年第9期。
10) 陈昌来，「现代汉语介词框架的考察」，『中国语言学报』，2003年第9期。

한국학생들은 "来说/来讲"을 써야 하는 조건과 쓰지 말아야 하는 조건을 모르기에 아래와 같은 착오가 자주 나타난다. 예를 들면

　*(1) 我想了很多次, 当然对我[　]这是很好的机会。

　　　→ 我想了很多次, 当然对我来说这是很好的机会。

　*(2) 这次旅行虽然很短暂, 但是对我[　]是很好的机会。

　　　→ 这次旅行虽然很短暂, 但是对我来说是很好的机会。

　*(3) 这对我[　]是很大的收获。

　　　→ 这对我来说是很大的收获。

　*(4) 虽然这本书对学汉语的留学生[　]比较难, 但很多学生欣赏这本杂志。

　　　→ 虽然这本书对学汉语的留学生来讲比较难, 但很多学生欣赏这本杂志。

　*(5) 两年前, 我在上海学了汉语。对我[　]这是第一次留学生活了。

　　　→ 两年前, 我在上海学了汉语。对我来讲这是第一次留学生活了。

　*(6) 上海的留学生活留给我很多回忆, 如一起学习的中国朋友, 他们对我[　]是最难忘的人。

　　　→ 上海的留学生活留给我很多回忆, 如一起学习的中国朋友, 他们对我来讲是最难忘的人。

예 (1)은 "对我来说"로 고치고 예 (2)~예 (6)도 이와 마찬가지다.

3. 맺는 말

한국학생들의 중국어 개사 "在"와 "对"의 학습에서 나타나는 착오에 대한 분석으로부터 우리는 아래와 같은 몇 가지를 수렴해낼 수 있다.

1) 중고급수준을 갖춘 한국학생들은 개사 "在"와 "对"를 많이 사용

하지만 그 용법을 완전히 장악하기에는 아직 일정한 차이가 있다. 때문에 대외중국어문법수업에서 개사 "在"와 "对"의 수업에 중시를 돌려야 한다.

2) 한국학생이 개사를 학습하는 과정에 착오가 생기는 원인은 여러 가지가 있다. 주요한 원인은 우선 중국어 개사 "在"와 "对"의 용법을 장악하지 못한 데 있으며 다음으로 모국어의 영향을 받기 때문이다. 예를 들면 틀식개사구조에서 방위사를 빠뜨리는 현상은 주요하게 한국어에서는 방위사가 따로 없이 위격조사만으로도 그 뜻을 나타낼 수 있기 때문이다. 그리고 문법을 가르칠 때 치중점이 없기 때문이다. 예를 들면 대외중국어교과서에서 언급한 "在"와 "对"의 용법은 학생들의 학습실제를 이탈했는바 어떤 용법은 간단히 언급해도 학생들이 바르게 사용할 수 있지만 어떤 문법은 반복적인 해석이 필요하다. 그런데 학생들이 착오가 가장 많이 생길 수 있는 용법에 대해서는 왕왕 언급하지 않았으며 그 내용 또한 陈旧할뿐더러 지나치게 간단하고 두루뭉실하며 중점이 없다. 教者의 강의는 학생에게 존재하는 실제문제를 해결하는 강의가 아닌 교과서내용에만 제한된 강의기에 随意性과 盲目性이 비교적 크다.

3) 한국학생들이 개사 "在"의 중점과 난점을 이해하는 과정에 두 가지 문제가 존재한다. 하나는 "在+처소사"에서 "在"의 은현이다. 다시 말하면 처소사가 어떤 상황에서 "在"를 써야 하며 어떤 상황에서 "在"를 쓰지 말아야 하는가가 하는 문제이다. 다른 하나는 틀식개사구조에서 방위사의 은현이다. 중국어의 개사 "对"의 학습중점과 난점은 세 가지가 있다. 하나는 "对"와 개사 "给" "向"과의 구별이고 다른 하나는 "对"의 은현문제이며 그다음은 틀식개사에 나타나는 "来说/来讲"의 은현문제이다.

4) 대외중국어교원들은 우선 한국학생들이 개사 "在"와 "对"의 학습 정황을 알아야 할 뿐만 아니라 착오가 자주 나타나는 개사의 용법에 대해서는 각별한 주의를 돌려 치중하여 설명을 해야만이 착오를 수정하거나 피면할 수 있는데 힘을 적게 들이고도 좋은 수업효과를 거둘 수 있을 것이다.

제4절 부사 "也"와 "都"

중국어부사의 절대수량은 많지 않지만 그 기능과 용법은 매우 다양하다. 사용범위가 넓고 빈도가 높을 뿐만 아니라 내부 구성이 일치하지 않고 통합관계와 구문의 조건, 의미의 内涵와 语义指向, 화용경향과 담화에서의 기능 등은 모두 나름대로 특점을 지니고 있으며 각양각색일 뿐만 아니라 너무 일치하지 않고 일부는 전혀 상반되기 때문에 한 가지 의미에 따라 유추할 수 있는 체계성과 규칙성이 결핍하다. 그러므로 부사는 줄곧 대외중국어교수에서의 중점이자 난점이었다.

조사에 의하면 중고급단계에 이른 한국학생들은 부사학습과 사용과정에 시간부사, 빈도부사에서 오류가 많이 생긴다. 본절에서는 주요하게 오류율이 비교적 높은 부사 "也"와 "都"의 여러 가지 유형 및 오류가 생기는 원인을 분석한다.

1. 부사 "也"

부사 "也"는 주로 同类와 병존의 관계를 나타낸다. 동류의 관계로 쓰일 때는 뒤 구절에 사용하고 병존의 관계로 쓰일 때는 앞 구절에 사용한다. 예를 들면

我是前年到这里来工作的, 他也是前年才来这里工作的。

姐姐喜欢逛街, 我也喜欢逛街。

这间屋子也学习, 也睡觉。

天也晴了, 太阳也出来了。

배우는 사람들은 부사 "也"를 사용하는 과정에 이런 오류가 많이 생긴다.

1) 부사 "也"의 위치상 오류

중국어에서 일부 语气부사는 주어 앞에서 어기를 강조하는 작용을 한다. 예를 들면

这儿难道不是你的家?　　→　难道这儿不是你的家?

今天他也许来。　　　　　→　也许今天他来。

她的确考上大学了。　　　→　的确她考上大学了。

그렇지만, "也", "再", "又", "都" 등 부사는 일반적으로 주어 앞에 놓이지 않고 주어와 술어 사이에 놓인다. 한국어에서 부사 "也"와 같은 뜻으로 쓰이는 조사 "－도"는 문법적 위치가 비교적 영활한데 주어 뒤에 놓일 수 있을 뿐만 아니라 부사어 뒤에 놓여서 同类의 의미를 나타낼 수도 있다. 예를 들면

김 선생도 시골에 갔다.　　　金老师也去了乡下。

학생이 담배도 피운다.　　　学生也抽烟。

아이가 마당에서도 논다.　　　　孩子们也在院子里玩儿

배우는 사람들은 원어의 조사 "－도"의 문법분포상 영향으로 말미암아 경상적으로 아래와 같은 오류가 생긴다. 예를 들면

*(1) 我们家每星期天都去教堂。上个星期天<u>也我们</u>去了教堂。

　　→ 我们家每星期天都去教堂。上个星期天<u>我们也</u>去了教堂。

*(2) <u>现在也我的汉语水平</u>很差。

　　→ <u>现在我的汉语水平也</u>很差。

*(3) 几年前, <u>在韩国也公共场所出现了吸烟</u>的问题。

　　→ 几年前, <u>在韩国公共场所也出现了吸烟</u>的问题。

*(4) 出门的时候, <u>我觉得也今天</u>可能很难登山。

　　→ 出门的时候, <u>我觉得今天也</u>可能很难登山。

예 (1)의 "上个星期天也我们去了教堂。" 이것은 한국어어순으로 배열한 문장인데 한국어로 번역하면 "전번일요일도 우리는 교회에 갔었다."이다. "也"는 부사어 "전번일요일" 뒤에 주어 "우리" 앞에 놓인다. 중국어는 "也"는 주어와 술어사이에 쓰인다. 그렇지 않으면 문장이 순통하지 못하게 된다. 때문에 이 문장은 "上个星期天我们也去了教堂。"로 고쳐야 한다. 예 (2)～예 (4)도 이와 마찬가지다.

2) 부사 "也"와 "都"의 혼용

중국어 부사 "也"와 "都"는 任指의 뜻을 나타내는 의문대명사 뒤에 위치하여 "无论……"의 의미를 나타낸다. 하지만 "也" 뒤에는 일반적으로 부정이 온다.[11] 상술한 경우에 한국어는 역시 조사 "－도"를 많이 사용하는데 "－도" 뒤에는 부정형과 긍정형이 다 올수 있다. 예를 들면

---

11) 吕叔湘, 『现代汉语八百词』, 北京, 商务印书馆, 1984年。

谁都知道这件事。　　　이 일을 누구도 다 알고 있다.

　　我哪儿都逛逛。　　　　나는 어디도 다 돌아다닌다.

　　说什么我也不能灰心。　어떻게 말해도 나는 고민하지 않는다.

　　我怎么说服他也不听。　내가 아무리 설득해도 그는 듣지 않는다.

　　배우는 사람들은 원어 "－도"의 영향으로 말미암아 중국어 부사 "也~都"를 혼용하는 오류가 자주 생긴다. 예를 들면

　　*(1) 想吃点什么？ 什么东西也可以。

　　　　→ 想吃点什么？ 什么东西都可以。

　　*(2) 他们只想他们的儿子, 在这方面谁也一样。

　　　　→ 他们只想他们的儿子, 在这方面谁都一样。

　　*(3) 登山的时候, 谁也想登到山的顶峰。但是, 谁也知道, 不能直接到达顶峰。

　　　　→ 登山的时候, 谁都想登到山的顶峰。但是, 谁都知道, 不能直接到达顶峰。

　　*(4) 他们也为了摆脱自己贫穷的生活, 下了不少工夫, 每件事也做得很积极。

　　　　→ 他们也为了摆脱自己贫穷的生活, 下了不少工夫, 每件事都做得很积极。

　　예 (1) "也" 뒤에 긍정형이 올 때는 "也" 대신 "都"를 써야 한다. 예 (2)~예 (4)도 이와 마찬가지다.

3) 불필요한 "也"를 첨가하는 오류

　　중국어 부사 "也"와 서로 대응하는 한국어 조사 "－도"는 그 뜻이 풍부하고 언어환경이 다름에 따라 중국어 "也", "都", "还" 등 부사와 각기 대응하여 사용할 수 있다. 예를 들면

오늘도 출근한다.	今天也上班。
오늘도 출근합니까?	今天也 / 还上班吗?
누구도 말하지 못한다.	谁都不能说。

한국학생들은 그들 사이의 대응관계를 잘 모르기 때문에 아래와 같은 오류가 많이 생긴다. 예를 들면

*(1) 你们现在<u>也还</u>能说吸烟是个人的事情吗?

　　→ 你们现在<u>还</u>能说吸烟是个人的事情吗?

*(2) 我<u>还</u>不知道怎么孝敬老人，<u>也还</u>不知道怎么跟他们相处。

　　→ 我<u>还</u>不知道怎么孝敬老人，<u>还</u>不知道怎么跟他们相处。

*(3) 关于这个问题，谁<u>也都</u>不敢说正确的答案。

　　→ 关于这个问题，谁<u>都</u>不敢说正确的答案。

*(4) 小时候谁<u>也都</u>有父母。

　　→ 小时候谁<u>都</u>有父母。

*(5) 为了财富，<u>我也无论什么事</u>，都要努力做。

　　→ 为了财富，<u>我无论什么事</u>，都要努力做。

예 (1)은 반문구조인데 "还"가 긍정형 앞에 쓰여 "吸烟不是个人的事情"라는 의미를 나타낸다. 부사 "也"는 반문구에 쓰지 못하기에 삭제해야 한다. 예 (2)와 예 (3)은 부정문이기에 "也"를 쓸 수도 있고 "还" 혹은 "都"를 쓸 수도 있다. 때문에 그중에 하나를 삭제해버릴 수 있는데 "也"를 삭제하는 것이 전반 문장의 언어환경에 더 합당하다. 예 (4)에서처럼 任指의 의미를 나타낼 때, 긍정문에서는 의문대명사 뒤에 "都"를 써야 하고 부정문에서는 "也"를 써야 한다. 때문에 여기서는 "也"를 삭제해야 한다. 예 (5)는 "无论……都"구문이다. 중국어 부사 "都"와 "也"는 아래와 같은 구문에서는 통용된다. "谁/什么/哪……都/也" "哪怕……都/也" "连/甚至……都/也" "一……都不(没)/也不(没)" "动+都/也

+动(否定形式)……"12) 때문에 예 (5)에서는 "也"를 삭제하거나 "都" 위치에 "也"로 바꿔 쓸 수 있다.

2. 부사 "都"

중국어 부사 "都"는 경상적으로 "하나하나" 혹은 "일일이" 등 뜻을 나타내는 "每, 各, 各个, 处处, 个个" 단어나 임의의 뜻을 나타내는 의문대명사 "谁, 什么, 哪儿, 怎么", 접속사 "无论, 任凭, 哪怕"와 어울려서 "都" 앞에 오는 모든 사람과 사물을 총괄한다. 총괄의 의미를 나타내는 한국어 조사 "–마다"와 중국어의 "每/各/处处……都"는 같은 의미로 쓰인다. 예를 들면

집집마다 아이를 기른다.　　　家家都养孩子。

곳곳마다 노랫소리가 들린다.　　处处都传来歌声。

학생마다 애국가를 부른다.　　每个学生都唱国歌。

그는 날마다 단련한다.　　　　他每天都锻炼。

한국어 조사 "–나" "–든지"도 총괄의 의미를 나타내는데 중국어의 "谁/什么/哪儿/怎么……都"와 "无论/任凭/哪怕……都"와 같은 의미로 쓰인다. 예를 들면

누구든지 다 할 수 있다.　　　谁都能做。

무엇이나 다 먹는다.　　　　什么都吃。

어느 곳이나 다 가보았다.　　哪儿都去过。

한국어는 조사 하나만으로도 포함의 의미를 나타낼 수 있기에 일반적으로 부사구문형식 "마다……다/나……다/든지……다" 등을 쓰지 않는

---

12) 侯学超, 『现代汉语虚词词典』, 北京, 北京大学出版社, 1998年。

다. 때문에 한국학생들은 원어의 영향으로 "都"를 누락하는 오류가 자주 생기게 된다. 예를 들면

*(1) 我也尝试过很多次, 但是每次我[ ]失败。

→ 我也尝试过很多次, 但是每次我<u>都</u>失败。

*(2) 我们家每星期天[ ]去教堂。上个星期天我们也去了教堂。

→ 我们家每星期天<u>都</u>去教堂。上个星期天我们也去了教堂。

*(3) 我们每个人[ ]准备一个菜在草地上一起吃了饭。

→ 我们每个人<u>都</u>准备一个菜在草地上一起吃了饭。

*(4) 他每一次[ ]说语重心长的话, 让我很受教育。

→ 他每一次<u>都</u>说语重心长的话, 让我很受教育。

*(5) 爸爸和妈妈每天[ ]吵架。

→ 爸爸和妈妈每天<u>都</u>吵架。

*(6) 谈钱的时候, 爸爸每次[ ]犹豫。

→ 谈钱的时候, 爸爸每次<u>都</u>犹豫。

*(7) 国庆节, 韩国人都挂太极旗, 可是每个国庆节挂的方法[ ]不一样。

→ 国庆节, 韩国人<u>都</u>挂太极旗, 可是每个国庆节挂的方法都不一样。

*(8) 如果没有这样的经历, 那么长大以后, 他什么事情[ ]不会做。

→ 如果没有这样的经历, 那么长大以后, 他什么事情<u>都</u>不会做。

*(9) 无论她有没有时间, 她[ ]照顾我, 帮助我。

→ 无论她有没有时间, 她<u>都</u>照顾我, 帮助我。

예 (1)~예 (7)은 "每(次, 星期天, 个人, 天, 个)······都"구문에서 나타난 오류이다. 예 (1)은 부사 "都"를 써야 하고 예 (2)~예 (7)도 이와 마찬가지다. 예 (8)任指를 표현하는 의문대명사 "什么(事情)" 뒤에

"都"를 써서 포괄의 의미를 나타낸다. 예 (9)의 접속사 "无论" 뒤에는 응당 "都"를 써서 포괄의 의미를 나타내야 한다.

제5절 방향보어

중고급단계에 이른 한국학생들은 중국어 방향보어의 일부 용법을 비교적 잘 장악했다. 하지만 방향보어의 사용법칙이 워낙 복잡하고 또한 학생 모국어에 방향보어가 따로 없는 등 여러 가지 원인으로 총체적으로 사용정확률이 67퍼센트이고 오류가 33퍼센트를 차지한다. 게다가 방향보어 자체의 정확률과 오류율도 매우 균형적이지 못하므로 이러한 것은 한국학생들이 방향보어를 사용함에 있어서 아직 일정한 문제가 존재한다는 것을 설명한다.

본문에서는 주로 한국학생들이 습작과정에서 나타난 방향보어 중의 中介语를 연구대상으로 22개 방향보어와 매개 방향보어가 나타내는 부동한 문법 의미의 예를 철저하게 통계하고 한국학생들의 방향보어를 학습하는 특점 및 그 오류유형과 원인을 분석하여 중국어문법수업에 참고성적인 책략을 제공하는 바이다.

1. 방향보어의 습득정황

중고급단계에 이른 한국학생들의 습작에 나타난 방향보어구문 219개 가운데 방향보어가 22개 차지하고 있다. 그 구체적인 분포는 다음 도표와 같다.

중국어 방향보어 학습정황 일람표

	사용하는 것		정확한 것		착오적인 것	
	수 량	비 율	수 량	비 율	수 량	비 율
V + 来	18	7.66%	15	83%	3	17%
V + 去	15	8.56%	10	67%	5	33%
V + 上	19	8.56%	13	68%	6	32%
V + 上来	1	0.45%	0	0	1	100%
V + 上去	3	1.34%	2	67%	1	33%
V + 下	12	5.41%	7	58%	5	42%
V + 下来	13	5.86%	6	46%	7	54%
V + 下去	12	5.41%	10	83%	2	17%
V + 进	2	0.90%	2	100%	0	0
V + 进来	1	0.45%	1	100%	0	0
V + 进去	2	0.90%	2	100%	0	0
V + 出	18	8.12%	15	83%	3	17%
V + 出来	20	9.00%	12	60%	8	40%
V + 出去	1	0.45%	1	100%	0	0
V + 回	1	0.45%	1	100%	0	0
V + 回来	1	0.45%	1	100%	0	0
V + 回去	2	0.90%	2	100%	0	0
V + 过	1	0.45%	1	100%	0	0
V + 过来	8	3.60%	7	88%	1	12%
V + 过去	1	0.45%	1	100%	1	0
V + 起	9	4.05%	4	44%	5	56%
V + 起来	59	27%	33	56%	26	44%
合 計	219	100%	146	67%	73	33%

이상의 일람표에서 아래와 같은 몇 가지 문제를 귀납해낼 수 있다.

(1) 한국학생들이 방향보어를 사용할 때 그 사용빈도가 높은 것들로는 차례로 "V + 起来", "V + 出来", "V + 上", "V + 去", "V + 出", "V + 来" 등 여섯 가지이며 사용빈도가 제일 낮은 것들로는 "V + 上来", "V + 进来", "V + 出去", "V + 回", "V + 回来", "V + 过", "V +

过去”, “V + 进”, “V + 进去”, “V + 回去”, “上去” 등 11개인데 그 사용빈도가 너무 낮은 탓으로 통계의미가 없기에 여기서는 언급하지 않기로 한다.

(2) 한국학생들이 사용하는 방향보어가운데서 사용정확률이 가장 높은 것으로는 차례로 “V + 过来”, “V + 出”, “V + 下去”, “V + 来”, “V + 去”, “V + 上” 등 6개이며 사용착오율이 가장 높은 것으로는 차례로 “V + 起”, “V + 下来”, “V + 起来”, “V + 下”, “V + 出来”, “V + 上去”, “V + 上” 등 7개이다.

아래 “V + 来”, “V + 去” 등 11개 방향보어의 학습특점을 각각 설명하도록 한다.

1) V + 来

한국학생들은 “V + 来”를 비교적 잘 장악했는바 정확률이 83%이고 오류율이 17%이다.

(1) 대부분 학습자들은 일반적으로 “V + 来”로 방향을 나타내는데 “来”와 맞물리는 동사는 주요하게 “回”, “出”, “进”, “起”, “过”, “带”, “打”, “传”, “袭”, “买” 등 10개가 있다. 그중에서 “回”, “出”, “进”, “起”, “过”, “带” 등 6개 동사와 “来”로 구성된 “동사+보어”형식의 사용이 보편적이고도 정확하다. 이것은 이런 동사와 “来”로 결합된 비율이 높기에 자연히 배우기 쉬운 것이다.

다만 소수의 중국어수준이 높은 학습자만이 结果의 의미를 나타내는 예문 하나와 특수용법을 사용한 예문 4개가 있다. 예를 들어:(他的脾气很别扭, 跟谁也)合不来 / (在性格方面)看来, (兔子很温顺。)이것은 대부분 학습자들이 “V + 来”가 나타내는 결과적 의미와 그 특수용법을 아직 장악하지 못하고 있으므로 이는 중국어학습에서의 난점이라는 것을 말해준다.

(2) 학생들은 주요하게 "N施事 + V + 来"와 "N施事 + V + 来 + O受事" 등 두 가지 구문에서 방향보어 "来"를 쓴다.

(3) "V + 来"를 학습하는 과정에서 학습자들에게 존재한 주요한 문제는 "V + 来" 뒤에 장소목적어가 올 때의 용법을 잘 장악하지 못한 것이다. 중국어수준의 높고 낮음과 상관없이 모두 이 문제가 존재한다.

2) V + 去

한국학생들이 "V + 去"의 용법은 잘 장악하지 못하였는바 정확률이 67%이며 착오율이 33%이다.

(1) 대부분 학습자들이 "V + 去"로 방향적 의미를 나타내는데 "去"와 어울리는 동사는 주요하게 "上", "下", "进", "出", "回", "带", "过", "跑" 등 8개가 있다. 그중에서 "上", "下", "进", "出", "回", "过" 등 6개 동사와 "去"로 구성된 "동사+보어"구조를 많이 사용하며 그 정확률도 높은데 이것은 주요하게 중국어에서 이런 동사들이 "去"와 많이 결합해 쓰므로 자연히 장악하기도 쉽다.

"V + 去"의 결과적 의미를 사용한 학생은 단 한 명이었다. 예를 들면: "死去 / 除去盐分". 이것은 결과의를 나타내는 "去"와 결합하는 동사가 많지 않을뿐더러 자주 사용하지 않는 "消", "褪", "拂", "甩" 등이기에 학습자들이 배울 때 비교적 어려움을 느낀다.

(2) 학생들은 주로 "N施事 + V + 去", "N施事 + V + 去 + O受事"와 "N施事 + V + O处所 + 去" 등 세 가지 구문에서 방향보어 "去"를 쓴다. 하지만 "N施事 + V + O处所 + 去"의 구문에 대해 익숙히 장악하지 못한 탓으로 때로는 정확히 쓰고 때로는 틀린다. 이것은 학습자의 중국어수준과 일정한 관계가 있는데 이런 오류는 주로 중급 혹은 그 이하

수준의 학습자에게서 많이 나타난다.

(3) "V + 去"구문의 학습과정에서 생기는 주요한 문제는 "V + 去"에 장소목적어가 오는 용법을 잘 장악하지 못한 문제이다.

3) V + 上

한국학생들은 "V + 上"의 용법을 잘 장악하지 못하였는바 정확률이 68%이고 오류율이 32%이다.

(1) 대부분 학습자들은 "V + 上"로 결과의를 표시하는데 "上"와 맞물리는 동사는 주로 "看", "爱", "考", "当", "喜欢", "交", "踏", "抹", "加", "比" 등 10개가 있다. 극소수의 중국어수준이 높은 학습자만이 방향을 나타내는 의미에서 "V + 上" 예문을 3개 사용하였다. 예를 들면 "登上长城 / 送上了一碗年糕汤 / 跟不上". "V + 上"구문으로 状态를 나타내는 사례는 하나도 없으며 특수용법을 사용한 실례도 하나도 없는데 이것은 "上"의 상태적 의미가 비교적 추상적이며 또한 특수용법은 복잡하기에 학습자가 어려움을 느끼기에 회피하는 책략을 취하였다. 이것은 학습난점이다.

(2) 학습자는 주로 "N$_{施事}$ + V + 上 + (了)"와 "N$_{施事}$ + V + 上 + (了)+ O$_{受事和处所}$+ (了)" 등 두 구문에서 방향보어 "上"을 쓴다.

(3) "V + 上"의 학습과정에서 학습자들에게 존재하는 주요한 문제는 방향보어를 누락하는 것이다.

4) V + 下

한국학생들은 "V + 下"의 용법을 잘 장악하지 못했는바 정확률이 58%이고 오류율이 42%이다.

(1) 학습자들은 주로 "V + 下"로 방향적 의미와 결과적 의미를 나타내지만 그 실례가 많지 않다. 방향을 나타낼 때 "下"와 결합되는 동사는 "流", "放", "掉", "吃" 등 4개가 있다. 결과를 나타낼 때 "下"와 결합되는 동사는 "留", "剩", "许" 등 3개가 있다.

우리는 학생들이 습작 가운데서 동사 "流"와 "留"가 "下"와 가장 많이 어울려 쓴다는 것을 알 수 있다. 예를 들면 "流下热泪 / 流下眼泪 / 留下深刻的印象 / 留下电话号码 / 留下很多遗产". 비록 학습자들이 "流下"와 "留下" 두 动补结构를 많이 사용하지만 그에 따른 오류도 많이 나타난다. 이것은 학습자들이 이 두 가지 형식의 사용방법을 아직 채 장악하지 못하고 있으며 장악하는 과정에 있다는 것을 말해준다.

"V + 下"로 상태를 나타낸 실례는 하나도 없는데 이것은 "下"의 상태적 의미가 비교적 추상적인 탓으로 학생들이 이해하기 어려워하므로 회피하는 책략을 택했기 때문이다. 이것은 학습난점이다.

(2) 학생들은 주로 "N_施事 + V + 下 + (了) + O_受事" 등 간단한 구문형식에서 방향보어 "下"를 쓴다.

(3) "V + 下"의 학습과정에서 학습자들이 방향보어를 누락하는 것이 주요한 문제이다.

5) V + 下来

한국학생들은 "V + 下来"의 용법에 대한 장악이 아주 差한바 그 정확률이 46%밖에 되지 않고 오류율이 54%에 달하였다.

(1) 학습자들은 "V + 下来" 구문을 아주 적게 쓰는데 그 실례도 아주 적다. 방향적 의미를 나타낼 때 "下来"와 결합되는 동사는 "流", "滴" 등 2개가 있으며 결과적 의미를 나타낼 때 "下来"와 결합해 쓰는 동사로는 "留", "按", "记" 등 3개가 있다. 상태적 의미를 나타낼 때

"下来"와 결합해 쓰는 형용사는 "平静" 하나밖에 없다.

(2) 학생들은 주로 "N_{施事} + V + 下来"구문에서 방향보어 "下来"를 쓴다.

(3) 학습자들이 "V + 下来"구문을 학습하는 과정에 존재하는 주요한 문제는 동사와 방향보어 "下来"를 틀리게 결합하는 문제와 방향보어를 누락하는 문제이다.

6) V + 下去

한국학생들은 "V + 下去"의 용법은 비교적 잘 장악했는바 정확률이 83%이고 오류율이 17%이다.

(1) 대부분 학습자들은 주로 "V + 下去"로 상태적 의미를 나타내는데 "下去"는 주로 동사와 결합된다. 그 동사들로는 "开", "做", "坚持", "传", "努力", "看", "过", "活" 등 8개가 있는데 형용사와 결합한 실례는 하나도 없었다. 이것은 아마 "下去"와 결합하여 상태적 의미를 나타낼 수 있는 형용사가 비교적 적으며 다른 하나는 "下来"가 나타내는 상태적 의미가 비교적 추상적이고 이해하기 어렵기에 학습의 난점으로 되었기 때문이다.

"V + 下去"로 방향적 의미를 나타낸 실례는 다만 "跳了下去"와 "喝了下去" 두 개뿐이었는데 둘 다 동일한 학생의 작문에서 나타났다. 이와 같은 용법을 사용한 실례가 극히 적은데 이것은 주로 모국어의 영향을 받았기 때문일 것이다. 중국어의 "V + 下去"구조가 한국어에서는 개별적인 동사에서만 "V + 보조용언"로 나타낼 뿐 대부분은 하나의 동사로만 나타낼 수 있다. 이 부분은 수업 가운데서 중시를 돌려야할 부분이며 수업에서의 난점이기도 하다.

"V + 下去"로 결과적 의미를 나타낸 실례는 하나도 없는데 이것은 하나는 "下去"와 맞물리는 동사가 적고 다음은 이런 동사들은 자주 사용하는 것이 아니기에 학습자에게 비교적 어려운 것이기에 학습자가 의식적으로 회피하였을 것이다. 이것이 학습난점이다.

(2) 학생은 주로 "N施事 + V + (了)+ 下去" 등 간단한 형식에서 방향보어 "下去"를 쓴다.

7) V + 出

한국학생들은 "V + 出"의 용법을 비교적 잘 장악했는바 정확률이 83%이고 오류율이 17%이다.

(1) 대부분 학습자들은 결과적 의미를 나타낼 때 주로 "V + 出"를 쓰는데 "出"와 결합해 쓸 수 있는 단어는 "做", "看", "找", "查", "选", "指", "觉", "表现", "表达", "发挥", "悟" 등 11개가 있다.

"出"와 결합하여 방향적 의미를 나타낼 수 있는 동사는 비교적 적은데 "飞", "走", "贡献", "付" 등 4개가 있다. 이런 사용실례도 적은데 주로 학습자가 모국어의 영향을 받았기 때문일 것이다. 중국어의 "V + 出"구조가 한국어에서는 다만 "零形式 + 나다"로 표시하고 어떤 것은 "V" 하나만으로 표시한다. 이 부분은 중국어 학습에서 중점으로 되는 부분으로서 수업 중에서 반드시 중시를 돌려야 한다.

(2) 학생들은 주로 "N施事 + V + 出 + (了) + O" 등 형식에서 방향보어 "出"를 쓴다.

8) V + 出来

한국학생들은 "V + 出来"구조를 잘 장악하지 못하였는바 정확률이 60%이고 오류율이 40%이다.

(1) 대부분 학습자들은 "V + 出来"로 결과적 의미를 나타내는데 "出来"와 결합하여 쓸 수 있는 동사로는 "创造", "看", "说", "猜", "想", "发挥", "回答", "爆" 등 8개가 있다.

"出来"와 결합하여 방향적 의미를 나타낼 수 있는 동사는 비교적 적은데 "走", "拿", "交", "涌" 등 4개가 있는데 이에 대한 사용실례도 아주 적은바 이것은 가능하게 학생들이 모국어의 영향을 받았기 때문이다. 중국어에서 "V + 出来"가 때로는 한국어의 "V +나오다"로 대응해 쓸 수 있지만 때로는 대응해 쓸 수 없는데 한국어에서는 "V" 하나만으로 나타낸다. 이 부분은 중국어학습에서의 중점부분인 만큼 수업 중에서 반드시 중시를 돌려야 한다.

(2) 학생들은 주로 "N$_{施事}$ + V + 出来 + (了)"와 "N$_{施事}$ + V + 出 + O + 来" 두 구조에서 방향보어 "出来"를 쓴다.

(3) "V + 出来"의 학습과정에서 학생들은 주로 방향보어를 누락하거나 잘못 결합하는 문제가 생긴다.

9) V + 过来

한국학생들이 가장 잘 장악한 부분은 "V + 过来"로서 정확률이 88%까지 달하였으며 오류율은 12%밖에 되지 않는다.

(1) 학습자는 주로 "V + 过来"로 결과적 의미를 나타내는데 그 사용실례는 많지 않다. "过来"와 결합하여 방향적 의미를 나타낼 수 있는 동사는 "吹", "𨂁", "反", "扰" 등 4개가 있다. 결과적 의미를 나타낼 때 "过来"와 결합하여 쓸 수 있는 동사는 "醒", "打", "生活" 등 3개가 있다.

(2) 학생들은 주로 "N$_{施事}$ + V + 过来 + (了)", "N$_{施事}$ + V + 过来 + (了)+ O"와 "N$_{施事}$ + V + 过 + O + 来 + (了)" 등 세 가지 구조에서 방향보어 "过来"를 쓴다.

10) V + 起

한국학생들이 가장 잘 장악하지 못한 것은 바로 "V + 起"구조인데 정확률이 다만 44%밖에 되지 않으며 오류율은 56%이다.

(1) 학습자들은 "V + 起"구조를 많이 쓰지 않는데 그 사용실례도 매우 적다. 방향적 의미를 나타낼 때 "起"와 결합하여 쓸 수 있는 동사는 다만 "接"하나이다. 결과적 의미를 나타낼 때 "起"와 결합하여 쓸 수 있는 동사로는 "想", "搭", "买" 등 3개이다.

우리는 학생들의 습작에서 "起"와 가장 많이 결합된 동사가 "想"이라는 것을 알 수 있다. 이것은 학습자들의 수준과 상관없이 모두 "想起"라는 动补结构를 사용한다. 상태적 의미를 나타내는 사용실례는 하나도 없는데 이것은 동사 뒤에 놓이는 "起"가 나타내는 상태가 비교적 추상적이고 이해하기 어렵기 때문일 것이다. "起"의 특수용법으로 말하면 그 난도는 더 큰 것이다. 때문에 이것 역시 학습난점이다.

(2) 학생들은 "N施事 + V + 起+ (了)+ O"구조에서 방향보어 "起"를 쓴다.

(3) "V + 起"의 학습에서 학습자들의 주요 문제는 누락하거나 잘못 사용하는 오류가 발생하는 것이다.

11) V + 起来

한국학생들은 "V + 起来"구조를 잘 장악하지 못하였는바 그 정확률이 56%밖에 되지 않으며 오류율이 44%이다.

(1) 대부분 학습자들은 "V + 起来"구조로 상태적 의미나 결과적 의미를 나타낸다. 상태를 나타낼 때 동사 "起来"와 결합되는 동사는 예를 들면 "哭", "笑", "读", "跑", "存", "闹", "变化", "训练", "克服", "回

想" 등 16개 동사와 극히 적은 형용사가 있는데 예를 들면 "好", "大", "酸", "严肃", "兴奋" 등 5개이다.

　동사와 "起来"가 결합하여 결과적 의미를 나타낸 사용실례는 많지만 그 정확성이 낮고 많은 오류가 나타났다.

　이 외에 특수용법의 학습에서 "想起来", "看起来", "吃起来", "听起来" 등과 같은 动补结构를 많이 사용했는데 그 정확률도 높다.

　(2) 한국학생들은 "N施事 + V + 起来+ (了)"와 "N施事 + V + 起 + O + 来+ (了)" 등 두 구조 중 방향보어 "起来"를 사용한다.

　(3) 한국학생들은 "V + 起来"를 사용하는 비율이 가장 높은데 그 장악 정도는 좋지 않은바 오류가 많이 생긴다. 주요한 문제는 잘못된 맞물림현상과 누락현상 및 목적어의 위치가 틀리는 등 문제이다.

2. 방향보어의 오류

　중고급단계에 이른 한국학생들이 중국어 방향보어를 사용하는 과정에서 주로 아래와 같은 몇 가지 오류현상이 있다.

1) 방향보어의 누락

　중국어에서 동사 뒤에 놓이는 방향보어는 풍부하고도 복잡한 의미를 가지고 있는데 주로 방향, 결과, 시제 세 가지 의미로 귀납할 수 있다. 문장 중에서 방향보어를 생략하는 경우 언어표현효과에 영향을 줄 뿐만 아니라 문장의 의미가 완정하지 않거나 어색해질 수 있다. 예를 들면

　　他突然跑下来, 抓住了她的手。　　* 他突然跑, 抓住了她的手。
　　结婚的日子定下来了。　　　　　　* 结婚的日子定了。

医生，护士都跑来抢救。　　　* 医生，护士都跑抢救。

等到他一觉醒来，天已大明。　* 等到他一觉醒，天已大明。

过了许久，沸腾的会场安静下来。　* 过了许久，沸腾的会场安静。

　하지만 한국어에서 동사 뒤에 놓이는 방향보어가 나타내는 의미는 상대적으로 단일한바 대부분이 방향을 나타내고 다만 "－가다"와 "－오다"가 상태를 나타낸다.

　　그는 무대로 걸어올라 왔다.(방향)

　　나는 차에서 뛰내려왔다.(방향)

　　그는 아주 행복하게 살아왔다.(지속)

　　그는 이후에도 계속 만들어 갈 것이다. (지속)

　게다가 한국어의 어떤 동사는 뒤에 방향보어가 붙지 않아도 자체로 방향, 결과 및 시제를 나타낼 수 있다.

　　그 여자는 머리를 수그렸다.　　她低下了头。

　　그는 옷을 다 입었다.　　　　他已经穿上了衣服。

　　나는 문장을 다 읽었다.　　　整篇文章都念下来了。

　　환자가 기절했다.　　　　　　病人晕过去了。

　　그는 깨여났다.　　　　　　　他醒来了。

　또 일부 동사는 보조적동사를 이용하여 동작의 결과 혹은 시제를 나타내는데 "V+연결어미+보조용언"와 같은 형식이다.

　　먼지를 닦아 버리다.　　　　　把灰尘擦去。

　　흑판위에 "환영"이라는 두 글자를 써놓았다.

　　在黑板上写上"欢迎"两个字。

　　그는 또 노래하기 시작했다.　　他又唱上了。

　　전등빛이 어두워지다.　　　　　灯光已经暗下来了。

　바로 이러한 문법적범주의 "空缺"와 불일치로 인하여 한국학생들이 방

향보어를 사용할 때 보어를 누락하는 오류가 자주 나타난다. 예를 들면

(1) 我躺在地上，望着蓝蓝的天空，不知不觉地伸[　]了胳膊和双腿。

    → 我躺在地上，望着蓝蓝的天空，不知不觉地伸<u>出</u>了胳膊和双腿。

(2) 第二天，我们终于爬[　]长白山。

    → 第二天，我们终于爬<u>上</u>长白山。

(3) 他通过吃苦耐劳，终于买[　]那辆梦寐以求的自行车。

    → 他通过吃苦耐劳，终于买<u>上</u>那辆梦寐以求的自行车。

(4) 其中，留[　]最深刻的印象是万里长城。

    → 其中，留<u>下</u>最深刻的印象是万里长城。

(5) 她离开学校之前，把自己对梁山伯的爱表示[　]后，才发现梁山伯也爱着自己。

    → 她离开学校之前，把自己对梁山伯的爱表示<u>出来</u>后，才发现梁山伯也爱着自己。

(6) 那天刮[　]了凉快的风，所有的东西都让我很舒服。

    → 那天刮<u>起</u>了凉快的风，所有的东西都让我很舒服。

(7) 老师说每个人都要爬山。可是我不喜欢爬山，再说也不愿意跟大家一起爬，于是躲[　]了。

    → 老师说每个人都要爬山。可是我不喜欢爬山，再说也不愿意跟大家一起爬，于是躲<u>起来</u>了。

(8) 这条狗被老虎咬死了，而老人好容易活[　]。

    → 这条狗被老虎咬死了，而老人好容易活<u>下来</u>。

(9) 今天我忽然想[　]我的未来。

    → 今天我忽然想<u>起</u>我的未来。

(10) 以此为契机，哈巴狗在西欧流行[　]。

    → 以此为契机，哈巴狗在西欧流行<u>起来</u>。

예 (1)~예 (7)한국어에서의 문법적범주의 空缺로 나타난 오류인데 예 (1)에는 "出"을 첨가하고 예 (2)~ 예 (3)에는 "上"을 첨가하며 예 (4)에는 "下"를 첨가하고 예 (5)에는 "出来"를 첨가하고 예 (6)은 "起"를 첨가해야 하고 예 (7)은 "起来"를 첨가해야 한다. 상술한 "V +趋向补语"를 한국어에서는 일반적으로 하나의 동사로 나타낸다. 예를 들면 "伸出~내밀다" "爬上~올라가다", "买上~샀다", "留下~남기다", "表示出来~표현하다", "刮起~불다", "躲起来~숨다".

예 (8)~예 (10)중국어와 한국어의 문법적 불일치로 생긴 오류이다. 예 (8)에는 "下来"를 첨가하고 예 (9)에는 "起"를 첨가하며 예 (10)에는 "起来"를 첨가해야 한다. 상술한 "V +趋向补语" 형식을 한국어에서는 일반적으로 "V+连接词尾+助动词"의 형식으로 나타낸다. 예를 들면 "活下来~살아났다" "想起~생각났다" "流行起来~유행되기 시작하다"。

2) 동사와 방향보어가 결합된 구문에서 목적어 위치상의 오류

중국어 동사 뒤에 단순한 방향보어 "来 / 去"나 복합방향보어와 목적어가 동시에 올 때 목적어의 위치는 비교적 복잡한바 동사가 가지는 방향보어의 性质과도 관계되고 동사의 성질과도 관계되며 목적어의 성질과도 관계되고 언어적 환경과도 관계가 된다.[13] 예를 들면 중국어 "V+来/去"구조가 목적어를 가질 때 목적어의 위치는 주요하게 "V + O + 来 / 去"와 "V + 来 / 去 + O"이 두 가지가 있다. "V+来 / 去" 구조가 처소목적어를 가질 때 목적어의 위치는 "V + O + 来 / 去" 한 가지가 있다. 예를 들면

我回教室去了
他跑北京来了

---

13) 陆俭明, 「动词后趋向补语和宾语的位置问题」, 『世界汉语教学』2002年第1期.

他下山去了

燕子飞屋里来了

"V+来/去"구조가 受事宾语를 가질 때 목적어의 위치는 두 가지가 있는데 A는 "V + O + 来 / 去", B는 "V + 来 / 去 + O"이 두 가지 있다. 일반적으로 A식은 未然를 나타내고 B는 已然를 나타낸다. 뿐만 아니라 목적어는 일반적으로 数量词의 수식이 필요하다. 예를 들면

她端两碗粥来 → 她端来两碗粥

老师搬两张桌子来 → 老师搬来两张桌子

妈妈寄一些钱来了 → 妈妈寄来了一些钱

他借两本书去了 → 他借去了两本书

"V+来 / 去"구조가 施事宾语와 결합될 때 목적어의 위치는 "V + 来 / 去 + O" 한가지인데 목적어가 일반적으로 수량사의 수식이 있어야 한다. 예를 들면

前面走来了一个人

游来了一只鸭子

从墙壁爬来了许多蚂蚁

이와 반대로 한국어의 "V+오다/가다"형식에 목적어가 올 경우에는 그것이 受事宾语든 处所宾语든 상관없이 목적어의 위치는 "O +을/를 + V+오다/가다"한 가지뿐이다. 다시 말하면 한국어에서는 "V+오다/가다"구조와 일반동사가 목적어를 가지는 경우는 마찬가지이다. 예를 들면

나는 커피 두 잔을 가져왔다.	我端来两杯咖啡。
그는 책 두 권을 빌려왔다.	他借来两本书。
어머니는 의자 두 개를 운반해 갔다.	妈妈搬去两把椅子。
나는 편지 한 통을 써갔다.	我寄去了一封信。

조사에 의하면 한국학생들은 중국어수준의 높고낮음과 상관없이 "V + 来 / 去 + O受事"형식을 많이 사용할 뿐만 아니라 정확하게 사용한다. 하지만 "V + O受事 + 来 / 去"형식은 사용빈도가 낮을 뿐만 아니라 장소목적어의 위치가 틀리는 잘못을 자주 범한다. 이것은 주로 "V + 来 / 去 + O受事"형식의 泛化와 모국어의 영향으로 인한 것이다. 예를 들면

(1) 回来汉城的时候，我舍不得离开济州岛。

　　→ 回汉城来的时候，我舍不得离开济州岛。

(2) 我一定好好学习，把好的成绩带来韩国。

　　→ 我一定好好学习，把好的成绩带韩国来。

(3) 吃完饭以后，我们回去了房间。

　　→ 吃完饭以后，我们回房间去了。

(4) 一个人进去黑暗的屋子有点儿恐怖。

　　→ 一个人进黑暗的屋子去有点儿恐怖。

(5) 我弟弟来上海旅行的时候，他带去了我们上海有名的地方。

　　→ 我弟弟来上海旅行的时候，他带我们去了上海有名的地方。

(6) 为了得到那辆梦寐以求的自行车，杰克拼命地挣起来钱。

　　→ 为了得到那辆梦寐以求的自行车，杰克拼命地挣起钱来。

(7) 从此，我爸爸渐渐攒钱起来。

　　→ 从此，我爸爸渐渐攒起钱来。

(8) 看了这幅图以后，突然我的父母想起来。

　　→ 看了这幅图以后，突然想起我的父母来。

예 (1)~예 (5)는 "V + 来 / 去"에서 장소목적어의 위치가 잘못 쓰인 것인데 예 (1)은 "回汉城来的时候"로 고쳐야 하고 예 (2)는 "带韩国来"로 고쳐야 하며 예 (3)~예 (5)도 이와 마찬가지다.

예 (6)~예 (8)은 "V + 起来"형식에서 목적어의 위치가 잘못 쓰인 것인데 중국어에서 "V + 起来"에 목적어가 올 때 일반적으로 복합방향보어의 사이에 놓인다. 그 형식은 "V + 起 + O + 来"이다. 중국어 수준이 괜찮은 학생들이 가끔 "V + 起 + O + 来"을 사용하고 또 정확하기도 하지만 대부분 학생들은 일반적으로 "V + 起来 + 了"형식을 사용할 뿐 "V + 起 + O + 来"형식은 거의 사용하지 않으며 사용하는 경우 거의 다 오류가 생긴다. 예 (7)은 "攒起钱来"로 고쳐야 하고 예 (8)은 "想起我的父母来"로 고쳐야 한다.

3) 방향보어의 혼용

중국어 방향동사가 동사의 뒤에서 장기적인 문법화를 통하여 의미상에서 추상화되었으며 문법기능도 점점 넓어져 방향동사와 붙여쓸 수 있는 동사가 점점 많아졌을 뿐만 아니라 심지어 형용사까지 이런 방향동사와 붙여쓸 수 있게 되었다.

게다가 매 하나의 방향동사가 나타내는 의미가 다름에 따라 결합할 수 있는 용언도 매우 복잡하므로 규률성을 찾아내기가 매우 어렵다. 모국어를 사용하는 사람들은 语感에 의하여 쉽게 활용할 수 있지만 한국학생들은 고급단계에 이르러서도 중국어 어감을 형성하지 못하였기에 근근이 장악한 문법적 규칙만으로 정확하게 사용한다는 것은 어려움이 크다. 그것은 매 하나의 방향보어가 의미상 큰 차이점을 갖고 있기에 장악에 어려움을 주기 때문이다. 때문에 한국학생들이 사용할 때 동사와 보어가 잘못 맞물리는 오류가 자주 생기게 된다. 예를 들면

   (1) 售货员, 请你把这件毛衣包下来。

       → 售货员, 请你把这件毛衣包起来。

(2) 这句话说<u>下来</u>容易，做<u>下来</u>难。

     → 这句话说<u>起来</u>容易，做<u>起来</u>难。

(3) 这是谁写的字，你猜<u>过来</u>了么?

     → 这是谁写的字，你猜<u>出来</u>了么?

(4) 我们一行几人醒<u>起来</u>乱蓬蓬的样子看到了晚霞，不知不觉叹声了。

     → 我们一行几人醒<u>过来</u>乱蓬蓬的样子看到了晚霞，不知不觉叹声了。

(5) 这个病人昏<u>起来</u>了，赶快喊大夫来。

     → 这个病人昏<u>过去</u>了，赶快喊大夫来。

(6) 下边有一个大的洞，不管是谁都差点要掉<u>下</u>似的。

     → 下边有一个大的洞，不管是谁都差点要掉<u>下去</u>似的。

(7) 专家们常常告诉大家吸烟吸<u>起</u>人的健康。

     → 专家们常常告诉大家吸烟吸<u>起人的健康来</u>。

(8) 他气呼呼的样子<u>看起</u>很吓人。

     → 他气呼呼的样子<u>看起来</u>很吓人。

(9) 请你们把今天的作业记<u>下去</u>。

     → 请你们把今天的作业记<u>下来</u>。

(10) 我们应该把正确的和错误的区别<u>出来</u>。

     → 我们应该把正确的和错误的区别<u>开来</u>。

(11) 今天我们队的技术水平没有完全发挥<u>起来</u>。

     → 今天我们队的技术水平没有完全发挥<u>出来</u>。

(12) 我早就看<u>起来</u>了，你不是什么好人。

     → 我早就看<u>出来</u>了，你不是什么好人。

(13) 当时，我看见一个老人。他跟乞丐一样脏，穿<u>上</u>被弄脏的黑乎乎的衣服，而且瘦骨嶙峋，真让人怜悯。

→ 当时，我看见一个老人。他跟乞丐一样脏，穿着被弄脏的黑乎乎的衣服，而且瘦骨嶙峋，真让人怜悯。

예 (1)~예 (5)는 방향보어와 동사가 의미선택의 제한성에서 생긴 오류이다. 예 (1)에서 동사 "包"는 多义词인데 어떤 의미에서는 "下来"와 어울려 쓰일 수 있다. 예를 들면 "那些任务我们全包下来了 / 所有的船，我们全包下来了". 하지만 어떤 의미에서는 쓸 수 없는데 예를 들면 *用纸包下来一包饼干 / *敌人从后面包下来了. 때문에 예 (1)은 "包起来"로 고치고 예 (2)~예 (5)도 이와 마찬가지로 예 (2)는 "说起来", "做起来"로 고치고 예 (3)은 "猜出来"로 고치고 예 (4)는 "醒过来"로 고치고 예 (5)는 "昏过去"로 고쳐야 한다.

예 (6)~예 (8)은 방향보어와 동사가 문법상에서 생긴 착오이다. 예 (6)에서 동사 "掉"는 방향보어 "下"와 결합할 때 한 가지 조건이 있는데 일반적으로 "V + 下" 뒤에 목적어가 온다. 예를 들면 "他跳下了舞台 / 掉下一元钱". 목적어가 필요 없을 경우에는 방향을 나타내는 "下去"를 쓸 수 있다. 때문에 예 (6)은 "掉下去"로 고치고 예 (7)의 동사 "吸"와 "起"는 결합할 수 없는바 "吸起健康来"으로 고쳐야 한다. 예 (8)도 이와 마찬가지다.

예 (9)~예 (13)은 방향보어와 동사가 의미상에서 생긴 오류이다. 예 (9)동사 "记"는 "下去"와 결합하여 动补结构인 "记下去"로 써서 지속적 상태를 나타낸다. 예를 들면 "你要把作业记下去" 하지만 예 (9)에서 작자가 표현하려는 것은 "지속"이라는 뜻이 아니라 "记(기록하다)"의 "结果(결과)"이므로 "记下来"로 고쳐야 한다. 예 (10)~예 (13)도 이와 마찬가지다.

3. 맺는 말

한국학생들의 방향보어 학습에서 나타난 특점과 오류에 대한 분석을 통해 아래와 같은 몇 가지를 귀납해 낼 수 있다. 한국학생들이 전면적이고 능란하게 방향보어를 사용하는 데는 아직 일정한 거리가 있다.

고급단계에 이르러 한국학생들은 응당 방향보어를 능란하게 사용할 수 있어야 하는데 조사결과는 그다지 낙관적이지 못하다. 이것은 주로 방향보어의 사용빈도가 너무 낮은 데서 표현되는데 11개 보어의 사용빈도가 거의 영이며 방향보어로 결과의 의미, 시제의 의미 혹은 특수용법 및 고정용법을 사용하는 면에서 보면 학생들은 경상적으로 회피하는 책략을 취한다.

1. 한국학생들이 방향보어를 사용하는 데서 주로 아래와 같은 영향을 받는다.

(1) 중국어 방향보어가 띠는 문법적 특점이 일정한 정도에서 학습의 난도를 가하였다. 예를 들면 "下", "下来", "下去"가 상태나 결과를 나타낼 때 그 의미가 모호해져서 원래의 동사로서 갖고 있던 의미를 완전히 잃어버리게 되므로 학생들이 장악하기 어려울뿐더러 경상적으로 회피하는 책략을 취한다.

(2) "동사+방향보어"구문의 사용빈도와 방향보어를 장악한 정도는 정비례를 이룬다. 예를 들면 "V + 上"로 결과적 의미를 나타내는 "看上", "爱上", "考上", "当上", "喜欢上", "交上" 등은 일상 구두어에서 그 사용빈도가 아주 높기에 문법학습에서도 상대적으로 쉽게 습득할 수 있다. 유사한 것으로는 "V + 起来"도 있다.

(3) 방향동사의 결합능력과 방향보어의 사용빈도가 정비례를 이룬다. 동사 혹은 형용사와 경상적으로 결합될 수 있는 방향보어는 그 사용빈

도도 높은가 하면 그와 반대인 경우에는 사용빈도도 낮다. 예를 들면 "起來"는 많은 동사 혹은 형용사와 결합하여 여러 가지 의미를 나타낼 수 있다. 때문에 학습자들이 "V + 起來"를 사용하는 비율이 아주 높다. 이와 반대로 "回", "回來", "上來", "开" 등 방향보어는 동사 혹은 형용사와 결합하는 능력이 비교적 약할 뿐만 아니라 대부분 동사가 그다지 사용하지 않는 비교적 어려운 동사이기에 학습자들이 학습하는 데 어려움이 비교적 큰가 하면 그 사용률도 거의 영에 가깝다.

(4) 모국어의 영향을 받는다. 중국어 문법범주에서 나타나는 空缺와 서로 대응하지 못하는 현상이 중국어 방향보어 학습에 큰 영향을 끼치고 있어 학습자들이 오류가 생기고 그 사용을 회피하는 주요한 원인이다. 방향보어에서 생기는 착오는 전반 中介语 중에서 생기는 비율이 가장 크다.

(5) 교재 편집과 교실수업

어떤 대외중국어교재는 편집할 때 학생들이 방향보어를 학습하는 특점을 무시하거나 홀시하고 방향보어의 교학순서(모든 방향보어의 의미와 문법을 포함), 방향보어의 특점 및 문법을 설명하였고 대외중국어를 가르치는 교사가 학생들이 방향보어를 학습하는 정황을 요해하지 못하고 학습에 영향 주는 요인을 모르고 교제내용에만 제한된 강의를 하기에 사람들이 방향보어의 교학난점과 중점을 알고 있지만 교학 중에서는 여전히 맹목성, 隨意性이 너무 크며 공들인 만큼 효과는 거두지 못하고 있다.

2. 교학 중에서 부동한 학습자와 부동한 방향보어 및 동일한 방향보어의 부동한 용법에 대해서 부동한 학습방법을 사용해야지 一刀切로 교학하면 안 된다.

제6절 어 순

중국어는 SVO형 언어이고 한국어는 SOV형 언어이다. 중국어는 孤立语로서 형태변화가 적다. 때문에 주로 허사와 어순으로 여러 가지 복잡한 문법관계를 나타내야 한다. 한국어는 黏着语에 속하는데 풍부한 형태변화를 갖고 있다. 때문에 어순이 중국어만큼 중요하지 않다. 중국어와 한국어의 어순유형이 다름으로 한국학생들은 얼핏 잘못하면 어순이 틀리는 현상이 나타난다. 조사에 의하면 모든 오류 중에서 어순으로 생기는 오류율이 비교적 높은데 주로 아래와 같은 두 가지가 있다.

1. 주어의 위치

중국어 주어는 일반적으로 술어 앞에서 施事, 受事, 与事, 工具, 时间, 处所 등 의미를 나타낸다. 중고급단계에 이른 한국학생들은 이미 주어의 일부 특점과 용법을 장악하였다. 예를 들면

> 老师教我们汉语口语。

> 他们俩常常吵架。

> 首尔的春天暖和, 夏天很热。

> 明天是圣诞节。

하지만 아래와 같은 경우에 주어 위치가 자주 틀린다. 예를 들면

> (1) 那时, <u>响了电话的声音</u>。

> → 那时, <u>电话的声音响了</u>。

> (2) 那时侯, 我的奶奶在农村, <u>住一个人</u>。

> → 那时侯, 我的奶奶在农村, <u>一个人住</u>。

(3) 我们虽然<u>不通语言</u>, 但用英语能聊天。

   → 我们虽然<u>语言不通</u>, 但用英语能聊天。

(4) 我第一个想到的就是你。现在, <u>够不够钱?</u>

   → 我第一个想到的就是你。现在, <u>钱够不够?</u>

예 (1) "响"은 一价动词로서 주로 "主题 + 响" 이런 구문으로 쓰인다. 예를 들면 "上课铃响了。/鞭炮声响了/ 锣鼓声响了". 어떤 때는 "施事 + 响 + 受事" 이와 같은 위치관계로도 쓰이는데 예를 들면 "学校里响铃了". 하지만 이것은 "铃"만의 용법으로서 그 사용이 비교적 제한되어 있다. 때문에 "电话的声音响了"로 고쳐야 한다. 예 (2)"住"는 一价动词인데 주요한 결합방식은 "施事 + 在 + 处所 + 住, 施事 + 住 + (在)+ 处所, 处所 + 住 + 着 +施事, 施事 + 住 + 受事"이다. "住"의 결합방식과 예(2)에서 표현하려는 의미에 근거하여 첫 번째 결합방식을 선택해야 하는데 즉 "我的奶奶在农村一个人住". 예 (3)~예 (4)도 이와 마찬가지다. 예 (3)은 "我们虽然语言不通"으로 고치고 예 (4)는 "钱够不够?"로 고친다.

2. 부사어의 위치

부사어는 용언을 수식하는데 주로 부사, 介词结构, 명사, 조동사, 동사, 형용사 및 기타 품사로 될 수 있다. 부사어는 반드시 수식과 제한을 받는 용언의 앞에 위치해야 한다. 한국학생들은 부사어의 특점과 위치를 일정하게 장악하였고 학습과 사용과정에서도 비교적 숙련하게 활용할 수 있다. 예를 들면

下飞机的时候, 我很高兴。

他家和我家很近, 所以我们经常见面。

他在朋友家喝了两杯咖啡。

去年冬天我和女朋友开始谈恋爱。

하지만 중국어 부사어가 비교적 복잡할 뿐만 아니라 중심술어 앞에 하나 혹은 그 이상의 부사어가 올수 있다. 그런데 두 개 이상의 부사어가 올 경우에는 일정한 문법원칙이 있는데 이것은 학습자의 학습에 난도를 가하였다. 때문에 한국학생들은 부사어의 위치 배열에서 아래와 같은 오류가 자주 나타난다.

1) 개사구조로 된 부사어

(1) 용언 뒤에 부사어를 붙인 오류

중국어에서 어떤 용언 뒤에는 개사구조를 붙여 동작이나 행위가 어떤 장소에 미쳤음을 나타낸다. 예를 들면

词典放在书架上。

我坐在他的对面。

钱包落在家里。

一片叶子飘落在她的头发上。

하지만 이런 용언은 비교적 제한되어 있는데 예를 들면 "忘, 写, 落, 留, 丢, 钉, 挂, 蹲, 跪, 躲, 躺" 등 동사이다. 기타 동사 뒤에서 개사구조는 일반적으로 보어가 될 수 없다. 한국학생들은 이 규율을 잘 모르기에 동사 뒤에 마음대로 개사구조를 붙여 보어로 쓰는 오류가 나타나게 된다. 예를 들면

① 他接我在火车站。

　　→ 他在火车站接我。

② 很多人买烟, 然后吸烟在公共场所。

　　→ 很多人买烟, 然后在公共场所吸烟。

③ 我的<u>生活</u>在吉林大学很有意思。

　　→ 我<u>在吉林大学生活</u>很有意思。

　　예 ①의 동사 "<u>按</u>" 뒤에는 장소를 나타낼 수 있는 개사구조를 붙일 수 없다. 때문에 개사구조를 "<u>按</u>"의 앞에 놓아야 한다. 예 ②와 예 ③ 도 이와 마찬가지다.

　　(2) 부사어가 여러 개 있는 문장에서 개사구조의 잘못된 위치

　　표현의 수요에 따라 중국어 용언 앞에는 두 개 혹은 두 개 이상의 복잡한 부사어가 온다. 예를 들면

　　　　我们也都不喜欢这种游戏。

　　　　朋友们都关心地对我说: "你一定要安心休养。"

　　　　我十分遗憾地跟他一起离开了那里。

　　일반적으로 이런 복잡한 부사어는 아래와 같은 배열순서에 따라 배열한다.

　　表示时间－－地点－－范围－－程度－－情态或方式－－对象, 工具, 方向等－－中心语。예를 들면,

　　　　昨天在家里都很兴奋地跟他说

　　　　上星期日在公园里只是十分简单地谈了谈

　　한국학생들은 두 개 혹은 두 개 이상의 부사어를 사용하는 경우에 개사구조의 위치를 잘못 쓰는 오류가 자주 나타난다. 예를 들면,

　　① 我<u>在图书馆刚才</u>看书。

　　　　→ 我<u>刚才在图书馆</u>看书。

　　② 我回中国前夕, 妈妈担心儿子饿着肚子, <u>特意做给我</u>几个菜。

　　　　→ 我回中国前夕, 妈妈担心儿子饿着肚子, <u>特意给我做</u>几个菜。

　　③ 儿女们想买的东西, 想吃的东西, 父母都<u>买给他们</u>。

　　　　→ 儿女们想买的东西, 想吃的东西, 父母都<u>给他们买</u>。

④ 我的女儿平时连电话也<u>没打给我</u>, 我觉得很伤心。

　　→ 我的女儿平时连电话也<u>没给我打</u>, 我觉得很伤心。

⑤ 爸爸, 好久<u>没写信给你</u>。

　　→ 爸爸, 好久<u>没给你写信</u>。

⑥ 妈妈<u>不要隐瞒对我们</u>。

　　→ 妈妈<u>不要对我们隐瞒</u>。

⑦ 想了半天我才知道一点儿, 可能我<u>很失望对自己</u>。

　　→ 想了半天我才知道一点儿, 可能我<u>对自己很失望</u>。

　예 ①~예 ③은 용언 앞에 두 개의 부사어가 올 때 나타난 오류이다. 예 ①에서 "在图书馆"과 "刚才" 두 부사어가 있는데 하나는 장소를 나타내고 다른 하나는 시간을 나타낸다. 때문에 그들의 배열순서는 응당 시간이 앞에 오고 장소가 뒤에 와야 한다. 즉 "刚才在图书馆"이다. 예 ②의 "特意"와 "给我" 두 목적어에서 하나는 方式을 나타내고 다른 하나는 对象을 나타낸다. 때문에 그들의 배열순서는 응당 방식이 앞에 오고 대상이 뒤에 와야 한다. 하지만 배우는 사람들은 대상을 나타내는 개사구조 "给我"를 용언 뒤에 붙이는데 응당 "特意给我做几个菜"로 고쳐야 한다.

　예 ④~예 ⑦은 용언 앞에 세 개의 부사어가 올 때 나타난 오류이다. 예 ④의 세 부사어 "也", "没"와 "给我"는 각기 범위, 부정과 대상을 나타낸다. 그들의 배열순서는 응당 범위, 부정 마지막에 대상이 와야 한다. 하지만 배우는 사람들은 대상을 나타내는 개사구조 "给我"를 용언 뒤에 붙이는데 응당 "也没给我打"로 고치고 예 ⑤~예 ⑦도 이와 마찬가지다.

2) 부사가 부사어로 될 경우

부사의 주요기능은 동사 혹은 형용사 앞에 위치하여 문장 중에서 부사어로 되는데 피수식어의 시간, 장소, 정도, 범위, 태도, 긍정, 부정, 반복, 주동, 피동, 대상, 원인 등을 나타낸다. 한국학생들은 중국어 부사에 대한 학습상황이 그다지 이상적이지 못한데 문장 중에서 부사를 주어의 앞에 놓는 잘못을 자주 범하게 된다.

중국어에서 일부 부사, 예를 들면 어기를 나타내는 "到底, 究竟, 倒" 등 단어와 추측을 나타내는 "大概, 也许" 등 단어는 주어 뒤 술어 앞에 붙을 수도 있고 혹은 주어 앞에 붙을 수도 있다. 예를 들면,

你到底去不去?　　　　　到底你去不去?

老师究竟同意不同意?　　究竟老师同意不同意?

他今天大概不来。　　　　大概他今天不来。

妈妈也许生气了。　　　　也许妈妈生气了。

하지만 기타 정도나 범위나 빈도나 부정 등을 나타내는 부사는 일반적으로 주어 뒤, 술어 앞에 위치한다. 반대로, 한국어에서 일부 부사는 주어 앞에 위치할 수도 있다. 예를 들면,

오늘도 날씨가 흐리다.

또 아이가 운다.

한국학생들은 부동한 부사가 문장 가운데서 놓이는 위치가 다를 때도 있다는 것을 잘 모르거나 원어의 영향으로 말미암아 아래와 같은 오류가 자주 생긴다. 예를 들면,

① 反正只要你高兴就我也高兴。

　　→ 反正只要你高兴我也就高兴。

② 今年中秋节, 我看月亮的时候, 又眼泪围着眼圈儿转。

　　→ 今年中秋节, 我看月亮的时候, 眼泪又围着眼圈儿转。

③ 只有跟外国人多说话, 才水平能提高。

　　→ 只有跟外国人多说话, 水平才能提高。

④ 宁可他不吃东西, 也他给孩子钱。

  → 宁可他不吃东西, 他也给孩子钱。

⑤ 我没有汉语水平考试成绩, 终于这次考试得到6级。

  → 我没有汉语水平考试成绩, 这次考试终于得到6级。

⑥ 接完电话, 一下子夫妻的脸变得高兴。

  → 接完电话, 夫妻的脸一下子变得高兴。

⑦ 从来我没说过我爱妈妈。

  → 我从来没说过我爱妈妈。

⑧ 我一想妈妈, 马上眼泪就出来了。

  → 我一想妈妈, 眼泪马上就出来了。

3) 시간 부사어의 위치상 오류

시간사는 일반적으로 时点词와 时段词 등 두 가지 유형으로 나눌 수 있다. 시점사는 시간 链条上에서의 어느 한 점을 나타낸다. 즉 특정된 시간을 나타내는 데 "什么时候" 등 물음에 해답한다. 예를 들면, 今天, 下个月, 上午, 一月, 去年, 两点. 구간사는 시간链条에서 일정한 구간을 차지함을 나타낸다. 즉 시간의 长短을 나타내는데 "多长时间" 등 물음에 해답한다. 예를 들면, 一个小时, 一天, 五个月, 一年 등 중국어와 한국어의 시간사는 다 부사어로 될 수 있는데 구별점이 있다. 중국어에서 시점사는 일반적으로 부사어로 되며 구간사는 일반적으로 동사 뒤에서 보어로 된다. 반대로, 한국어에서는 시점사와 구간사가 모두 부사어로 될 수 있다. 예를 들면,

妈妈星期五去北京。　　어머니는 금요일에 북경에 간다.

明天下午两点开会。　　내일 오후 2시에 회의를 한다.

妹妹哭了半个小时。　　여동생은 반 시간 동안 울었다.

우리는 한 시간 동안 공을 찼다.

배우는 사람들은 중국어 시점사와 구간사가 문장 중에서 놓여야 할 위치를 잘 모르기에 아래와 같은 오류가 자주 나타난다. 예를 들면,

① 我的朋友来长春看我三点半以前。

　　→ 我的朋友三点半以前来长春看我。

② 我五点起来, 睡觉十点。

　　→ 我五点起来, 十点睡觉。

③ 我去过2002年一次。

　　→ 我2002年去过一次。

예 ① "三点半以前"은 시점사로서 "来看我"의 특정한 시간을 나타낸다. 때문에 제1동사 "来"앞에 놓아야 한다. 예 ②~예 ③도 마찬가지다.

3. 보어의 위치

보어는 동사 혹은 형용사로 된 술어 뒤에 위치하여 동작의 시간, 수량, 정도, 결과, 방향 혹은 가능성 및 사물의 상태와 성질의 정도 등을 보충 설명해주는 부가성분이다. 보어는 중국어의 중요한 문법특점을 갖고 있는데 종류가 많고 용법도 복잡하다. 게다가 한국어에는 대응하는 문장성분이 없기에 보어학습은 줄곧 중국어학습의 난점이자 중점으로 되어 왔다. 중고급단계에 이른 한국학생들은 보어를 학습하고 사용하는 정황이 다 이상적이지 못할뿐더러 왕왕 회피하는 방법을 취한다.

수량보어의 학습에서 어순이 잘못된 오류가 자주 나타난다. 이것은 동사술어 뒤에 수량보어와 목적어가 동시에 나타날 때 어순이 비교적

복잡해지기 때문이다. 그 용법은 주로 아래와 같은 세 가지가 있다.

1) 동사술어 뒤에 수량보어와 목적어가 동시에 올 때, 명사로 된 목적어는 动量보어 뒤에 붙는다. 예를 들면,

我们明天表演两场小品。

老师来过两次我们家。

我今天跑两趟商店。

목적어가 인칭대명사 혹은 사람의 이름으로 되었을 경우, 목적어는 동사 뒤, 보어 앞에 놓아야 한다. 예를 들면,

他找你两次。

爸爸打了我一下儿。

我看了小王一眼。

2) 동사술어 뒤에 时量보어와 목적어가 동시에 올 경우, 일반적으로 동사를 반복해 쓰는데 시량보어는 반복된 동사술어 뒤에 놓거나 명사로 된 목적어를 시량보어 뒤에 놓아야 한다. 예를 들면,

我看书看了一天。

我们放假放两个月。

我上班上了20年。

배우는 사람들은 중국어에서 동사 뒤에 수량보어와 목적어가 동시에 나타날 때 위치관계를 잘 모르기에 아래와 같은 오류가 자주 생긴다.

(1) 수량보어 위치상 오류. 예를 들면,

① 上大学期间, 曾在一所补习班教历史一年。

　　→ 上大学期间, 曾在一所补习班教历史教一年。

② 他虽然只学汉语一年, 可是水平很高。

　　→ 他虽然只学汉语学一年, 可是水平很高。

③ 我学了汉语三年半了。

    → 我学了三年半汉语了。

④ 我可以推儿童车一会儿吗?

    → 我可以推一会儿儿童车吗?

⑤ 听完报告, 咱们漫谈中国的青年问题一下吧。

    → 听完报告, 咱们漫谈一下中国的青年问题吧。

⑥ 我会说汉语一点儿。

    → 我会说一点儿汉语。

⑦ 为了一根绳子, 丈夫骂了半天她。

    → 为了一根绳子, 丈夫骂了她半天。

예 ① 동사술어 "教" 뒤에 두 성분 "历史"와 "一年"이 오는데 보어의 어순원칙에 근거하여 응당 동사 "教"를 반복해 쓴 다음 시량보어 "一年"을 첨가해야 한다. 예 "教历史教一年" 혹은 수량보어를 명사성 목적어 앞에 옮겨 "教一年历史"으로 고쳐야 한다. 예 ②~예 ③도 이와 마찬가지다. 예 ⑤~예 ⑥은 动量보어의 위치가 잘못된 경우이다. 예 ⑤에서 동사술어 "漫谈" 뒤에 온 두 성분 "中国的青年问题"와 "一下"는 보어의 어순배열원칙에 근거하여 "一下"를 "中国的青年问题" 앞으로 옮겨 "漫谈一下中国的青年问题"로 고쳐야 한다. 예 ⑥도 마찬가지다. 예 ⑦의 목적어는 인칭대명사 "她"이다. 때문에 "半天" 앞으로 옮겨야 한다.

2) 동량보어를 목적어 앞에 잘못 놓은 경우

중국어의 동량보어는 주로 동사술어 뒤에 위치하여 회수를 보충 설명하는 작용을 하는 보어로 된다. 반대로 한국어의 동량사는 동사술어 앞에서 동작의 수량을 수식하는 작용을 한다. 예를 들면,

我把课文读了两遍。　　나는 과문을 두 번 읽었다.

他们讨论两次。　　그들은 두 번 토론했다.

妈妈打了我一顿。　　어머니는 나를 한차례 때렸다.

　배우는 사람들은 원어에서 수량사의 영향으로 아래와 같은 오류가 생긴다. 예를 들면,

① 我一场哭了以后, 她抱着我哭起来了。

　→ 我哭了一场以后, 她抱着我哭起来了。

② 我今天三次游泳了。

　→ 我今天游三次泳了。

③ 他工作很忙, 所以一年才会一次见面。

　→ 他工作很忙, 所以一年才会见一次面。

④ 虽然我一年一次回国, 但是她每次都嘱咐我。

　→ 虽然我一年回一次国, 但是她每次都嘱咐我。

　예 ① 동량사 "一场"은 동사술어 "哭"의 회수를 수식하는 작용을 하기에 "一场"을 "哭了"의 뒤에 놓아야 한다. 예 ②도 이와 마찬가지다.

　예 ③～예 ④는 离合动词가 동량보어와 결합했을 때의 오류이다. 이합동사는 일반동사와 일정한 구별이 있는데 동량사와 결합할 때 동량사는 일반적으로 이합동사 사이에 위치한다. 예를 들면,

帮忙　　帮了一次忙

理发　　理了一次发

睡觉　　睡了两次觉

　때문에 예 ③은 "见一次面"으로 고치고 예 ④는 "回一次国"로 고쳐야 한다.

어 휘 오 류

제2언어를 학습함에 있어서 기초는 어휘학습이다. 어휘를 잘 장악하느냐 못하느냐 하는 것은 외국어를 학습하는 데 있어서 아주 중요한 부분이다. 조사에 의하면 중고급단계의 한국학생들은 이미 일정 수량의 어휘와 자주 사용하는 표현방식을 장악하고 일정한 중국어 교제능력을 갖추었지만 중국어 教学大纲에서 규정한 교수목표에는 아직 미달이다. 중국어 作文教学大纲에는 중급단계의 학생들은 배운 내용을 복습하고 튼튼히 다지며 한자, 어휘, 문법 등을 실생활에 사용하면서 틀린 부분을 부단히 수정하며 모범적인 문장을 통하여 어휘양을 넓히고 다양하고 정확한 표현방식을 학습해야 한다. 문장부호를 정확히 사용하며 중국어의 글쓰기격식을 배워 중국어로 서면적인 내용을 표현하는 능력을 키워야 한다고 규정되어 있다. 고급단계의 학생들은 중국어를 규범화되게 사용하는 능력을 키워야 할 뿐만 아니라 표현효과도 중요시하여야 한다. 즉 문장이 "통하느냐 통하지 않느냐"의 기본적인 요구로부터 점차 "잘 되었느냐 잘 되지 않았느냐"로 과도하여야 하며 "사용할 줄 아는"것에 치중하던 것을 "능란히 사용"하는 데로 전환하여야 한다. 원어의 영향을 극복하고 중국어를 능란하게 사용할 수 있는 능력을 키워야 하며 사유를 넓힘과 동시에 중국어 사용의 비율도 높여야 한다. 동시에 문장연결, 의미의 호응, 어조의 배합 등 문제를 해결함으로써 관련 문체와 습작방식과 언어풍격을 능란히 사용하고 중국어로 교제함에 있어서 정확성을 제고하고 표현을 매끄럽게 하고 자신의 생각을 정확히 표현하여야 한다.14)

한국학생들은 중국어 어휘를 학습함에서 다음과 같은 특점을 갖고 있다. 첫째, 인지형의 어휘가 많고 주동형의 어휘가 적다. 인지형의 어

---

14) 陈田顺, 『对外汉语教学中高级阶段课程规范』, 北京: 北京语言文化大学出版社, 1999。

휘라 함은 어휘의 의미를 알지만 자유자재로 응용하지 못하는 어휘를 뜻한다.[15] 주동성 어휘라 함은 구두어 혹은 서면어에서 사용하는 어휘를 뜻한다.(YiiLin, 2000) 둘째, 중국어 어휘가 부족하고 언어표현과정에 원어영향을 받아 틀리게 사용하는 경우가 많다. 이 문제가 차지하는 비중이 비교적 크다. 예하면 "在餐厅吃饭的时候, 我们常常看到有的餐具有一点碎的。"화자가 표현하고자 하는 뜻은 "餐具有一点掉牙了"이지만 중국어로 어떤 어휘를 사용하여 표현할지 모르기 때문에 직접 한국어표현법을 사용한 것이다. 이와 유사한 예문은 또 "香烟和酒都有中毒性", "为了到达自己的目标, 非得有跟他们一样的毅力不可。"있다. 예문 3개는 구두어와 서면어를 정확히 구분하여 사용하지 못한 구두어를 위주로 하여 생긴 오류이다.

"중국어 제2언어학습 특점에 따라 중국어 어휘를 다음과 같은 등급으로 분류할 수 있다. 제1급 – 순수한 구두어용 어휘, 제2급 – 일반적인 구두어 어휘, 제3등급 – 구두어와 서면어 공동으로 사용되는 어휘, 제4등급 – 일반적인 서면어, 제5등급 – 많이 사용하지 않는 서면어" 학생들의 어휘학습 단계가 제3급에 달하면 "학생이 비교적 높은 차원으로 분류되어 중급수준으로 평가한다." "이 단계로 분류되면 기본적으로 구두어와 서면어를 구분 사용할 수 있어야 한다." 다시 말하면 중급단계라면 기본적인 구두어와 서면어를 구별 및 사용할 수 있는 능력을 갖추어야 한다. "만약 학생이 이 단계(제4급)의 어휘를 장악하였다면 비교적 높은 언어능력을 갖추었다고 평가하여도 무리가 아니다. 이 단계는 3학년과 4학년 사이의 수준으로서 서면어를 정확히 사용하는 것은 학생들의 수준을 가늠하는 관건이라 할 수 있다."[16] 조사

---

15) 戴曼纯,「论第二语言词汇习得研究」,『外语教学与研究』, 2000年第2期.
16) 王福生,「对外汉语教学活动中口语和书面语词汇等级的划界问题」,『汉语口

에 의하면 중고급단계의 한국학생들의 구두어 표현은 비교적 유창하나 서면어 어휘의 장악, 서면어 어휘를 정확히 사용하는 데 아직 많은 문제점이 있다. 습작에서 사용하는 어휘는 거의 구두어를 그대로 사용하고 있다. 넷째는 어휘 사용이 비교적 단조로워 언어풍격의 다양화를 구현하지 못하며 수사적 색채가 적다. 예하면 학생들에게 500자의 작문을 써오도록 했을 때 만약 교사가 사전에 반드시 사용해야 할 단어 및 표현방식을 규정하지 않는다면 설사 과문에서 금방 배웠던 동사, 형용사, 부사, 성어, 속어, 속담 등이라 할지라도 거의 사용하지 않는다. 따라서 문장의 표현효과는 아주 단조롭고 무미건조하다. 다섯째, 어휘사용이 틀리거나 정확한 뜻을 틀리게 표현하는 경우가 많다. 주로 동의어, 시간을 나타내는 단어, 동형어, 성어 등이 있는데 그중에서도 동의어와 동형어에서 나타나는 오류의 비율이 비교적 높다. 성어는 될수록이면 피하며 쓰지 않으려고 하는 경우가 많다. 본 장에서 성어오류는 교사가 사전에 규정하고 학생들이 작문에 사용하는 과정에 틀린 부분을 일부 선택한 것이다.

본 장은 주로 오류율이 비교적 높은 4대어휘항목을 대상으로 하여 오류유형 및 오유발생원인을 분석하여 한국어 중국어 어휘 수업을 함에서 참고용으로 제공한다.

제1절 동의어

중고급단계에 이른 한국학생들은 어휘량이 증가함에 따라 부딪치는 주요문제 중 하나는 동의어를 정확히 판별하는 것이다. 동의어에 대한

语与书面语教学』, 北京, 2004。

판별은 다음과 같은 몇 개 방면으로부터 할 수 있다. 단어의 뜻으로 분류하면 기본의미가 있고 감정적 색채가 있으며 문체적 의미도 있다. 기본의미는 주로 단어뜻의 치중점, 의미의 정도, 의미 범위, 단어의 구체적 혹은 추상적 의미 등을 고찰한다. 감정적 의미는 주로 단어의 좋고 나쁨의 색채를 고찰한다. 문체의미는 주로 구두어와 서면어에 대한 구별이다. 문법적으로 보면 품사, 결합대상 등이 있다.17) 일반적으로 뜻이 비슷한 어휘에 대하여 얼마만큼 장악했느냐 하는 것은 그 언어에 대하여 어느 정도로 장악했는지 여부를 판단하는 기준으로 되기도 한다. 한국학생들은 뜻이 비슷한 어휘가 어떤 조건에서 통용하는지, 어떤 조건에서는 서로 교체 사용할 수 없는지에 대하여 잘 이해하지 못하기 때문에 어휘를 학습함에서 다음과 같은 오류가 많이 나타난다.

1. 결합대상이 틀림으로 인한 동의어의 오류

중국어에서 어떤 동의어의 차이점은 주로 단어와 단어를 결합할 때 결합관계 및 문장성분을 구성하는 데서의 차이점에서 볼 수 있다. 예하면 "担任"과 "担负"는 동의어로서 동일한 형태소 "担"을 갖고 있으며 "담당하다, 부담하다"는 뜻을 갖고 있다. 그러나 부동한 것은 "担任"은 어떤 직무 혹은 업무를 담당하는 것을 뜻하며 직무 혹은 업무와 유관된 명사와 결합된다. 예하면 担任班长 / 担任运输工作. "担负"은 어떤 책임, 임무, 의무, 비용 등을 감당하는 것을 뜻하며 担负重任 / 担负这笔经费 / 担负纳税义务로 표현한다. 중국어에는 이와 유사한 동의어가 많으며 이런 차이점을 장악하지 못하였기 때문에 한국학생들은 실제 사용에서 다음과 같은 오류를 빚어내기도 한다.

---

17) 杨奇洲, 「课堂教学中怎么进行近义词的用法对比」, 『世界汉语教学』2004年第3期

1) 从北京西站坐火车大概两天就<u>达到</u>了乌鲁木齐。

   → 从北京西站坐火车大概两天就<u>到达</u>了乌鲁木齐。

2) 父母应该给孩子<u>充足</u>的自由和成长空间。

   → 父母应该给孩子<u>充分</u>的自由和成长空间。

3) 我不应该<u>违反</u>父母对我的意图。

   → 我不应该<u>违背</u>父母对我的意图。

4) 我们<u>建立</u>了共同把我们家庭完美地维持下去的信心。

   → 我们<u>树立</u>了共同把我们家庭完美地维持下去的信心。

5) 班长的短短几句话, 使我<u>改变</u>了自己的坏毛病。

   → 班长的短短几句话, 使我<u>改正</u>了自己的坏毛病。

예문 1)은 "到达"로 바꾸어야 한다. "达到"와 "到达"는 뜻이 동의어이고 형태소도 같지만 순서가 다를 뿐 모두 "어떤 점에 도달"하였다는 것을 의미한다. 차이점은 결합하는 대상이 틀리다는 것이다. "达到"의 대상은 대부분 "목적, 요구, 희망, 수준, 표준, 정도, 경계, 규모, 고봉, 정점" 등 추상적 혹은 정도를 나타내는 단어이지만 "到达"의 대상은 구체적인 장소이다. 예문 2)는 "充分"으로 바꾸어야 한다. "充足"과 "充分"은 동의어이며 동일한 형태소 "充"을 갖고 있으며 "충분함"을 뜻하지만 차이점은 결합대상이 다른 것이다. "充足"은 비교적 구체적인 사물 예하면 "인력, 물력, 금전, 햇빛, 수분, 식량, 도구" 등과 결합하여 쓰이지만 부사어가 될 수 없다. 그러나 "充分"은 비교적 추상적인 사물 예하면 "신심, 이유, 함의, 민주, 자유, 설득력" 등에 쓰이며 부사어를 하면서 "발휘하다, 이용하다, 나타내다, 표현하다, 체현하다, 만족하다, 이해하다, 장악하다, 동원하다, 증명하다, 준비하다, 인식하다" 등 동사를 수식한다. 예문 3)~5)은 같은 방식으로 추리하면 된다. 예문 3)은 "违背", 예문 4)는 "树 立", 예문 5)는 "改正"으로 바꾼다.

2. 품사가 다름으로 인한 동의어 오류

　중국어의 어떤 동의어는 품사가 다르거나 완전히 같지 않은 경우가 있다. 이런 차이점은 동의어의 용법을 제약하여 사용과정에 약간의 차이점이 있도록 한다. 예하면 "偶尔"과 "偶然", 전자는 부사로서 부사어로 사용할 수 있지만 후자는 형용사로서 부사어가 될 수도 있고 관형어 혹은 보어로 될 수도 있다. 이런 동의어는 품사로 인한 차이점을 이해하지 못해 발생하는 오류는 다음과 같다.

1) 我们的初级班有十几个同学，自从菲律宾，韩国，日本，法国来的同学们。虽然汉语水平不太高，但是<u>互相</u>关系比高级班还好。
　→ 我们的初级班有十几个同学，自从菲律宾，韩国，日本，法国来的同学们。虽然汉语水平不太高，但是<u>相互</u>关系比高级班还好。

2) 最近政府有一个办法，就是<u>上涨</u>烟的价格。
　→ 最近政府有一个办法，就是<u>提高</u>烟的价格。

3) 虽然<u>变</u>了自己的外貌，可是<u>不变</u>自己的内心。
　→ 虽然<u>改变</u>了自己的外貌，可是<u>改变不了</u>自己的内心。

4) 哥哥送给我的衣服比较<u>合适</u>我的身材。
　→ 哥送给我的衣服比较<u>适合</u>我的身材。

5) 她常常给了我很多<u>都忙</u>。
　→ 她常常给了我很多<u>帮助</u>。

　예문 1)은 "相互"으로 바꾸어야 한다. "互相"와 "相互"는 동의어로서 모두 "두 개 혹은 두 개 이상의 사람 혹은 단위가 서로 대등하게 대하는 관계"임을 뜻하지만 양자의 품사가 다르다. "互相"은 부사이고 "相互"는 형용사로서 모두 동사 앞에서 부사어를 할 수 있지만 "相互"는 관형어로 쓸 수도 있고 앞에 "的"를 붙여 단어결합도 만들 수 있지만 "互相"은 그렇게 할 수 없다. 때문에 예문 1)의 "互相关系"는 틀린 것이다. 예문 2) 중의 "上涨"은 "(수위, 상품가격 등)이 오르다"라는 뜻의 자동사로서 목적어를 가질 수 없다. 때문에 예문 2)는 "提高"라고 바꾸어야 한다. 예문 3)의 "变"는 "원래와 다르다, 변화하다. 개변하다"의 뜻일 경우 자동사로서 情况变了/时间变了/长相变了와 같이 쓰인다. 때문에 "改变"으로 바꾸어야 한다. 예문 4)는 "适合"로 바꾸어야 한다. "合适"와 "适合"는 동의어이며 모두 "실제상황 혹은 객관요구에 부합되다"라는 뜻이지만 "合适"는 형용사로서 목적어를 가질 수 없다. 예문: 你的性格合适当老师。 그러나 "适合"는 동사로서 목적어를 가질 수 있다. 예문: 这件衣服适合你 / 你适合当老师. 예문 5)는 "帮助"로 바꾸어야 한다. "帮忙"과 "帮助"는 동의어로서 모두 "다른 사람이 어려움이 있을 때 도움을 주다"라는 뜻이지만 "帮忙"은 离合동사로서 중간에 다른 성분을 삽입할 수 있지만 목적어를 가질 수 없다. 예문: 帮忙他 / 帮忙弟弟。 그러나 "帮助"는 일반적인 타동사로서 목적어를 가질 수 있다. 예하면 帮助朋友 / 帮助弟弟。

3. 단어뜻의 치중점이 다름으로 인한 동의어 오류

중국어의 어떤 동의어의 차이점은 그 단어가 강조하고자 하는 치중점이 다른 데서 체현되기도 한다. 어떤 것은 치중점을 여기에 두었지만 어떤 단어는 치중점을 다른 데 두었다. 예하면 "办法"와 "方法", 전자는 "하다"에 치중점을 두었지만 후자는 "생각"에 치중점을 두었다. 이런 방면의 차이점을 장악하지 못하였기 때문에 한국학생은 실제 사용함에서 많은 오류가 나타난다.

1) 我们通过"2002年韩日世界杯足球比赛"成功地闭幕，表现了团结的韩民族，和平的韩民族。

　　→ 我们通过"2002年韩日世界杯足球比赛"成功地闭幕，体现了团结的韩民族，和平的韩民族。

2) 他得到了汉城大学法律系第一名的成果。

　　→ 他得到了汉城大学法律系第一名的成绩。

3) 他总是跟朋友商谈为了实行自己的愿望，我们应该做什么。

　　→ 他总是跟朋友商谈为了实现自己的愿望，我们应该做什么。

4) 现在最重要的是改善个人的想法，让他们知道水的重要性。

　　→ 现在最重要的是改变个人的想法，让他们知道水的重要性。

예문 1)은 "体现"으로 바꾸어야 한다. "表现"과 "体现"은 동의어이며 "나타내다"라는 뜻을 갖고 있지만 "体现"은 어떤 성질 혹은 현상이 어떤 사물에서의 구체적 표현을 의미하는 것으로 치중점을 "구체적이다"로 표현한다. 예문: 办实事, 体现了他的务实精神。/他的优点表现在许多方面。예문 2)는 "成绩"으로 바꾸어야 한다. "成果"과 "成绩"는 동의어이지만 치중점이 다르다. "成果"는 "업무 혹은 사업에서의 수확"을 의미한다. 예문: 丰硕的成果/劳动的成果, "成绩"은 일반적인 일상 예하면 일반업무, 학습, 체육운동 등 방면에서의 수확을 의미한다. 예문: 学习成绩/ 工作成绩。예문 3)은 "实现"으로 바꾸어야 한다. "实行"과 "实现"는 동의어이지만 "实行"은 "행동으로 (이론, 강령, 방침, 정책, 계획, 주장 등)을 실현"하는 것을 의미한다. 예문: 实行政策/ 实行改革/ 实行民主。그러나 "实现"는 "무엇을 사실로 되도록 하다"라는 뜻으로 实现理想 / 实现计划 / 实现愿望로 쓸 수 있다. 예문 4) "改变"으로 바꾸어야 한다. "改变"과 "改善"은 동의어지만 "改变"은 "사물을 변화하여 원래와 다르다, 변하다. 변동하다"의 뜻으로 改变做法 / 改

变主意 / 改变样式로 표현할 수 있지만 "改善"은 "원래 상황을 좋게 변화시키다"의 뜻으로 改善生活 / 改善环境 / 改善关系로 쓸 수 있다.

4. 색채적 의미가 다름으로 인한 동의어 오류

중국어의 어떤 동의어의 차이점은 문체적 색채 혹은 감정적 색채의 차이점에서 체현되기도 한다. 문체적 색채가 다르다 함은 구두어와 서면어로 나눌 수 있다. 구두어 단어의 대부분은 단음절 단어이지만 서면어는 두 개 음절의 단어가 대부분이다. 예하면 "死"와 "逝世", "老公"과 "丈夫". 뿐만 아니라 차이점은 정도와 단어뜻의 경중에서 표현되기도 한다. 감정색채가 다르다 함은 긍정적인 좋은 뜻을 갖고 있는 단어가 있는가 하면 부정적인 나쁜 뜻을 갖고 있는 단어가 있다. 예하면 "成果"와 "后果", "聪明"과 "狡猾". 한국학생들은 이런 색채에 대하여 정확히 이해하지 못하였기 때문에 실제 사용과정에 다음과 같은 오류가 나타난다.

1) 我长大以后, 才懂了妈妈的辛苦。

　　→ 我长大以后, 才懂得了妈妈的辛苦。

2) 当时, 我妈妈的眼睛湿了。

　　→ 当时, 我妈妈的眼睛湿润了。

3) 这几年来, 我一直追自己的理想。

　　→ 这几年来, 我一直追求自己的理想。

4) 中秋节在家里没有特别的活动, 不过我每次都等节日。

　　→ 中秋节在家里没有特别的活动, 不过我每次都等待节日。

5) 我很小的时候, 得到了一次感冒。

　　→ 我很小的时候, 得了一次感冒。

6) 这里花红柳绿, 花香刺鼻。

→ 这里花红柳绿, 花香扑鼻。

7) 这里的环境和空气都得到了污染。

→ 这里的环境和空气都遭到了污染。

예문 1)~4)는 문체적 색채를 정확히 분별하지 못해 생긴 오류이다. 1)은 두 개 음절의 "懂得"로 바꾸어야 하며 2)는 두 개 음절의 "湿润"으로 예문 3)은 두 개 음절의 "追求"로, 4)는 두개 음절의 "等待"로 바꾸어야 한다.

예문 5)~6)은 감정적 색채를 정확히 분별하지 못해 생긴 오류이다. 예문 5)는 "得"로 바꾸어야 한다. "得到"는 "취득하다, 획득하다"로 일반적으로 좋은 뜻으로 쓰인다. 예하면 得到奖学金/得到第一名/得到成功, 그러나 "得"는 "획득하다"의 중간뜻의 단어로 得势 / 得宠 / 得冠军 / 得病 / 得绝症 등으로 쓰인다. 6)은 "扑(鼻)"로 바꾸어야 한다. "刺(鼻)"는 "냄새가 지독하여 코로 맡기 힘들다"는 뜻으로 刺鼻的狐臭味儿 로 쓰일 수 있지만 "扑(鼻)"는 "(좋은 냄새)가 코를 찌른다"는 뜻으로 花香扑鼻 / 香气扑鼻 등으로 쓰일 수 있다. 7)은 "遭到"로 바꾸어야 한다. "得到"와 "遭到"는 뜻이 비슷한 단어로서 모두 "받다"의 뜻으로 쓰이지만 차이점이 있다면 "得到"는 좋은 뜻으로 쓰이는 단어로서 얻다는 뜻이고 좋은 일에 쓰인다라는 뜻이다. 예문: 得到宝贵的经验/得到新的感受/得到乐趣. 그러나 "遭到"는 나쁜 뜻으로 쓰이는 단어로서 불행 혹은 불리한 일을 당하다는 뜻으로 쓰인다. 예하면 遭到污染/遭到破坏/遭到批评 /遭到拒绝 등으로 표현한다.

5. 동일한 형태소를 갖고 있음으로 하여 동의어로 착각하여 발생하는 오류

중국어에는 동일 형태소를 갖고 있는 단어들이 아주 많다. 예하면 "爱"과 "热爱", "看"과 "看见", "忽然"과 "突然", "所有"와 "一切", "学"와 "學习" 등18) 이런 단어들은 동의어가 아니지만 한국학생들은 동일 형태소로 하여 동의어라 착각하는 경우가 많다.

1) 二月的一天早上七点钟, <u>吸收</u>新鲜的空气, 我们到了大连。

→ 二月的一天早上七点钟, <u>呼吸</u>新鲜的空气, 我们到了大连。

2) 爸爸, 要<u>保护</u>自己的身体。

→ 爸爸, 要<u>保重</u>自己的身体。

3) <u>围着</u>这件事, 我们全班同学议论纷纷。

→ <u>围绕</u>这件事, 我们全班同学议论纷纷。

4) 老爷非常爱花, 他精心地<u>培养</u>了许多花。

→ 老爷非常爱花, 他精心地<u>栽培</u>了许多花。

5) 男性应该<u>培养</u>父母, 韩国素有这样的传统。

→ 男性应该<u>赡养</u>父母, 韩国素有这样的传统。

6) 韩国男人去当兵才能成一位<u>真</u>的男人。

→ 韩国男人去当兵才能成一位<u>真正</u>的男人。

예문 1)은 "呼吸"로 바꾸어야 한다.。"吸收"와 "呼吸"는 동일한 형태소 "吸"를 갖고 있지만 "吸收"는 "외부의 어떤 물체를 내부로 빨아들이"는 것을 의미한다. 예문: 海绵吸收水, 木炭吸收气体. 그러나 "呼吸"는 "생물체가 외부와 기체교환을 진행"하는 것을 의미한다. 예문:

---

18) 杨寄洲, 「课堂教学中怎么进行近义词的用法对比」, 『世界汉语教学』2004年 第3期.

呼吸新鮮空气. 예문 2)는 "保重"으로 바꾸어야 한다. "保护"와 "保重"은 동일한 형태소 "保"를 갖고 있지만 동의어가 아니다. "保护"는 "정성껏 돌봐 상처를 받지 않게 함"을 뜻한다. 예문: 保护眼睛 / 保护妇女儿童的权益, 그러나 "保重"은 "타인에게 건강을 주의할 것을 희망하다"는 뜻으로 保重身体 /只身在外, 请多保重 등으로 표현할 수 있다. 예문 3)은 "围绕"로 바꾸어야 한다. "围"와 "围绕"는 모두 동일한 형태소 "围"를 갖고 있지만 동의어가 아니다. "围"는 "사면을 막아 내외를 통하게 하지 않고 둘러싸여 있다"는 뜻으로 包围 / 突围 / 团团围住로 표현할 수 있지만 "围绕"는 "어느 문제 혹은 사건을 중심으로 하여"라는 뜻으로 大家围绕着当前生产问题提出很多建议로 표현할 수 있다. 예문 4)는 "栽培"로 바꾸어야 한다. "培养"와 "栽培"는 동일 형태소 "培"를 갖고 있지만 동의어가 아니다. "培养"은 "적당한 조건으로 번식시킨다"는 뜻으로 培养细菌으로 사용할 수 있지만 "栽培"는 "재배, 배양"의 뜻으로 栽培水稻 / 栽培果树로 사용할 수 있다. 예문 5)는 "赡养"으로 바꾸어야 한다. "培养"과 "赡养"은 동일 형태소 "养"을 갖고 있지만 "培养"이 뜻하는 것은 "일정한 목적에 따라 장기적인 교육 및 훈련을 거쳐 성장"하는 것을 의미한다. 培养人才 / 培养运动员로 표현할 수 있다. 그러나 "赡养"은 "생활필수품을 제공 특히 자식이 부모에게 물질적으로 도움을 주는 상황"을 뜻하는 것으로 예하면 赡养费 / 赡养父母으로 사용할 수 있다. 예문 6)은 "真正"으로 바꾸어야 한다. "真"과 "真正"은 모두 동일 형태소 "真"을 갖고 있지만 "真"은 "진실("가짜, 허위"와 상반)"을 의미하며 真心诚意 / 这幅画是真的로 사용된다. 그러나 "真正"은 "실질적인 것과 명의적인 것이 완전히 부합되는 경우"를 의미하며 真正的英雄 / 真正的特产 등으로 표현할 수 있다.

제2절 시간사

한국학생들이 중국어를 학습하는 과정에 나타나는 오류는 비교적 복잡다양한데 오류수량이 많을 뿐만 아니라 범위도 넓다. 문장오류가 있는가 하면 텍스트에서 나타나는 오류도 있다. 문장에서는 주로 음운, 어휘, 문법측면에서, 텍스트에서는 주로 생략, 호응, 관련사, 시간사 등 측면에서 오류가 나타난다.

여기서는 주로 한국학생들의 학습과정에 나타난 시간사 오류의 유형과 내원을 분석하여 대외중국어교수에 참고성적인 책략을 제공한다.

중국어 시간사는 세 가지로 나눌 수 있다. 첫째로는 차례를 나타내는 접속성분으로서 "最先, 最初, 开始的时候, 然后, 后来, 最后" 등이 포함되며 둘째로는 선후를 나타내는 접속성분으로서 "原来, 本来, 过去, 从前, 然后, 后来, 此后, 随后, 接着, 同时" 등이 포함되며 세 번째는 일반시간사로서 "今天, 昨天, 上月, 1998年" 등이 있다.(刘月华 1998)

1. 문장측면에서 나타나는 시간사 오류

1) 时点词의 오류

시점사는 시간의 쇠사슬에서 하나의 점을 나타낸다. 즉 특정된 시간을 나타내는데 일반적으로 "什么时候" 등 물음에 해답할 수 있다. 예를 들면, "现在, 今天, 眼前, 一点, 星期天" 등 단어이다. 중국어와 한국어의 시점사는 주로 술어 앞에서 부사어를 담당한다. 예를 들면,

我们明天下午两点学习汉语。

우리는 내일 오후 2시에 중국어를 학습한다.

下午开会。　　　　　　　오후에 회의를 한다.

하지만 중국어의 시점사는 "于", "到", "在" 등 개사의 도움을 받아 술어 뒤에 붙어 보어로 될 수도 있다. 예를 들면,

他生于1965年12月。

我学到第二天早晨。

小组讨论固定在每星期一。

한국학생들은 시점사가 술어 뒤에 붙는 용법을 알고 있지만 개사를 빠뜨리는 경우가 많기에 아래와 같은 오류가 나타난다. 예를 들면,

* (1) 我的妹妹毕业[　]2004年。

　　　→ 我的妹妹毕业于2004年。

* (2) 这个故事发生[　]很早以前。

　　　→ 这个故事发生在很早以前。

* (3) 我出生[　]1980年。

　　　→ 我出生于1980年。

예 (1)은 응당 "毕业于2004年"로 고치고 예 (2)는 응당 "发生在很早以前"으로 고치며 예 (3)은 "我出生于1980年"으로 고쳐야 한다.

2) 时段词의 오류

시단사는 시간의 쇠사슬에서 일정한 구간을 차지함을 나타낸다. 즉 시간의 짧고 길음을 나타내는데 일반적으로 "多长时间" 등 물음에 해답한다. 예를 들면, "一个小时, 一天, 三个月, 一年" 등과 같은 단어이다. 중국어의 시단사는 일반적으로 동사 뒤에서 보어로 되어 사건이 겪은 시간을 나타낸다. 예를 들면,

我找了你半天。　　　这本书看了三天。　　　妹妹哭了半小时。

주목할 바는 시간사 T(시단사)와 체언성질을 띤 성분 N이 모두 동사 V뒤에 올 때 "V + T + N"와 "V + N + T" 두 가지 격식이 있다. 이런 순서는 주로 시간사 자체의 유형과 동사의 유형에 따라 결정된다.(马庆株, 2004)동사가 비지속성동사일 때 시간사는 뒤에 붙을 수밖에 없다. 예를 들면

　　　丢了钢笔三天了。　　　离开故乡二十年了。

지속성동사일 경우에 시간사의 위치는 비교적 복잡하다. 예를 들면,

　　　看了半小时电视。　　　下雨三天了。

반대로, 한국어에서 시간사는 주로 술어 앞에서 부사어를 감당한다.

　　　여동생은 반 시간 동안 울었다.

　　　우리는 한 시간 동안 공을 찼다.

　　　그가 죽은 지 일 년이 된다.

중국어와 한국어의 시단사가 놓이는 위치가 서로 다르고 중국어에서 시단사와 목적어가 동시에 나타날 때 어순이 복잡하기에 한국학생들은 사용과정에 아래와 같은 오류가 자주 나타난다. 예를 들면,

　　　*(1) 他三年毕业了。

　　　　　→ 他毕业三年了。

　　　*(2) 我三十分钟看了电视。

　　　　　→ 我看了三十分钟电视。

　　　*(3) 学生四个小时参观了。

　　　　　→ 学生参观四个小时了。

　　　*(4) 我们俩一边听音乐一边走着, 看大海三个小时。

　　　　　→ 我们俩一边听音乐一边走着, 看三个小时大海。

*(5) 走来走去一个小时, 总算找到了住的地方。

　　→ 走来走去地找了一个小时, 总算找到了住的地方。

예 (1)~예 (3)은 모두 동사 앞에 시단사를 사용한 잘못된 실례이다. 시단사는 일반적으로 동사 앞에서 단독으로 부사어가 될 수 없다.(温云水, 1997) 한국학생들은 시단사의 이와 같은 용법을 잘 모르기에 오류가 자주 생긴다. 예 (1)은 응당 "毕业三年了"로 고쳐야 하고 예 (2)는 "看了三十分钟电视"으로 고쳐야 하며 예 (3)은 "参观了四个小时"로 고쳐야 한다.

예 (4)는 시단사를 동사 뒤에 썼기에 오류가 생긴 것이다. 지속성동사 뒤에 시단사와 목적어가 동시에 올 때 그 위치분포는 비교적 복잡하다. 예 (4)는 "看三个小时大海"로 고쳐야 한다.

예 (5) "走来走去"이런 술어구문 뒤에는 시간보어가 직접 붙을 수 없다. 때문에 "走来走去地找了一个小时"로 고쳐야 한다.

3) 동의어에서 나타나는 오류

중국어에서 "时-时候, 来-以来, 后-以后, 先-首先" 등과 같은 일부 시간동의어는 의미상 비슷하지만 용법상에서는 일정한 차이점을 보이고 있다. 구체적으로는 아래와 같다.

중국어 "时"와 "时候"는 의미가 비슷하여 통용될 수 있다. 예를 들면,

　　古时有位有名的诗人叫李白。　　古时候有位有名的诗人叫李白。

　　那时人们都很穷。　　　　　　　那时候人们都很穷。

하지만 아래와 같은 문장에서는 일정한 조건이 있어야만 통용될 수 있다. 예를 들면,

　　上课时, 不要说话。　　　　　　上课的时候, 不要说话。

　　洗澡时, 要节约用水。　　　　　洗澡的时候, 要节约用水。

즉 다시 말하면 앞 문장에서 "的"를 사용한 경우에는 "时候"를 쓰고 "的"를 사용하지 않은 경우에는 일반적으로 "时"를 쓴다. 한국학생들은 이 용법을 잘 알지 못하므로 아래와 같은 오류가 자주 생긴다. 예를 들면,

* (1) 为了买最重要的蛋糕, 我们去面包店的时, 天气变得更冷了.

　　→ 为了买最重要的蛋糕, 我们去面包店的时候, 天气变得更冷了.

* (2) 谁都知道吸烟的时对不吸烟的健康也不好.

　　→ 谁都知道吸烟的时候对不吸烟的健康也不好.

* (3) 我去庆州旅游的时是小学五年级的时候.

　　→ 我去庆州旅游的时候是小学五年级的时候.

예 (1)은 "去面包店的时候" 혹은 "去面包店时"로 고칠 수 있는데 예 (2) 예 (3)도 이와 같은 경우에 속한다.

"来"과 "以来"는 모두 지난 어느 한 시간부터 말하고 있는 현재까지의 시간을 나타내는 데 그 의미가 비슷하다. 하지만 "来"는 시간적 구간을 나타내는 단어 뒤에만 붙을 수 있지만 "以来"는 "来"보다 결합 범위가 비교적 넓다. 예를 들면,

近年来下岗的人也不少.　　　近年以来下岗的人也不少.

自古以来中华民族就有这种美德.　* 自古来中华民族就有这种美德.

解放以来我们的社会发展很快.　* 解放来我们的社会发展很快.

한국학생들은 이 용법을 잘 알지 못하기에 아래와 같은 오류가 자주 생긴다. 예를 들면,

* (4) 今年年初来, 我身体一直不好.

　　→ 今年年初以来, 我身体一直不好.

예 (4)는 "今年年初以来"로 고쳐야 한다.

118

"后"와 "以后"는 명사, 동사 혹은 짤막한 구 뒤에 쓰여 지금 혹은 어느 한 시간의 나중 시간을 나타낸다. 다른 점이라면 "很久, 不久" 뒤에는 다만 "以后"가 붙을 수 있을 뿐 "后"는 붙지 못한다. 예를 들면,

放学后, 我等你。　　　　　　放学以后, 我等你。

很久以后, 他才跟我联系。　　*很久后, 他才跟我联系。

不久以后, 我就要回国了。　　*不久后, 我就要回国了。

한국학생들은 이 용법을 잘 모르기에 아래와 같은 오류가 자주 생긴다. 예를 들면,

* (5) 他得了肺结核。<u>过了不久后</u>, 他死了。

　　　→ 他得了肺结核。<u>过了不~~久~~以久以后</u>, 他死了。

* (6) 这个学期, <u>我转学到这儿后</u>, 发现现在跟不上我们班的同学。

　　　→ 这个学期, <u>我转学到这儿以后</u>, 发现现在跟不上我们班的同学。

예 (5)~예 (6)은 "后"와 "以后"를 똑똑히 분별하지 못해서 생긴 오류이다. 예 (5)는 응당 "过了不久以后"로 고치고 예 (6)은 "后"를 붙이기보다 "以后"를 붙이는 것이 더 순통하다.

2. 텍스트측면에서의 시간사 오류

편장에서 시간사는 문장의 첫머리에 놓여 문단을 연결시키는 작용을 하는데 문장 혹은 편장 사이의 의미상 시간관계를 나타낸다. 한국학생들은 시간사를 사용할 때 아래와 같은 오류가 자주 생긴다.

1) 시간사의 잘못된 사용

한국학생들이 정확하게 사용한 시간사 실례를 조사해보면 그들이

장악한 시간사 수량이 비교적 제한되어 있다는 것을 알 수 있다. 사용 빈도가 비교적 높은 것으로는 차례로 "先, 以前, 然后, 那时侯, 以后, 后" 등이다. 이런 단어는 한국어에서도 자주 사용하는 단어인데 어떤 단어는 그 常用 범위가 대응하는 중국어보다 더 넓다. 한국학생들은 원어의 영향을 받거나 배우고 있는 언어에 대한 지식이 부족하여 잘못 유추하게 된다. 예를 들면,

*(1) 有一天, 他突然想学习, 因为学历不高, 工作再辛苦, 挣得钱也太少了。他下决心要通过自己的努力, 上大学。<u>然后</u>, 他终于得到了汉城大学法律系第一名的优秀的成绩。

→ 有一天, 他突然想学习, 因为学历不高, 工作再辛苦, 挣得钱也太少了。他下决心要通过自己的努力, 上大学。<u>后来</u>, 他终于得到了汉城大学法律系第一名的优秀的成绩。

*(2) 我们先去火车站买去大连的火车票, <u>以后</u>看着地图做我们的旅行计划。星期六晚上, 我们乘火车出发。

→ 我们先去火车站买去大连的火车票, <u>然后</u>看着地图做我们的旅行计划。星期六晚上, 我们乘火车出发。

*(3) 孩子梦寐以求自行车, 但爸爸让他自己赚钱买。开始的时候, 这个孩子为了多挣钱, 用了很多骗术, 结果被爸爸发现以后, 没收了他的收入。<u>其次</u>, 他拼命地卖报, 不看电影, 不买玉米花吃。<u>然后</u>, 他终于买上了自己喜欢的自行车。

→ 孩子梦寐以求自行车, 但爸爸让他自己赚钱买。开始的时候, 这个孩子为了多挣钱, 用了很多骗术, 结果被爸爸发现以后, 没收了他的收入。<u>然后</u>, 他拼命地卖报, 不看电影, 不买玉米花吃。<u>最后</u>, 他终于买上了自己喜欢的自行车。

예 (1)의 "然后"는 "后来"로 고쳐야 한다. 중국어 "然后"는 한 가지

사건의 완성과 함께 다른 한 가지 사건이 일어남을 나타낸다. 앞 문장에서 때로 "先, 首先" 등을 쓰면 뒤 문장에서는 "再, 又, 还" 등을 맞물려 쓰게 된다. 한국어의 대응하는 시간사는 동작의 선후순서를 나타내는 외에 "来, 将来, 其次, 下次, 以后, 之后" 등 의미도 나타낸다. 예 (2)에서는 "以后"를 "然后"로 고쳐야 하고 예 (3)의 "其次"는 "然后"로 고치며 "然后"는 "最后"로 고쳐야 한다.

2) 시간사의 누락

대외 중국어교수에서 시간사수업에 그다지 중시를 돌리지 않는다. 한국학생들은 시간사가 문장의 맨 앞자리에서 연결작용을 하면서 문장과 앞 문장 사이의 시간관계를 나타내는 용법에 대해 잘 모르고 있다. 때문에 시간사를 빠뜨리는 오류가 나타난다. 예를 들면

(1) a今天是中秋节。b对韩国人来说, c中秋节是一个很重要的节日, d亲戚们都聚在一起吃好吃的, e玩游戏, 聊天儿什么的, f开心得不得了。g[   ]我不仅是想念家里人, 亲戚, 朋友, h还想念韩国的很多东西, j甚至还想看精彩的中秋特别节目。

　　→ a今天是中秋节。b对韩国人来说, c中秋节是一个很重要的节日, d亲戚们都聚在一起吃好吃的, e玩游戏, 聊天儿什么的, f开心得不得了。g现在我不仅是想念家里人, 亲戚, 朋友, h还想念韩国的很多东西, j甚至还想看精彩的中秋特别节目。

(2) a初到中国的时候, b我不知道怎么度过这漫长的时间。c如今我不知不觉过了三年了。d明天, 我就要回韩国。e[   ]我想成为见多识广的人, f但是我什么也没有得到。g[   ]我舍不得离开中国。

　　→ a初到中国的时候, b我不知道怎么度过这漫长的时间。c如

今我不知不觉过了三年了。d明天， 我就要回韩国。e刚来中国
的时候， 我想成为见多识广的人， f但是我什么也没有得到。g
现在我舍不得离开中国。

(3) a小时候， b我的理想是成为世界上最富有的人。c[   ]我才知
道这不是理想， d这是一个梦想。

→ a小时候， b我的理想是成为世界上最富有的人。c长大以后，
我才知道这不是理想， d这是一个梦想。

예 (1) g의 앞에는 필요한 시간사를 빠뜨린 오류인데 이 문장에서 앞
내용의 시간사의 의미를 빌려 써서 뒤 문장의 시간사를 생략할 수 있
는 경우가 아니다. 앞 문장의 시간사 "中秋节"는 큰 범위의 시간을 나
타내는 것이지 구체적인 한 점을 나타낼 수 없다. 때문에 앞뒤 문장의
의미에 근거하여 시간사 "现在"를 첨가하야 한다. 예 (2)에서 앞 내용
의 시간사의 의미를 빌려 쓴 생략이라면 e앞에 응당 "明天"을 생략한
것으로 된다. 하지만 이것은 문장의 의미에 맞지 않는다. 앞뒤 문장의
의미에 근거하여 응당 "刚来中国的时候"를 첨가해야 한다. 문장의 내용
에 근거하여 g구에는 응당 시간사 "现在"를 써야 한다. 예 (3)에서 c구
의 맨 앞에는 시간사가 필요한데 앞 문장의 시간사가 "小时候"가 c문
장에서 "长大以后"라는 의미로 전환되기에 그 앞에 응당 "现在"를 붙여
야 한다.

3. 맺는말

한국학생들의 시간사 사용오류를 조사한 결과 우리는 아래와 같은
몇 가지 문제를 알 수 있다.

1) 한국학생들의 학습단계에 따라 시간사에서 나타나는 오류도 다

르다. 초급 단계에서 시간사 오류는 주로 문장에서 나타나며 고급단계에서는 주로 텍스트에서 나타난다. 게다가 그 비율도 높다. 이것은 제2언어 습득규율에 맞는 것이다.

2) 시간사오류가 나타나는 원인은 주로 한국학생들이 원어의 시간 사용법의 영향을 많이 받으며 중국어의 시간사에 대한 지식이 부족하기 때문이다.

3) 한국학생들에게서 나타난 시간사 오류는 일정한 측면에서 대외 중국어수업에서 존재하는 일부 문제를 반영하였다. 예를 들면, 단어의 뜻에 대한 수업만 중시하고 시간사의 용법에 대한 수업은 홀시하였다. 특히 시간사의 편장적 수업은 더 중시를 받지 못했는바 교과서에서도 이 방면의 지식을 체현하지 못했고 많은 교사들도 시간사의 편장적 기능에 대해 요해가 적다. 때문에 대외중국어수업에서 시간사의 수업에 중시를 돌리고 중점과 난점을 파악한 기초상에서 수업을 하여야만 보다 좋은 효과를 거둘 수 있다.

4) 초급단계에서 시간사수업의 중점과 난점은 시점사와 시단사가 문장에서 분포되는 위치에 대한 문법수업이며 중고급단계 수업에서의 중점과 난점은 편장 가운데서 차례를 나타내는 시간사와 선후순서를 나타내는 시간사에 대한 수업이다.

제3절 동형어

한국어에는 많은 한자어가 있는데 그중에 중국어와 한국어에서 한자형태가 같은 동형어가 차지하는 비율이 아주 크다. 예를 들면, 汉语水平等级大纲 갑, 을 두 급에 속하는 2010개 다음절어 중에서 중국어와 한국어 동형어가 1256개로서 62%를 차지한다. 고급단계의 한국학생들의 한국어와 중국어 습작교수과정에서 발견한 바에 의하면 이런 동형어는 한국학생들의 습작에 상당한 편리를 가져다주었다. 한국학생들은 억지로 외울 필요가 없이 한국어의 용법에 따라 正迁移을 하기만 하면 된다. 하지만 다른 한 면으로 대부분 동형어가 의미, 품사, 용법 등 방면에서 대응되지 않거나 아예 없기에 이런 현상은 학습에 도리어 일정한 負迁移를 가져다준다. 여기서는 주로 의미와 용법 두 가지 방면으로 오류의 유형을 분석한다.

1. 동형어의 의미적 오류

한국학생들이 동형어를 학습하는 과정에 의미로 인해 나타나는 오류는 주로 同形同义와 同形异义에 있다. 그 가운데 비슷한 뜻을 나타내는 동형어 오류가 대다수를 차지하고 어휘의 뜻이 서로 다른 동형어에서 나타나는 오류는 많지 않다.

1) 동형근의어

중국어와 한국어의 대부분 동형근의어는 의미가 풍부하고 사용빈도도 비교적 높다. 그들은 어떤 의미는 같고 어떤 의미는 다르거나 호상 교차되며 때로는 전혀 대응되지 않는 등 여러 가지 경우가 있다. 중고급단계의 한국학생들은 여전히 이런 복잡하게 뒤섞인 의미대응관계로 인해 오류가 많이 나타난다.

(1) 동형어에서 의미의 범위상 좁고 넓은 구별이 있다.

어떤 동형어의 뜻은 중국어와 한국어에서 모두 차이가 있다. 예를 들면, "简单――간단"은 모두 "구조가 단순하고 두서가 난잡하지 않으며 이해하기 쉽고 사용 처리하기 쉽다."라는 뜻을 갖고 있다. 예하면 这个问题比较简单.(이 문제는 비교적 간단하다)하지만 중국어에서 "简单"은 "(경력, 능력 등이)평범하다" 등 의미도 있다. 예하면 他能过 HSK11级, 真不简单. / 山田能说一口地地道道的汉语, 真不简单啊! 그러나 한국어에는 이런 의미가 없다. 반대로, 어떤 동형어는 중국어에서는 의미적 범위가 좁지만 한국어에서는 아주 넓다. 예하면 "人气――인기"는 모두 "사람 혹은 사물이 환영받는 정도"를 나타낸다. 예하면 那个影星最有人气.(그 영화배우는 인기가 대단하다). 하지만 한국어에서 "인기"는 또 "열점, 호감을 받다, 이름을 날리다" 등 의미도 나타낸다. 예하면 이 드라마는 요즘 가장 인기 있다.(这部电视剧最近最受欢迎。) /이게 바로 지금의 인기 상품이다.(这就是现在的热门货). 한국학생들은 어휘의 의미가 대응하는 범위의 좁고 넓은 관계와 서로 자유롭게 교체사용할 수 있는 데 대해 잘 이해하지 못하였기에 아래와 같은 오류가 자주 나타난다.

① 准备节目的两个星期当中，在同学们的配合下，虽然遇到了很多困难，但我们终于完成了一场令我们满足的表演。

　　→ 准备节目的两个星期当中，在同学们的配合下，虽然遇到了很多困难，但我们终于完成了一场令我们满意的表演。

② 这个房屋就是韩国有名的诗人的老家。四方都有花草，很安静。

　　→ 这个房屋就是韩国有名的诗人的老家。周围都有花草，很安静。

③ 我的家族每星期天都去教堂。

　　→ 我的家每星期天都去教堂。

④ 我当时一直想跟她说"谢谢"，但是不知道怎么说我才能够表现出我的心情。

→ 我当时一直想跟她说"谢谢", 但是不知道怎么说我才能够<u>表达</u>出我的心情。

⑤ 我一定<u>诚实</u>地工作, 而且努力与他人沟通。

→ 我一定<u>认真</u>地工作, 而且努力与他人沟通。

⑥ 球王贝利在贫困的生活当中遇到过很多困难和挫折, 但因为他非常有毅力, <u>结局</u>成为世界体育明星。

→ 球王贝利在贫困的生活当中遇到过很多困难和挫折, 但因为他非常有毅力, <u>结果</u>成为世界体育明星。

⑦ 我们对自己<u>到达</u>的程度并不满意。

→ 我们对自己<u>达到</u>的程度并不满意。

⑧ 我出错的话, 她给我骂得很<u>严格</u>。

→ 我出错的话, 她给我骂得很<u>严厉</u>。

예문 ①은 "满意"로 바꾸어야 한다. 한국어의 "만족하다"는 "만족을 느끼거나 만족하게 하다"라는 뜻을 갖고 있는데 중국어도 이와 같은 뜻을 갖고 있다. 하지만 차이점이라면 한국어에서 "만족하다"는 "자기의 염원을 만족하고 자기의 뜻에 맞다"라는 뜻도 나타낸다. 예하면 만족스러운 미소/ 满意的微笑, 만족하게 생각하다/ 感到满意。중국어에서 "자기의 염원을 만족하고 자기의 뜻에 맞다"라는 뜻을 나타낼 경우에는 그의 동의어 "满意"를 쓴다. 다시 말하면 한국어의 "만족하다"는 중국어에서 "满足"과 "满意" 두 가지로 표현할 수 있다.

예문 ②는 "周围"로 바꾸어야 한다. 중국어와 한국어에서 동형어 "四方/ 사방"의 기본적인 의미는 "동, 서, 남, 북 임의의 위치"라는 뜻을 갖고 있다. 예하면 奔走四方/ 사방에 돌아다니다. 서로 다른 것이라면 한국어에서 "사방"은 "주위"라는 뜻도 있다. 예: 사방이 조용하다/ (周围很安静) / 사방을 둘러보다(环视周围) 하지만 중국어에서는 이런 뜻이 없다.

　예문 ③은 "家"로 바꾸어야 한다. 중국어와 한국어 동형어 "가족"은 "혼인과 혈연관계를 기초로 하여 형성된 일종 사회조직으로서 동일한 혈통에 속한 여러 대도 포함"이라는 기본의미가 있다. 예하면 모계가족 / 母系家族, 가족제도/ 家族制度. 차이점이라면 한국어에서 "가족"은 "가정, 식구"라는 뜻도 있다. 예: 가족분위기/ 家庭气氛, 가족사진 / 全家福, 가족이 다 간다 / 全家都去. 하지만 중국어에는 이런 뜻이 없다.

　예문 ④는 "表达"로 바꾸어야 한다. 중국어와 한국어 동형어 "表现(표현하다)"는 모두 "표현하다"라는 뜻을 갖고 있다. 예하면 他的作品表现了农民的生活/그의 작품은 농민의 생활을 표현했다. 그러나 한국어 "표현하다"는 "表达(표달하다)"라는 뜻도 있다. 예를 들면 이 일은 말로 표현하지 못한다/这件事无法用语言来表达. 하지만 중국어에서 "表现"은 "表达"라는 뜻이 없다.

　예문 ⑤는 "认真"으로 바꾸어야 한다. 중국어와 한국어에서 "诚实"는 "언행이 생각한 바와 일치하다(좋은 생각과 행위를 가리킴)"라는 뜻을 갖고 있다. 예하면 诚实的孩子(성실한 어린이) /诚实的态度(성실한 태도)/诚实的学生(성실한 학생). 하지만 한국어에서 "诚实"은 "성실하다, 착실하다"라는 뜻도 있다. 예를 들어 세금을 성실히 납부하다(认真地缴税)/성실히 일하다.(认真地工作)。

　예문 ⑥은 "结果"로 바꾸어야 한다. 중국어와 한국어에서 "结局"는 "최후의 결과 혹은 최종국면"이라는 뜻을 갖고 있다. 예하면 结局是一样的. (결국은 한가지다.)하지만 한국어에서는 "结局"가 "어떤 조건이나 상황하에서 나타난 어떤 결과"라는 뜻도 갖고 있다. 예하면 결국은 그가 양보를 했다./结果他让了一步.

　예문 ⑦은 "达到"로 바꾸어야 한다. 중국어와 한국어에서 "到达(도

달하다)"는 모두 "도달하다(어느 지점이나 어느 단계)"라는 뜻을 갖고 있다. 예하면 火车到达北京(열차가 북경에 도달했다.). 하지만 한국어에서 "도달하다"는 "도달하다(대부분 추상적 사물이나 정도를 가리킴)"라는 뜻도 있다. 예: 국제수준에 도달하였다.(达到了国际水平) / 목적을 도달하지 못하였다.(没有达到目的).

예문 ⑧은 "严厉"로 바꾸어야 한다. 중국어와 한국어에서 "严格(엄격)"은 모두 "어떤 제도나 표준을 빈틈없고 착실하게 준수하다"라는 뜻을 갖고 있다. 예하면 严格管理(엄격하게 관리하다) / 他对自己要求很严格.(그는 자신에 대한 요구가 아주 엄격하다). 하지만 한국어에서 "严格"는 "엄숙하고 엄격하다"라는 뜻도 있다. 예하면 태도가 엄격하다(态度很严厉) / 엄격하게 말했다.(严厉地说).

(2) 동형어는 의미상 가지는 강조점이 다르다.

일부 동형어는 의미상 강조점이 다름에 따라 용법상에서도 일정한 차이가 있다. 한국학생들은 강조점이 서로 다른 동형어에 대한 이해가 적기에 아래와 같은 유형의 오류가 자주 생긴다. 예를 들면:

① 爸爸说几天以后一定给我寄钱, 可是到现在为什么还不跟我联络呢?

→ 爸爸说几天以后一定给我寄钱, 可是到现在为什么还不跟我联系呢?

② 我想世界上50%以上的人经验过抽烟.

→ 我想世界上50%以上的人经历过抽烟.

예문 ①의 "联络"를 "联系"로 바꾸어야 한다. 한국어에서 "연락하다"는 주로 "상호간 연계를 맺다"라는 뜻을 나타내는데 중국어의 "联系"와 같다. 예하면 선생님과 연락하다 / 跟老师联系, 연락을 끊다 / 失去了联系, 연락이 닿다 / 联系很密切. 하지만 중국어에도 他联络了一些人 / 失掉联络와 같이 단어 "联络"가 "상호간 연계를 맺다"란 뜻으로 쓰이기는 하지만 자주 쓰지는 않는다. 중국어에서 "联络"는 주로 "호상 간 소통이 있음과 아울러 소통에 필요한 경로가 있다"라는 뜻을 많이 나타낸다. 예하면 联络感情 / 联络友情 / 跟政界有联络. 예문 ②는 "经历"로 바꾸어야 한다. 한국어 "경험하다"는 주로 "친히 보거나 실천한 것 혹은 겪은 것"이라는 뜻을 갖고 있다. 예하면 나는 그 일을 경험해 보았다(我经历过那件事). 중국어 "经验"도 "겪거나 체험하다"란 뜻을 갖고 있지만 주요하게는 "실천을 통해 얻은 지식이나 기능"이라는 뜻을 나타낸다. 예하면 他对游泳有丰富的经验/教学经验. 중국어에서는 "친히 보거나 실천한 것 혹은 겪은 것"이라는 뜻을 나타낼 때 주로 "经历" 혹은 "体验"을 쓴다.

2) 동형이의어

중국어와 한국어의 일부 동형어는 그 의미가 완전히 다르다. 예를 들면, "学院"과 "학원", "爱人"과 "애인", "操心"과 "조심", "约束"과 "약속", "放学"와 "방학", "功夫"와 "공부", "贤明"과 "현명" 등과 같은 단어이다. 학생들은 왕왕 원어에서 사용하는 의미와 용법으로 착각하기에 오류가 자주 생긴다. 예를 들면,

① 人间会成功不会成功不取决于环境而是他的精神面貌。
　　→ 人会成功不会成功不取决于环境而是他的精神面貌。
② 我希望男人不要喜欢游兴文化。
　　→ 我希望男人不要喜欢游乐文化。
③ 最近科技带来的弊端越来越深刻。
　　→ 最近科技带来的弊端越来越严重。
④ 韩国美容院的价格不便宜。
　　→ 韩国美发院的价格不便宜。

⑤ 有些富裕的孩子缺乏竞争意识，也没做过很难的事，<u>反面</u>贫困的人为了成功，无论什么事都努力做，他们的竞争意识很强。

　　→ 有些富裕的孩子缺乏竞争意识，也没做过很难的事，<u>相反</u>贫困的人为了成功，无论什么事都努力做，他们的竞争意识很强。

　예문 ①은 "人"으로 바꾸어야 한다. 중국어 "人间"은 "인류사회, 인간세상"이라는 뜻을 나타낸다. 예하면 人间乐园 / 春满人间. 하지만 한국어에서 "인간(人间)"은 "사람"을 가리킨다. 예하면 인간은 만물의 영장이다/ 人是万物之灵, 그는 인간이 아니다/ 他不是人. 예문 ②는 "游乐"로 바꾸어야 한다. 중국어 "游兴"는 "한가히 거닐며 구경하는 재미"라는 의미를 갖고 있다. 예하면 游兴大发. 하지만 한국어 "유흥"은 "마음껏 즐기면서 놀 수 있는 사물"을 뜻한다. 예하면 유흥장(游乐场)/유흥자(游乐者)/유흥문화(游乐文化). 예문 ③은 "严重"으로 바꾸어야 한다. 중국어 "深刻"은 "마음속으로 느낀 바가 깊다"라는 뜻을 나타낸다. 예하면 / 深刻的体会. 하지만 한국어에서 "심각하다"는 "정도가 심하고 영향이 크다(많이는 소극적인 면에서)"라는 뜻을 갖고 있다. 예하면 문제가 심각하다(问题严重) / 병이 심각하다(病严重)/후과가 심각하다.(后果严重). 예문 ④는 "美发院"로 바꾸어야 한다. 중국어 "美容"은 "전문 피부보호 등 면에 쓰여 용모를 예쁘게 하다"라는 뜻을 나타낸다. 예하면 美容手术. 하지만 한국어에서 "미용(美容)"은 "미발"을 뜻한다. 예하면 미용원(美容院)/미용가격(美容价格). 예문 ⑤는 "相反"으로 바꾼다. 중국어 "反面"은 "사실과 문제의 다른 면"이라는 뜻을 갖고 있다. 예하면 不但要看问题的正面, 还要看问题的反面. 하지만 한국어 "반면"은 "다음 문장의 머리나 가운데 쓰여 앞 문장에서 나타낸 뜻과 모순 됨을 나타냄"라는 뜻을 갖고 있다. 예하면 그는 선생님께 비평을 받고 고치기는커녕 반면에 더 하다.(他遭到老师的批评以后, 不但没改正, 相反变得更厉害了。)

2. 동형어의 문법적 오류

중국어와 한국어의 일부 동형어는 의미상 비슷하지만 문법분포상에서는 차이점이 있다. 결합범위상에서 좁고 넓은 구별이 있는가 하면 습관상에서도 차이가 있다. 한국한생들은 결합상 세밀한 차이를 잘 구분하지 못하기에 아래와 같은 오류가 자주 나타난다.

1) 동형어는 결합 범위상 좁고 넓은 차이가 있다.

① 早上9点左右到了长白山, 下车看了<u>周边</u>, 很美。

　　→ 早上9点左右到了长白山, 下车看了<u>周围</u>, 很美。

② 我决定了<u>确实</u>的目标。我为了当老师, 现在开始踏踏实实地学习。

　　→ 我决定了<u>明确</u>的目标。我为了当老师, 现在开始踏踏实实地学习。

③ 虽然是一次很危险和困难的旅行, 但在我的<u>平生</u>中将是难忘的一件事。

　　→ 虽然是一次很危险和困难的旅行, 但在我的<u>一生</u>中将是难忘的一件事。

예문 ①에서 한국어 "주변"은 거리주변 / 大街周围, 호수가의 주변/ 湖周围, 학교주변 / 学校周围, 주변지구 / 周边地区, 주변국가 / 周边国家 등 형식으로 결합될 수 있다. 하지만 중국어에서 "周边"은 일반적으로 비교적 큰 공간적 어휘와 결합된다. 예하면 周边地区, 周边国家. 때문에, 예문 ①은 "周围"로 고쳐야 한다. 예문 ②는 "明确"로 바꾸어야 한다. 중국어와 한국어에서 "确实/확실하다"는 모두 "진실하여 믿음직하다"라는 뜻을 나타낸다. 하지만 중국어에서 "确实"은 일반적으로 确实的消息 / 确实的数字 등 형식으로 결합된다. 하지만 한국어에서는 "확실한 목표 / 확실한 사실 / 아주 확실하다"로 결합될 수 없다. 예문 ③은 "一生"으로 바꾸어야 한다. 중국어와 한국어에서 "平生"은 모두 "평생, 일생"이라는 뜻을 갖고 있지만 그 결합범위에는 차이가 있다. 한국어는 결합범위가 비교적 넓은데 예하면: 평생 시집 안 간다. / 一辈子不嫁人。평생 고생할 팔자다/一辈子受苦的命.

2) 동형어의 품사가 서로 다르다.

중국어와 한국어의 동형어는 그 품사가 다름에 따라 용법도 달라진다. 예를 들면, 중국어에서 "损害"는 형용사로서 단독으로 술어로 될 수 있다. 예하면 这次洪水损害了人民的生命财产/我们不能损害人民的利益. 반대로, 한국어 "손해"는 명사로서 주어나 목적어로밖에 될 수 없다. 예하면: 이익과 손해를 보다./손해가 많다. 학생들은 다만 의미상 같은 점만 알고 품사의 차이점에 대한 이해는 적기에 아래와 같은 오류가 생긴다. 예를 들면:

① 普通吸烟的人是男人。

→ 一般吸烟的人是男人。

예문 ①은 중국어와 한국어에서 동형어 "普通 / 보통"은 품사가 다름으로 인해 그 용법도 달라진 예제이다. 한국어에서 "보통"은 명사 겸 부사이다. 명사로 쓰일 경우에는 보통 지식 / 一般的知识, 그는 능력이 보통이 아니다 / 他的能力不一般로 쓰이고 부사일 경우에는 부사어로 될 수 있다. 예하면 그는 보통 하루에 두 시간씩 책을 본다 / 他一般一天看两个小时的书. 하지만 중국어 "普通"은 형용사로서 관형어로 될 수 있지만 부사어로는 될 수 없다. 예하면 普通的人 / 普通劳动者 / 普通的现象 / 普通的房子. 때문에 예문 ①은 "一般" 혹은 "平常"으로 고쳐야 한다.

3) 동형어의 결합상 습관이 다르다

  중국어와 한국어의 어떤 동형어는 의미와 품사적으로는 같지만 두 가지 언어의 종류에 속하는 언어인 만큼 결합습관상에서 가끔 차이를 보이고 있다. 예를 들면 "对青少年实施中等教育的学校". 중국어로는 "中学"이라고 하지만 한국어로는 "中学校"라고 일컫는다. 예를 들면 나는 작년에 중학교를 졸업했다/我去年中学毕业. 또 예를 들면 중국어에서는 "风大"라고 하지만 한국어에서는 "风强" 혹은 "风刮得很多"라고 말한다.19)

  학생들은 중국어와 한국어 동형어의 결합습관상 차이점에 대해 잘 이해하지 못했기에 아래와 같은 오류가 자주 나타난다. 예를 들면:

① 经过这件事，他懂得了一个大道理，那就是努力的话，什么事都能做到的<u>自信感</u>。

  → 经过这件事，他懂得了一个大道理，那就是努力的话，什么事都能做到的<u>自信心</u>。

② 有<u>专门家</u>说不直接吸烟比直接吸烟更危险。

  → 有<u>专家</u>说不直接吸烟比直接吸烟更危险。

③ 因为现在在法律上表明了在公共场所吸烟是<u>不法</u>的。

  → 因为现在在法律上表明了在公共场所吸烟是<u>不合法</u>的。

④ 再说家里没有男孩儿，所以我对男孩儿的<u>好奇心比较大</u>。

  → 再说家里没有男孩儿，所以我对男孩儿的<u>好奇心比较强</u>。

  예문 ①은 "自信心"으로 바꾸어야 한다. 중국어에서 "자신감이 있다"라는 뜻을 나타낼 경우 일반적으로 "自信心"을 사용한다. 하지만 한국어에서 일반적으로 "自信感"으로 나타낸다. 예문 ②는 "专家"로 고쳐야 한다. 중국어에서 "어떤 분야를 연구하거나 그 일에 종사하여

---

19) 全香蘭, 「漢韓同形詞偏誤分析」, 『漢語學習』2004年第3期.

상당한 지식과 경험을 가진 사람"이라는 뜻을 나타낼 경우 "专家"를 쓰지만 한국어에서는 "专门家(전문가)"라고 한다. 예문 ③은 "不合法"으로 바꾸어야 한다. 중국어에서 "법률규정에 부합되지 않는다"라는 뜻을 나타낼 경우 "不合法"를 쓰지만 한국어에서는 "불법(不法)"을 사용한다. 예문 ④는 "好奇心比较强"으로 바꾸어야 한다. 중국어에서 "자기가 익숙하지 못한 사물에 대해 신기하게 여겨 흥미를 느끼다"라는 뜻을 나타낼 경우, 일반적으로 "好奇心强"으로 표현하지만 한국어에서는 "호기심이 크다(好奇心大)"로 표현한다.

제4절 성 어

중고급단계의 한국학생들은 습작과정에 성어를 즐겨 사용한다. 그것은 학생들이 이미 일정 수량의 성어를 장악하였고 또한 성어가 문장의미표현에서 강한 표현력을 갖고 있기 때문이다.

> 韩国人一提全州就垂涎三尺, 因为那里的所有的菜都那么好吃。
> 我们吃了一口以后, 赞不绝口, 吃得津津有味。
> 现在我们去外国的机会越来越多了, 所以应该学会入乡随俗。
> 为了让父母喜笑颜开, 我天天努力学习。

이 외에도, 성어는 뜻에 따라 자유자재로 쓸 수 있을 뿐만 아니라 학생들의 중국어수준을 가늠할 수 있는 하나의 척도이기도 하다. 하지만 중국어 성어자체가 수량이 많고 뜻이 풍부하며 구조가 엄밀한 특점으로 말미암아 한국학생들이 성어를 사용하는 과정에 아래와 같은 오류가 자주 생긴다. 예를 들면,

1. 성어의 형식이 규범적이지 못한 오류

중국어 성어는 구성이 엄밀하고 고정적이며 그 구성성분을 맘대로 바꿀 수 없거니와 다른 성분을 삽입할 수도 없다. 예를 들면, "弄假成真"을 "弄伪成真"으로 고칠 수 없으며 "废话连篇"을 "佳话连篇"으로 고칠 수 없다. 때문에 학생들이 정확하게 기억할 것을 요구한다. 예를 들면

1) 我的梦想是当<u>贤母良妻</u>。

   → 我的梦想是当<u>贤妻良母</u>。

2) 很多青少年长大以后想当演员，但是因为准备的时间需要很长，所以<u>中路而废</u>的人也很多。

   → 很多青少年长大以后想当演员，但是因为准备的时间需要很长，所以<u>半途而废</u>的人也很多。

3) 一看这些冰灯，谁都能心服口服，<u>感激万端</u>。

   → 一看这些冰灯，谁都能心服口服，<u>感激万分</u>。

4) 我们离开那儿的时候真是恋恋不舍，<u>五色缤纷</u>的花被春风吹着，好象它们在说"再见"。

   → 我们离开那儿的时候真是恋恋不舍，<u>五彩缤纷</u>的花被春风吹着，好象它们在说"再见"。

5) 比赛那天<u>天高风爽</u>。我们的第一对手是从蒙古来的留学生们。

   → 比赛那<u>秋高气爽</u>。我们的第一对手是从蒙古来的留学生们。

6) <u>天高马肥</u>的秋天到了。这次国庆节，我跟几个朋友打算去上海旅游。

   → <u>秋高气爽</u>的秋天到了。这次国庆节，我跟几个朋友打算去上海旅游。

예문 1)에서 "贤母良妻"는 어순이 뒤바뀌어 생긴 오류인데 응당 "贤妻良母"로 고쳐야 한다. 예문 2)～예문 6)은 성어 중의 어느 한 성분

을 그와 비슷한 성분으로 교체하여서 생긴 오류인데 "中路而废"를 "半途而废"로 고쳐야 하고 예문 3)의 "感激万端"은 "感激万分", 4)는 "五色缤纷"을 "五彩缤纷", 5)는 "天高风爽"을 "秋高气爽", 6)은 "天高马肥"를 "秋高气爽"으로 고쳐야 한다.

2. 성어의 뜻을 잘못 이해한 오류

중국어 성어는 민족성을 띠고 있는데 뜻이 복잡하고 정하여져 있다. 성어의 뜻을 잘 파악하지 못하면 그 용법상에서 반드시 오류가 나타나게 된다. 현재 대외중국어 교과서나 학생들이 사용하는 사전이나 모두 성어의 뜻 해석에만 그쳤을 뿐 성어의 사용범위나 사용대상에 대한 해석은 하지 않았다. 때문에 한국학생들은 사용과정에 아래와 같은 오류가 나타나게 된다. 예를 들면

1) 最后去的是植物园, 这里有五花八门的花和树。
   → 最后去的是植物园, 这里花红柳绿。

2) 人们在一生当中, 大概能读多少书呢? 估计有的人不胜枚举, 有的人绝无仅有。
   → 人们在一生当中, 大概能读多少书呢? 估计有的人不胜枚举, 有的人寥寥无几。

3) 那段时间, 我碰见了很多人, 认识了各种各样的国家的朋友。
   → 那段时间, 我碰见了很多人, 认识了来自五湖四海的朋友。

4) 由此可见, 泡菜具有各种各样的好处。
   → 由此可见, 泡菜具有很多好处。

5) 科技给我们的生活带来了很大的方便, 但是又造成了层出不穷的后果。

→ 科技给我们的生活带来了很大的方便，但是又造成了很多的后果。

6) 我的生活不能完美无缺。

→ 我的生活应该完美无缺。

7) 最近背井离乡，去外国留学的人很多。

→ 最近离开自己的国家，去外国留学的人很多。

8) 以后你不要毫不犹豫，而为了显现自己真诚的样子，努力吧。

→ 以后你要毫不犹豫，而为了显现自己真诚的样子，努力吧。

9) 如果这样的两个人初次见面的时候，他们之间无忧无虑地产生陌生感。

→ 如果这样的两个人初次见面的时候，他们之间毫无疑问地产生陌生感。

예문 1)의 "五花八门"은 "변화무쌍하고 종류가 많다"라는 뜻을 나타낸다. 예하면 目前的职业五花八门 / 答案五花八门 / 穿戴五花八门. 공원의 꽃의 종류가 많음을 형용하기 위해서는 일반적으로 "花红柳绿" 혹은 "花花绿绿"로 표현한다. 때문에 예문 1)은 "这里花红柳绿"로 바꾸어야 한다. 예문 2)의 "绝无仅有"는 "이 하나밖에는 더 이상 없다라는 뜻으로 극히 드물다"라는 뜻을 나타낸다. 예하면 这种事情在我们这里是绝无仅有的. 예문 2)에서 작자가 표현하려는 의미는 어떤 사람의 평생 동안의 독서량이 매우 적다는 의미를 나타내려 하기에 "绝无仅有"를 쓰는 것은 합당하지 않다. 응당 "寥寥无几"라고 해야 한다. 예문 3)~예문 8)도 이와 같은 방식으로 추리하면 된다. 예문 3)은 "认识了来自五湖四海的朋友"로 4)는 "很多"로 5)는 "但是又造成了很多的后果"로 6)은 "我的生活应该完美无缺."로 7)은 "最近离开自己的国家，去外国留学的人很多"으로, 8)은 "以后你要毫不犹豫，为了显现自己真诚的样

子, 努力吧"로, 예문 9)는 "他们之间毫无疑问地产生陌生感"로 고친다.

3. 성어의 결합오류

제2언어를 학습함에 있어서 성어의 뜻을 이해하기 어렵지만 그것을 정확하게 사용하기는 더 어렵다. 한국학생들도 마찬가지다. 일부 성어에서 그 뜻은 알고 있지만 실제 응용에서는 아래와 같은 결합상 오류가 자주 나타난다. 예를 들면,

1) 现代社会科技进步的速度非常快, 发展程度层出不穷。

   → 现代社会科技进步的速度非常快, 科技产品层出不穷。

2) 随着科技进步, 我们的生活天翻地覆的变化。

   → 随着科技进步, 我们的生活发生了天翻地覆的变化。

3) 很多人经历过背井离乡的情况。

   → 很多人经历过背井离乡的感觉。

4) 我的学生们的汉语刮目相看。

   → 我的学生们的汉语让我刮目相看。

5) 上课的时候, 雄心勃勃的自信感也是很重要的。

   → 上课的时候, 雄心勃勃的计划也是很重要的。

6) 他想帮助我们, 但是我们俩百般挑剔地拒绝了。

   → 他想帮助我们, 但是我们俩百般挑剔, 最后拒绝了。

7) 我认为女人应该有贤妻良母的态度。

   → 我认为女人应该有贤妻良母的观念。

예문 1)의 "层出不穷"은 주로 어떤 사물이나 현상이 끝이 없이 연이어 나타남을 나타낸다. 예하면 电子产品层出不穷。/中国的贪官层出不穷。/美国的枪击案层出不穷。/假冒伪劣东西层出不穷。/学习英语的

人层出不穷。학습자들이 "层出不穷"과 결합할 수 있는 대상을 잘 모르기에 오류가 나타나는데 예문 1)은 응당 "科技产品层出不穷"으로 고쳐야 한다. 예문 2)에서 "天翻地覆"는 "변화가 아주 크다"라는 뜻을 갖고 있는데 문장 중에서 관형어, 술어, 보어로 할 수 있다. 예하면 中国改革开放以后, 发生了天翻地覆的变化。/塔顶顿时天翻地覆起来。/闹得天翻地覆, 四邻不安. 예문 2)는 "我们的生活发生天翻地覆的变化"로 고쳐야 한다. 예문 3)의 "背井离乡"은 "고향을 떠나 외지에서 생활하다(많이는 부득의한 경우)"라는 뜻을 나타내는데 문장에서 주로 술어, 관형어로 할 수 있다. 예하면 我背井离乡, 来到这里, 深深地体验到人生的酸甜苦辣。/背井离乡的游子们经常望着月亮思念亲人。예문 3)은 "背井离乡的感觉"로 고쳐야 한다. 예문 4)~예문 7)도 이와 같은 방식으로 추리하면 된다. 예문 4)는 "我的学生们的汉语让我刮目相看"로 5)는 "雄心勃勃的目标" 혹은 "雄心勃勃的计划"로 6)은 "但是我们俩百般挑剔, 最后拒绝了。"로 7)은 "我认为女人应该有贤妻良母的观念"으로 고쳐야 한다.

제 4 장

텍스트오류

외국인을 위한 중국어 학습에서 학습자는 이와 같은 과정을 거쳐야 한다. 단어→단어결합→단순문→복합문→문단→텍스트. 지금까지 우리의 교수현상을 볼 때 "단어→단어결합→단순문"의 단계의 수업은 비교적 효과적이다. 초, 중급단계에서 문장구성 면에서는 비교적 높은 수준에 도달했지만 "복합문→문단→텍스트" 면에서는 중, 고급단계에 와서도 여러 가지 문제가 존재한다. 예를 들어 3, 4학년 학생의 중국어 습작에서 볼 때 문장완성은 비교적 훌륭하지만 그 문장들을 하나의 말로 연결해 놓을 때에는 많은 문제가 나타난다. 이것은 텍스트연구가 본래 중국어연구의 한 개 박약한 부분이며 또한 많은 현존 텍스트연구성과를 아직 교재 속에 편성해 넣지 못한 원인이다. 다른 한 가지 방면으로는 문법수업에서 텍스트교수를 장기적으로 홀시해온 결과 학생들이 텍스트구조와 연결수단 방면에서 체계적이고 효과적인 연습을 받지 못했기 때문이다. 실천이 증명하다시피 외국학생, 특히 고급학년 학생에게 있어서 중국어 텍스트교수는 필수적이고 중요한 부분이다. 중국어 텍스트연구와 교수는 아직도 간고할뿐더러 많은 노력이 필요하다.

고급중국어 습작에서 한국학생들에게 나타난 오류는 복잡하고 다양하며 수량이 많고 관련지식도 넓다. 문장측면의 오류가 있는가 하면 텍스트측면의 오류도 있다. 문장측면의 오류는 어음, 어휘, 문법이 있으며 텍스트측면의 오류는 생략, 조응, 접속사와 시간사, 교체, 텍스트형식, 텍스트순서, 단어연결 등 면을 포함한다. 고급 중국어 습작교수에서 중점은 텍스트측면의 오류를 해결하는 것이다. 그 원인은 이런 오류의 수량이 많고 문단표현은 대외중국어 습작교수의 고리이기 때문이다. 텍스트오류를 해결할 수 있느냐 없느냐 하는 것은 학생들이 문장을 문단으로 만들고 자연문단이 텍스트로 만들어지는 능력을 제고하는 데서의 관건이다.

  텍스트 언어학 이론에 근거하여 한국학생들의 텍스트오류를 생략, 호응, 관련사, 시간사, 어휘의 연결 다섯 가지로 귀납할 수 있다. 시간사는 이미 제3장에서 언급하였기에 여기서는 다시 복술하지 않는다.

제1절 생 략

  생략은 연결에서의 주요한 수단으로서 부동한 언어에서 나타나는 텍스트조건, 특점, 모식이 다 다르다. 통계에 의하면, 한국학생들이 습작 가운데서 나타난 생략오류는 전반 텍스트오류에서 제1위를 차지하는데 모두 92건으로서 전반 텍스트오류의 40.8%를 차지한다. 일곱 명 학생에 대한 개별적 안건분석을 통하여 언어낸 결과도 기본상 비슷한데 매 학생의 텍스트오류 가운데서 생략오류가 1위를 차지한다. 다른 오류는 불균형적인데 학생에 따라 다르다.

1. 주어의 생략

  중국어에서 주어의 생략은 비교적 자유롭고 영활하며 빈도가 높은데 문단에서 가장 흔히 볼 수 있는 생략이다. 주어의 생략은 일정한 문단 조건에 의거해야 한다. 많은 중국어 텍스트에 대한 연구가 보여주다시피 话题链(topic chain)이 영형식(zero ana phora, 主语省略)으로 나타나는 주요한 조건이다. 동일한 话题链 안에서 문장지간의 의미관계가 밀접할 경우 앞 문장에 주어가 있으면 뒤 문장의 주어는 영형식에 치

우친다.20) 한국어도 이와 마찬가지다. 한국어는 단어와 단어 사이에 띄어쓰기를 하고 복문을 구성하는 두 단순문 사이에 중단이나 문장부호가 없다. 때문에 한국유학생들은 앞뒤 문장 간의 상호관계에 의거하여 생략하는 것을 응당한 것으로 생각하며 표현이 명확하고 뚜렷한 줄로 알고 있다. 하지만 중국어에서 문장 사이의 휴지가 있으며 서면에서는 반점 혹은 반구절점으로 표시한다. 게다가 중국어 문장의 구조상 기능상의 독립적 특점으로 인하여 한국유학생들은 중국어는 모든 문장이 주어와 술어가 반드시 있어야 하며 생략해서는 안 된다고 잘못 인식하고 있다. 또한 그렇지 않으면 문장의 구조가 완정하지 못하며 의미도 정확하게 표현되지 않는다고 생각한다. 때문에 문단에서 생략해야 할 부분을 생략하지 않는 오류가 많다. 이런 오류비율은 생략오류 가운데서 일위를 차지하는데 모두 80건으로서 생략오류의 87%를 차지한다. 예를 들면:

(1) a来中国以后，b我很想妈妈，c所以，我常常掉眼泪。d我刚才给她打电话的时候，e我又不知不觉地流下了眼泪。

　→ a来中国以后，b我很想妈妈，c所以，常常掉眼泪。d刚才给她打电话的时候，e又不知不觉地流下了眼泪。

(2) a我很对不起妈妈。b我上学的时候，c因为身体不好，d总是让妈妈担心。e我每次考试的时候，f因为成绩不好，g总是让妈妈失望。

　→ a我很对不起妈妈。b上学的时候，c因为身体不好，d总是让妈妈担心。e每次考试的时候，f因为成绩不好，g总是让妈妈失望。

(3) a我来中国以后，b我经常感到孤单，c所以我决定养动物。d但是，因为我住在宿舍，e所以养动物的条件是很不好的。

---

20) 高宁慧，「留学生的代词偏误与代词在篇章中的使用原则」，『世界汉语教学』1996年第2期。

144

→ a我来中国以后，b经常感到孤单，c所以决定养动物。d但
　　　是，因为我住在宿舍，e所以养动物的条件是很不好的。

(4) a我来中国已经两年多了，　b我是2003年1月份来的。c我是一
　　个性格开朗，活泼的女孩，d但是当时我一句汉语也不会说，e
　　所以我不敢轻易去跟中国人打招呼。

　　　→ a我来中国已经两年多了，b是2003年1月份来的。c我是一
　　　个性格开朗，活泼的女孩，d但是当时一句汉语也不会说，e所
　　　以不敢轻易去跟中国人打招呼。

(5) a我前年去了安徽的黄山，b我早就听说黄山的风景很美丽，c
　　当时我亲眼看了以后，d就一下子喜欢上了它。

　　　→ a我前年去了安徽的黄山，b早就听说黄山的风景很美丽，c
　　　当时亲眼看了以后，d就一下子喜欢上了它。

　　예문 (1)~(5)는 생략해야 할 주어를 생략하지 않았다. 예문 (1)에는
모두 5개 문장이 있는데 나머지 네 문장은 모두 인칭대명사 "我"를 주
어로 했다. 문장측면에서 볼 때는 정확하지만 전편 문단적으로는 문장
사이의 연결이 엄밀하지 못한 감을 준다. 응당 c, d와 e의 주어 "我"를
삭제해야 한다. 예 (2)(3)(4)(5)도 이와 같은 방법으로 추리하면 된다.

　　반대로, 생략하지 말아야 할 주어를 생략하여 나타난 오류도 있는
데 이런 오류수량은 많지 않은데 모두 9건으로서 생략오류의 9.7%를
차지한다. 예를 들면:

(6) a我喜欢看月亮，b其中特别喜欢看中秋节的月亮。c因为它又
　　大又圆，d而且还通过它可以想起过去跟家人一起度过的快乐
　　的中秋节。e这年中秋节，f[　　]也看了月亮,g在窗前托着下
　　巴，h一边看月亮，j一边想我的家人。

　　　→ a我喜欢看月亮，b其中特别喜欢看中秋节的月亮。c因为

它又大又圆, d而且还通过它可以想起过去跟家人一起度过的快乐的中秋节。e这年中秋节, f我也看了月亮, g在窗前托着下巴, h一边看月亮, j一边想我的家人。

(7) a妈妈, 你为什么这样伤心呢? b以前[   ]出国的时候, c你没有哭啊!d妈妈说: "以前, 你是跟朋友去的。现在你是一个人去, 所以我很不放心。"e听了妈妈的话, f[   ]忍不住掉下了眼泪。

   → a妈妈, 你为什么这样伤心呢? b以前我出国的时候, c你没有哭啊!d妈妈说: "以前, 你是跟朋友去的。现在你是一个人去, 所以我很不放心。"e听了妈妈的话, f我忍不住掉下了眼泪。

예문 (6)에는 문장이 모두 9개 있는데 세 개 화제로 구성되었다. a와 b가 "我喜欢看月亮"이라는 하나의 화제를 이루고 c에서 새로운 화제로 시작되어 c와 d가 "月亮又大又圆"란 화제를 이루며 e에서 또 다른 하나의 화제 즉 e ~ j는 "这年中秋节我看了月亮"라는 화제를 다루고 있다. 첫 번째 화제와 세 번째 화제 사이에는 뜻이 전환을 가져왔을 뿐만 아니라 의미도 같지 않다. 때문에 f문장은 앞 문장의 내용을 그대로 이을 수 없는데 주어 "我"도 생략해서는 안 된다. 예문 (7)에서는 서로 다른 화제 사이에 부동한 두 인물이 엇갈려 나타난다. 이런 경우에 생략을 하면 문장의 의미가 더 애매모호하게 되기에 더구나 생략할 수 없다.

2. 관형어생략

중국어와 한국어에서 종속관계를 나타내는 명사성 성분은 일정한 문단환경에서 가끔 생략될 수 있다. 중국어에서 두 가지 조건에서 종속을 나타내는 인칭대명사를 생략할 수 있다. 한 가지는 동일한 화제

련안에 나타나는 여러 개 문장이 있지만 전반 화제와 문장마다의 명사가 나타내는 사람이나 사물이 일치할 경우 그 관형어는 종종 생략할 수 있다. 다른 한 가지는 "나"와 모종의 특수관계를 갖고 있는 인물(친척 혹은 친구 등)을 서술하는 경우, 제목 혹은 문장의 서두에서 이런 종속관계를 설명하였다면 문장의 뒷부분에서 종속관계를 나타내는 대명사를 중복할 필요가 없이 생략할 수 있다. 종속관계의 대명사를 생략하는 방식에서 중국어와 한국어는 기본상 비슷하다. 한국학생들은 중국어와 한국어가 관형어 생략에서 가지는 대응관계에 대해 잘 이해하지 못했기에 습작 가운데서 생략해야 할 관형어를 생략하지 않는 오류가 자주 나타난다. 이런 오류는 모두 12건이 있는데 전체 생략 오류의 13%를 차지한다. 예를 들면:

(1) 我和我的妈妈说完, 又和我的爸爸也说了。当然我的爸爸也是同意我的意见。

→ 我和妈妈说完, 又和爸爸也说了。当然爸爸也是同意我的意见。

(2) 我的爸爸妈妈都住在仁川, 我的爸爸是老板, 我的妈妈是一个家庭主妇。

→ 我的爸爸妈妈都住在仁川, 爸爸是老板, 妈妈是一个家庭主妇。

예문 (1)에는 문장이 모두 세 개 있다. "妈妈", "爸爸" 앞에 모두 대명사 "我"로 종속관계를 나타냈는데 거추장스러운 감을 준다. 괄호안의 "我的"를 삭제해야 한다.

제2절 호 응

호응은 상하문에서 이미 서술했던 언어단위나 의미를 아래 문장에서 다시 서술하는 형식이다. 주로 명사, 대명사와 영형식이 있다. 중국어의 호응원칙은 문장의 언어가 뚜렷하고 명확하게만 표현된다면 영형식을 사용할 수 있는 문장에 일반적으로 대명사를 쓰지 않으며 대명사를 쓸 수 있는 문장에 일반적으로 명사를 쓰지 않는다. 통계에 의하면, 한국학생의 습작에서 나타난 호응 오류가 30건인데 모든 문장 오류 가운데서 13.3%를 차지한다.

1. 대명사 호응을 명사 혹은 영형식 호응으로 틀리게 사용한 오류

중국어 서술문단에서 대명사 호응의 원칙은 대개 세 가지가 있다. 첫째는 의미상 일정한 전환이나 변화가 있는 여러 화제일 경우, 그 차이가 비교적 크다면 영형식보다 의미가 더 구체적인 대명사로 호응한다. 둘째는 문단에서 나타나는 인물이나 사물이 동일하다면 일반적으로 대명사를 쓴다. 세 번째는 접속사와 시간사 뒤에 오는 문장에서는 일반적으로 대명사를 쓰도록 한다.21) 하지만 한국어는 상술한 조건에서 일반적으로 전부 다 영형식을 사용한다. 한국학생들은 중국어 대명사 호응에 대해 이해가 부족하고 원어의 영형식의 영향을 받아 습작에서 아래와 같은 오류가 자주 나타난다. 예를 들면:

(1) a妈妈每天都很忙, b常常很晚回家。c因为妈妈开了一家商店。

   → a妈妈每天都很忙, b常常很晚回家。c因为她开了一家商店。

(2) a我在高中学习的时候, b学过有关毕加索的文章, c也看过毕加索的作品。

---

21) 高宁慧, 「留学生的代词偏误与代词在篇章中的使用原则」, 『世界汉语教学』 1996年第2期。

→　a我在高中学习的时候，b学过有关毕加索的文章，c也看过他的作品。

(3) a我的妈妈是全身心为了孩子的人，　b特别是在学习方面。c所以，我的妈妈对孩子的期望值也很高。

→　a我的妈妈是全身心为了孩子的人，b特别是在学习方面。c所以，她对孩子的期望值也很高。

(4) a我小的时候，b妈妈家务负担很重，c所以妈妈没有时间和精力追求自己的爱好。

→　a我小的时候，b妈妈家务负担很重，c所以她没有时间和精力追求自己的爱好。

(5) a可利不像一般的狗，b过于温顺，c害怕陌生人。d[　]一看到陌生人就叫，　e不过人家一吓唬它就消失得无影无踪，　f很有意思吧。g我们从来没有拴过它，h因为知道它胆小，j不会伤害别人。

→　a可利不像一般的狗，b过于温顺，c害怕陌生人。D它一看到陌生人就叫，　e不过人家一吓唬它就消失得无影无踪，f很有意思吧。g我们从来没有拴过它，h因为知道它胆小，j不会伤害别人。

(6) a总的来说，b进都狗是韩国国宝。c[　]非常勇敢而聪明，d又顺从主人，e所以人们都很喜欢它。

→　a总的来说，b进都狗是韩国国宝。C它非常勇敢而聪明，d又顺从主人，e所以人们都很喜欢它。

예문 (1)~예문 (4)에서 대명사 호응을 명사호응으로 잘못 이해했다. 예 (1) c의 "妈妈"는 "她", 예 (2) c의 "毕加索"는 "他" 예 (3) c의 "我的妈妈"는 "她"로, 예 4) c의 "妈妈"는 "她"로 바꾸어야 한다.

한국학생들이 정확하게 사용한 대명사 호응실례에 대한 분석을 통하여 이미 중국어 대명사 호응에 대해 일정하게 장악했다는 것을 알 수 있다. 앞 문장의 목적어가 뒤 문장의 주어로 될 때 일반적으로 대명사로 호응한다. 예를 들면 "韩国有一个演员叫BOA, 她才19岁, 可是在韩国, 日本很有名气。" "上高中的时候, 我们去了济州岛, 那儿有一座山, 叫寒拉山。"앞 문장의 주어(불확정적인 대상으로 된 명사성 성분이 주어로 될 때)가 뒤 문장의 주어로 될 경우, 일반적으로 대명사로 가리킨다. 예를 들면, "(这篇文章的)主人公是很平凡的10岁孩子, 他总是想少工作, 多玩儿。" "如果一个人对我很热情, 我应该感谢她。"하지만 앞 문장에서 확정된 대상의 명사성 성분이 뒤 문장의 주어나 관형어로 될 경우, 한국학생들은 대명사로 호응시키면 언어표현이 명확하지 않고 완정하지 못한다고 생각하는데 이것은 중국어 대명사 호응에 대한 잘못된 이해이다.

예문 (5)~예문 (6)은 중국어 대명사호응을 영형식 호응으로 오해한 것인데 이것은 한국어 영형식 호응의 영향을 받았기 때문이다. 예문 (5) d의 괄호 안에 대명사 "它"를 써야 하고 예문 (6)에서 c 괄호 안에 "它"를 써야 한다.

2. 영형식 호응을 대명사 호응 혹은 명사 호응으로 잘못 이해한 오류

중국어에서 문장의 영형식 호응원칙은 아래와 같다. 첫째, 문장들이 동일화제일 경우 일반적으로 영형식 호응을 한다. 둘째, 문장 가운데 나타난 인물이나 사물이 단일할 경우, 영형식 조응을 한다. 셋째, 存现句에서 명사성 성분이 뒤 문장의 주어로 될 경우, 영형식 조응을 한다.22) 한국어도 상술한 조건하에서 영형식 호응을 자주 쓰는데 이것은 중국어와 같다. 중국어에는 문장과 문장 사이를 약간 중단하며 그 사이에 반점이나 반구절점으로 표시하여 구조상에서 독립적이기 때문에 한국학생들은 매 문장마다 반드시 주어와 술어가 있어야 하고 그렇게 하지 않으면 문장의 표현이 명확하지 못하고 구조가 불완정한 것으로 오해한다. 때문에 아래와 같은 오류가 많이 나타나게 된다. 이런 오류는 모두 12건인데 호응오류의 40%를 차지한다. 예를 들면:

(1) a比如说有两个女孩, b她们毕业于同一所大学。c第一个女孩是系里最优秀的学生, d她会说汉语, 英语, 日语, e她能力很强, f但她长得难看。g另一个女孩, h她只会说汉语, j她成绩很一般, k但她长得漂亮。在这样的情况下, 长得漂亮的女孩更容易找工作。

→ a比如说有两个女孩, b她们毕业于同一所大学。c第一个女孩是系里最优秀的学生, d会说汉语, 英语, 日语, e能力很强, f但长得难看。g另一个女孩, h只会说汉语, j成绩很一般, k但长得漂亮。在这样的情况下, 长得漂亮的女孩更容易找工作。

(2) a爷爷去世之前, b爸爸在银行工作, c爸爸工资不少也不多, d正好能养活一家。

→ a爷爷去世之前, b爸爸在银行工作, c工资不少也不多, d正好能养活一家。

(3) a妈妈生气了, b妈妈把我扔在了公共汽车上。

→ a妈妈生气了, b把我扔在了公共汽车上。

예문 (1)의 c~f는 하나의 화제인데 "第一个女孩"이 어떻게 되었는

---

22) 高宁慧, 「留学生的代词偏误与代词在篇章中的使用原则」, 『世界汉语教学』 1996年第2期。

가라는 내용을 서술하고 있다. 때문에, d~f의 주어는 응당 영형식이여야 한다. g~k는 하나의 화제인데 "另一个女孩"이 어떻게 되었는가 하는 내용을 서술하고 있다. 때문에, h~k의 주어는 응당 영형식이여야 한다. 예 (2)는 다만 하나의 화제로 구성되었는데 "爸爸在银行工作"라는 사실을 서술한다. 때문에 c의 주어 "爸爸"를 영형식으로 고쳐야 한다. 예 (3)은 하나의 화제밖에 없는데 "妈妈生气了"를 서술하고 있다. 때문에 b의 주어 "妈妈"를 영형식으로 고쳐야 한다.

제3절 접속사

접속사는 중국어 편장을 연결하는 중요한 접속수단의 하나로서 주로 문장과 문장 사이의 추상적인 "논리-문법"관계를 나타낸다. 중국어 문장 사이의 관계가 복잡하고 매 관계마다 서로 다른 접속사로 나타내야 하며 접속사 내부에도 여러 가지 사용상의 제한이 있다. 게다가 한국어의 복합문 연결성분과 많은 차이점을 갖고 있기 때문에 접속사 수업은 줄곧 한국인을 위한 중국어의 문법교수의 중점과 남점으로 되어 왔다.

중고급단계의 한국학생들의 자연습작(160편작문) 가운데서 나타난 123개 복합문(중복된 것은 제외) 가운데 并列, 选择, 递进, 承接, 转折, 因果, 假设, 条件 등 여덟 가지 문장 간의 관계가 포함 되어 있다. 조사에 의해 우리는 아래와 같은 몇 가지 습득정황을 귀납해낼 수 있다.

1. 접속사의 습득특점

1) 한국학생들은 문단을 표현할 때 중국어의 여덟 가지 복합문관계가 다 나타나지만 장악한 정황은 그닥잖다. 예를 들면, 递进关系는 일반적으로 "不但……而且……"만 사용할 뿐 "不仅……而且……", "……甚至……" 등 접속사는 적게 사용하거나 아예 모르고 있다. 전환관계는 다만 "虽然……但是(可是)……"을 사용할 뿐 "……不过……", "尽管……然而……" 등 접속사는 쓸 줄 모른다. 다시 말하면, "접속사의 장악량이 적으므로 하나 혹은 비교적 간단한 접속사만 자주 사용한다"[23]

2) 한국학생들이 사용하는 접속사는 사용빈도가 높은 것으로부터 배열하면 차례로 "虽然……但是(可是)……", "不但……而且……", "因为……所以……"이며 사용빈도가 비교적 낮은 것은 차례로 "如果……就……", "不是……而是……", "既……又……", "只要……就……", "只有……才……"이다. 오류율이 비교적 높은 것으로부터 차례로 배열하면 전환관계를 나타내는 "虽然……但是(可是)……", 인과관계를 나타내는 "因为……所以……"와 점진관계를 나타내는 "不但……而且……" 주요한 오류 유형은 접속사의 잘못된 사용, 생략 및 결합상 오류이다.

3) 같은 부류의 접속사 사이의 차별을 장악하지 못했다. 예를 들면, "因为……所以……"와 "既然……就……"를 비교하면 전자는 객관성적인 서술이 주되지만 후자는 주관성 추측이 주된 것이다.[24] "只要……就……"와 "只有……才……"를 볼 때 전자는 충분조건을 나타내지만 후자는 유일조건을 나타낸다.

4) 하나의 접속사를 여러 번 중복사용하기에 문단전체의 표현이 유

---

23) 郭頴雯, 「篇章语言学与语段 语篇口语教学」, 『语言教学与研究』, 2003年第5期.
24) 邢福义, 「汉语复句研究」, 北京: 商务印书馆, 2001年。

창하지 못하고 무미건조하며 구조가 엄밀하지 못하다. 예를 들면, "吸烟是一种个人的爱好和自由，所以我们应该尊重吸烟者，但是对不吸烟的人来说，烟味儿真不好，而且嗓子也很痛，对他们很难受的事情，但是他们不能每次批评吸烟者。因为吸烟是一种自由。"

5) 접속사의 지나친 사용. 어떤 문단에서는 거의 매개 문장마다 관련사를 사용하는데 틀리지는 않지만 꼭 어색한 감을 준다. 예를 들면, "有人认为吸烟因为是人的自由，所以在任何地方吸烟都无所谓，但是我认为吸烟不是个人问题，而是侵害公众健康的事。"

2. 접속사의 오류 유형

조사에 의하면, 접속사오류는 한국학생들의 중국어 습작오류의 31.1%로서 생략오류(48.8%) 버금으로 간다. 오류 유형은 주로 아래 세 가지로 귀납한다.

1) 접속사의 잘못된 사용

문장 사이의 논리적 관계에 따라 부동한 접속사를 적절하게 사용해야 하는데 한국학생들은 원어의 부사의 영향과 중국어 복합문에 대한 표층적 이해로 인하여 복잡하고 심층적인 의미적 논리관계는 잘 파악하지 못하고 있다. 때문에 접속사를 잘못 골라 쓰는 오류가 많이 나타난다. 이런 유형의 오류는 모두 35건이 있는데 전체 접속사오류의 50%를 차지한다. 예를 들면,

    (1) a我们到哈尔滨的时候是零下四十度，b冷得受不了。c但是，哈尔滨给我们的印象很好，d街道干净，e还有人们都很热情。

        → a我们到哈尔滨的时候是零下四十度，b冷得受不了。c但是，哈尔滨给我们的印象很好，d街道干净，e而且人们都很热情。

(2) a我们都很累，b还有爸爸开车，c但是我们全家人都谈笑风生。d过了四个多小时，e终于到了江原道。

　　→ a我们都很累，b爸爸又开车，c但是我们全家人都谈笑风生。d过了四个多小时，e终于到了江原道。

(3) a杰克从来没见过这样漂亮的自行车，b所以很想拥有它，c可是爸爸不给他买，d还有杰克没钱，e因此他很苦恼。

　　→ a杰克从来没见过这样漂亮的自行车，b所以很想拥有它，c可是爸爸不给他买，d杰克又没钱，e因此他很苦恼。

(4) a爸爸既失去了工作，b又欠了很多债，c所以每天爸爸和妈妈都吵架。d那时侯，e家里的情况很不好，f妈妈每天担心我们四个孩子的教育问题。

　　→ a爸爸不但失去了工作，b而且欠了很多债，c所以每天爸爸和妈妈都吵架。d那时侯，e家里的情况很不好，f妈妈每天担心我们四个孩子的教育问

(5) a有两个女人，b一个是跟要能力有能力，要钱有钱的男人结了婚，c而且丈夫对她很好，d孩子也争气，很听话，e而且别人都羡慕她。

　　→ a有两个女人，b一个是跟要能力有能力，要钱有钱的男人结了婚，c而且丈夫对她很好，d孩子也争气，很听话，e所以别人都羡慕她。

(6) a儿子很想买一辆自行车，b但爸爸没给他买，c所以给他想了一个办法。

　　→ a儿子很想买一辆自行车，b但爸爸没给他买，c而给他想了一个办法。

(7) a<u>虽然</u>你和妈妈很希望我去中国留学, b<u>可是</u>我也很愿意去。

    → a<u>不但</u>你和妈妈很希望我去中国留学, b<u>而且</u>我也很愿意去。

(8) a最近我的心情不太好, b不知道是什么原因, c<u>但是</u>什么都不想
做, d变成了无精打采的人。

    → a最近我的心情不太好, b不知道是什么原因, c<u>所以</u>什么都
不想做, d变成了无精打采的人。

예문 (1)~예문 (3)은 한국어 부사 –'또'의 영향으로 인해 나타난 오류이다. 한국어에서 부사는 뜻이 풍부하고 용도가 많으며 사용빈도가 높다. 사용범위상에서도 중국어보다 넓다. 이런 오류는 학습자의 중국어 학습단계의 높고 낮음과 상관없이 보편적으로 존재하는데 다만 그 정도에 차이가 있을 뿐이다. 예 (1) d와 e 사이는 점진관계로서 응당 "而且"를 써야 한다. 예 (2) a와 b 사이는 점진관계로서 "爸爸又开车"로 고쳐야 하고 예 (3)도 이와 같은 유형에 속한다.

예 (4)~예 (8)은 구절 사이의 논리적 관계를 잘 파악하지 못한 데서 생긴 오류이다. 예 (4) a와 b 사이는 얼핏 보기에는 대등관계처럼 보인다. 때문에 "既……又……"를 사용했다. 하지만 심층적으로 볼 때 응당 점진관계를 나타내는 "不但……而且……"을 써야 한다. 예 (5)는 복합문으로서 b와 c 사이는 점진관계이고 b, c, d와 e 사이는 점진관계가 아니지만 점진관계를 나타내는 "而且"를 썼다. 응당 인과관계를 나타내는 "所以"를 써야 한다. 예 (6) a, b와 c 사이는 얼핏 보기에는 인과관계처럼 보인다. 때문에 "所以"를 사용했지만 심층적으로 볼 때 대등관계를 나타내는 "而"를 사용해야 한다. 예 (7) a와 b 사이에는 전환을 나타내는 "虽然……, 但是……"를 썼는데 응당 점진관계를 나타내는 "不但……, 而且……"를 써야 한다. 예 (8) a, b와 c 사이는 전환관계가 아니기에 인과관계를 나타내는 "所以"로 표현해야 한다.

2) 접속사를 생략하는 오류

점진과 선택을 나타내는 대등복합문에서 일반적으로 접속사를 쓴다. 하지만 연합과 접속관계를 나타내는 복합문에서는 접속사를 쓰지 않을 수도 있다.25) 단문사이의 관계가 선명할 때는 일반적으로 접속사를 쓰지 않는다. 偏正复句에서는 일반적으로 접속사를 쓰지만 구절 사이의 관계가 분명할 경우에는 앞 구절의 접속사는 생략할 수 있지만 뒤 구절의 접속사는 생략하지 못한다.26) 중국어에서 소수의 접속사만이 문장 가운데 술어 앞에 놓이고 대부분은 그 문장의 맨 앞, 주어 앞에 온다.27) 하지만 한국어 복합문에서 구절 사이의 관계 역시 접속사로 연결하지만 한국어에서는 접속사라고 하지 않고 연결어미라고 하는데 대부분 연결어미가 구절의 맨 끝에 오고 다만 일부분만이 문장 머리나 가운데 온다. 게다가 이런 연결어미는 단음절 혹은 이음절이 비교적 많다. 한국학생들은 일부 접속사의 隐现규칙에 대한 이해가 부족하고 한국어의 연결어미의 영향으로 구절과 구절 사이에 접속사를 사용해야 하는 필요성을 잘 모르기에 생략하지 말아야 할 곳에서는 생략하고 생략해야 할 곳에서는 생략하지 않아 구절 사이의 뜻이 맞물리지 않거나 애매해지는 경우가 나타난다. 이런 유형의 오류는 23건인데 전체 접속사오류의 32.8%를 차지한다. 예를 들면,

(1) a现在的孩子连自己的衣服都不会洗。b他们长大以后上了大学, c其中有很多孩子不适应大学里的生活, d有的孩子[　]退学了。

---

25) 李德津　程美珍. 外国人实用汉语语法[M], 第641页, 第660－662页. 北京: 华语教学出版社, 2003.

26) 李德津　程美珍. 外国人实用汉语语法[M], 第641页, 第660－662页. 北京: 华语教学出版社, 2003.

27) 金晓艳　彭爽. 汉语篇章中后时连接成分的隐现[J]. 世界汉语教学, 2005(4) 第70页.

→ a现在的孩子连自己的衣服都不会洗。b他们长大以后上了大学，c其中有很多孩子不适应大学里的生活，d有的孩子<u>甚至</u>退学了。

(2) a总之，我认为吸烟绝对不是个人的事情，b[　]侵害公众健康的事。

　　→ a总之，我认为吸烟绝对不是个人的事情，b<u>而是</u>侵害公众健康的事。

(3) a我也要这样教育儿子，b与其替儿子做事，c[　]教给他做事的方法。

　　→ a我也要这样教育儿子，b与其替儿子做事，c<u>不如</u>教给他做事的方法。

(4) a爸爸的收入不多，b[　]家里总是缺钱。

　　→ a爸爸的收入不多，b<u>所以</u>家里总是缺钱。

(5) a我很喜欢跟别人打交道。b[　]来中国这么多年，c没有多少中国朋友。

　　→ a我很喜欢跟别人打交道。B<u>但是</u>来中国这么多年，c没有多少中国朋友。

(6) a这说明通过逆境可以得到更大的进步，b[　]没有冒险，c也没有灿烂的未来。

　　→ a这说明通过逆境可以得到更大的进步，b<u>也就是说</u>没有冒险，c也没有灿烂的未来。

(7) a登山的时候，b谁都想一步登到山顶，c但这是不可能的。d[　]一步一步走，e付出一定的代价，f[　]能到达山的顶端。

　　→ a登山的时候，b谁都想一步登到山顶，c但这是不可能的。D<u>只有</u>一步一步走，e付出一定的代价，f<u>才</u>能到达山的顶端。

예문 (1) c와 d 사이는 점진관계로서 [ ]안에 "甚至"를 보충해야
한다. 예 (2) a와 b 사이는 선택관계기에 "不是"를 써야 한다. 예 (3)
b와 c 사이는 선택관계기에 응당 "不如"를 보충해야 한다. 예 (4) a와
b 사이는 인과관계를 나타내기에 "所以"를 써야 한다. 예 (5) a와 b,
c 사이는 전환관계기에 "但是"를 써넣어야 한다. 예 (6) a와 b, c 사
이는 해설의 관계. 그러므로 "也就是说"를 써야 한다. 예 (7) d, e와
f 사이는 조건관계기에 "只有……才……"를 써야 한다.

3) 접속사의 잘못된 결합

중국어의 어떤 접속사는 앞뒤로 짝을 지어 사용하는데 만약 장가의
갓을 이가가 쓴 격으로 그 짝이 어울리지 않으면 구절지간의 뜻을 정
확하게 표현할 수 없다. 한국학생들은 중국어 접속사에 관한 지식을
많이 장악했지만 연습이 부족하여 오류가 많이 나타난다. 이런 오류는
모두 12건이 있는데 전체 접속사오류의 17.2%를 차지한다. 예를 들면,

   (1) 总的来说, 无论自己的处境多么不好, 可是不能灰心, 最重要的
       是相信自己。

       → 总的来说, 无论自己的处境多么不好, 都不能灰心, 最重要
       的是相信自己。

   (2) 我以后不但要辅导好孩子们的功课, 而帮助他们树立远大的理想。

       → 我以后不但要辅导好孩子们的功课, 而且帮助他们树立远
       大的理想。

   (3) 那些孩子们不但不知道去珍惜它, 而且动不动丢失它。

       → 那些孩子们不但不知道去珍惜它, 反而动不动丢失它。

   (4) 虽然中国的家庭只有一个孩子, 因而更需要培养孩子的独立能力。

       → 虽然中国的家庭只有一个孩子, 但是更需要培养孩子的独

立能力。

(5) 我觉得有钱的<u>不是这些孩子, 就是</u>他们的父母。

→ 我觉得有钱的<u>不是这些孩子, 而是</u>他们的父母。

예 (1)에서 "无论"과 결합해 쓸 수 있는 접속사는 "都, 也"이고 예 (2)에서 "不但"과 결합해 쓸 수 있는 접속사는 "而且" 혹은 부사 "还"이며 예 (3)에서 "不但不"와 결합해 쓸 수 있는 접속사는 응당 "反而"이다. 예 (4) "虽然"과 결합해 쓸 수 있는 접속사는 "但是"이고 예 (5)의 "不是"와 결합해 쓸 수 있는 접속사는 "而是"이다.

3. 맺는 말

한국학생들의 접속사 습득정황과 그 오류유형에 대한 분석을 조사한 결과, 우리는 아래와 같은 몇 가지 초보적인 인식을 얻을 수 있다.

1) 중고급단계의 한국학생들이 전면적이고 체계적으로 중국어 접속사를 장악하자면 아직 일정한 거리가 있다. 한국학생들은 일정 수량의 접속사를 장악했고 습작에서 사용하는 빈도도 높지만 매 한 가지 복합문관계에서 단 한 가지 접속사만 반복사용할 뿐 상관되는 기타 관련사는 피하는 방법을 취하고 있다. 예를 들면, 전환관계를 나타낼 때 대부분 학생들은 다만 "虽然……但是……" 이 한 가지 접속사에만 제한되었는데 "……可是……", "……不过……", "尽管……然而……" 등 접속사는 거의 사용하지 않는다. 이런 현상은 한국학생들이 접속사습득이 불균형적이며 일정한 제한성이 있다는 것을 말해준다.

2) 한국학생들은 접속사 학습에서 주로 아래와 같은 몇 가지 영향을 받는다.

(1) 같은 부류의 접속사지간의 문법상 차이점이 학생들의 학습난도

를 높여주었다. 중국어는 한 가지 복합문관계를 나타내는데 여러 가지 접속사를 쓸 수 있거니와 그들 사이에는 또한 의미, 문법, 용법상에서 세밀한 차이도 있다. 이런 문제는 학습자에게 일정한 어려움을 가하였다. 예를 들면, 선택관계는 주로 "或者……或者……", "要么……要么……", "不是……就是……" 등 접속사로 나타내는데 "或者……或者……"가 대표성을 띤다. 이 관련사는 일반적으로 임의로 선택을 나타내면서 어조가 비교적 영활지만 후자들은 제한된 선택을 나타내면서 어조가 긍정적이면서도 그들 사이 역시 약간의 차이를 보이고 있다. 예하면, 구조조직에서 "要么……要么……"는 비교적 여유가 있지만 "不是……就是……"는 비교적 딱딱하다.28) 단어조합에서 전자는 비교적 단순하지만 후자는 비교적 다양하다. 의미상에서도 서로 다른 표현 범위와 치중점이 있다. 조사에 의하면, 한국학생들은 "或者……或者……"는 정확하고도 빈번하게 사용하지만 기타 접속사 사용은 아주 적다. 기타 관계를 나타내는 접속사에 대한 장악도 이와 마찬가지다. 대표성을 띤 접속사는 비교적 잘 장악하고 자주 사용하는 편이지만 같은 부류의 다른 연결어미는 일반적으로 회피하는 책략을 쓴다.

(2) 접속사교학에 존재하는 문제는 학습효과에 직접적인 영향을 준다. 그 하나는 주로 대외중국어 교재의 접속사 문법에 대한 설명에서 체현된다. 예를 든다면 어떻 회화교과서에서는 처음으로 과문에서 나타나는 "因为……" 或 "……所以……", "……可是……" 등 접속사에 대해서 전혀 설명을 가하지 않았다. 또 예하면 어느 고급 중국어 교재에서는 "或者……或者……", "不是……就是……" 등과 같은 여러 가지 같은 관계를 나타내는 동류의 접속사가 나타났지만 문법 및 응용 면에서 보이는 차이점에 대해서는 설명하지 않았다. 교재를 편성한 분은

---

28) 邢福义. 汉语复句研究[M], 第73页, 第258页. 北京: 商务印书馆, 2001.

아마 이런 접속사가 초급과 중급 단계에서 이미 학습했기에 다시 중복할 필요가 없다고 생각했을 것이다. 하지만 고급단계에서 학습중점이 편장교학인 만큼 학생들이 구절로 단락을 구성하고 단락으로 다시 텍스트를 구성하는 능력을 배양하자면 접속사의 교학을 떠날 수 없는 것이다. 다른 하나는 대외 중국어 교사 자체가 필요한 접속사 지식이 결핍하다. 예를 들면 같은 부류의 접속사지간의 용법차이와 문법제한 등 지식이 결핍하다. 또한 학생들이 접속사 습득과정에 존재하는 문제에 대한 요해가 없기에 접속사 수업에서 중점과 난점이 없이 교과서에만 의거한 맹목적인 수업에 그치게 된다. 학생들의 학습실제를 떠난 목적 없는 교수는 상응한 교수효과를 거둘 수 없기 마련이다.

(3) 원어의 영향을 받는다. 중국어와 한국어에서 어떤 복합문연결성분은 空缺로 나타나고 완전하게 대응되지 않는다. 이것은 한국학생들이 중국어 접속사를 학습하는 데 큰 영향을 미치고 있는데 오류가 생기거나 일부 접속사의 사용을 피하는 주요한 원인으로 된다. 접속사의 생략오류는 모든 中介语에서 차지하는 비율이 가장 크다.

3) 한국학생들의 접속사에서 나타나는 오류를 해결하자면 습득효율을 높여야 한다. 우선 교재 편집자들이 교재에 접속사에 관한 문법을 보충하고 풍부하게 하여 수업의 목적성을 높여야 한다. 다음으로 교원이 매 접속사의 수업 중점과 난점을 합리하게 정해야 한다. 필자가 생각하기에는 짝을 이루어 사용하는 접속사의 결합특점, 접속사가 문장 중에서 나타나지 않는 조건, 접속사의 문법분포, 동류의 접속사의 차이점 등 네 개 방면으로 접속사 수업을 장악한다면 비교적 합당할 것 같다.

제4절 단어연결

텍스트에서 문장과 문장을 뛰어 넘는 두 개 혹은 그 이상의 어휘사이에 의미적인 연결이 나타나는데 단어연결이라고 한다. 여기에는 중복, 동의어와 근의어 및 상하문의 의미관계, 다의어 등이 있다. 한국유학생들에게서 나타나는 단어연결 오류는 모두 13건이 있는데 전체 문장오류의 5.92%를 차지한다. 예를 들면,

(1) 从小他家就很贫穷。爸爸早就去世了， 妈妈在菜市场卖海鲜。在这样贫穷的情况下， 他努力学习， 成绩很好。每天下课回家, 帮妈妈卖海鲜。一直到他长大以后， 也每天帮助妈妈。他虽然贫穷, 可是对生活充满了信心。

→ 从小他家就很贫穷。爸爸早就去世了， 妈妈在菜市场卖海鲜。在这样贫困的情况下， 他努力学习， 成绩很好。每天下课回家， 帮妈妈卖海鲜。一直到他长大以后， 也每天帮助妈妈。他虽然贫寒, 可是对生活充满了信心。

(2) 在韩国, 特别看重外貌, 特别是女人找工作的时候。

→ 在韩国, 很看重外貌, 特别是女人找工作的时候。

(3) 人和人第一次见面的时候, 首先看到的是外貌, 所以, 人们常常按照外貌判断一个人。

→ 人和人第一次见面的时候, 首先看到的是外貌, 所以, 人们常常按照外表判断一个人。

예문 (1)~예문 (3)은 어휘가 중복된 오류이다. 어떤 상황에는 내용을 강조하거나 두드러지게 표현하거나 특정된 감정 혹은 사상을 나타내기 위해서는 동일한 단어를 여러 번 중복할 수 있다. 예문 (1)에서 "贫穷"을 세 번이나 중복하여 "他家贫困"이란 내용을 강조하려 했으나

문장이 오히려 단조롭고 메마르게 되었다. 만약 두 번째 "贫穷"을 그의 동의어 "贫困"으로 고치고 세 번째 "贫穷"을 "贫寒"으로 고친다면 아주 좋은 표현효과를 거둘 수 있다. 예문 (2)의 중복된 "特别"에서 첫 번째 것을 "很"으로 고치고 예문 (3)에서는 두 번째 "外貌"를 "外表"로 고쳐 표현효과를 높일 수 있다.

이 외에도 교체오류, 구문오류, 지시오류 등이 있는데 그 수량이 많지 않다. 여기서는 분석하지 않기로 한다.

韩国留学生篇章偏误一览表

	偏误类型	偏误数量	小类百分比	大类百分比
省略	省略主语	80	87%	48.8%
	定语省略	12	13%	
	合计	92	100%	
照应	代词照应误为名词照应或零形式照应	18	60%	13.3%
	零形式照应误为代词照应或名词照应	12	40%	
	合计	30	100%	
关联词语	省略关联词语	23	32.8%	31.1%
	关联词语搭配不当	12	17.2%	
	错用关联词语	35	50%	
	合计	70	100%	
词汇衔接	词汇重复	13	100%	5.92%
总合计		225	100%	100%

우리는 생략, 호응, 관련사, 단어연결 등 4개 방면으로 한국학생들에게서 나타나는 텍스트오류를 조사하였다. 총체적으로 볼 때 생략오류가 차지하는 비율이 비교적 높고 차례로 관련사오류, 호응오류이다.

한국학생들의 텍스트오류는 한 측면에서 중국어 문단수업에 존재하는 문제를 체현하였다. 예하면 교재에 체계적인 문단지식과 문단훈련 항목이 없다든가 많은 교사들이 문단교수에 대한 의식이 없을 뿐만 아니라 문단교수에 포함된 내용 및 학생들에게 어떤 문단능력을 양성시켜줘야 하는가를 모르고 있다든가 교수내용에서 문장설명에만 중점을 두고 단일문 이외의 수업은 다만 관련사의 수업에 그쳤을 뿐 문단차원에서의 생략, 호응, 시간사 등 텍스트의 중요한 연결수단에 대해서는 거의 언급하지 않을뿐더러 언어시험부분은 더욱이 비어 있다. 이런 문제를 해결하려면 교재 편집자들이 빠른 시일 내에 중국어 텍스트지식과 연습항목을 교재에 편찬해 넣음과 동시에 반드시 그것이 수업에서 쉽게 진행할 수 있도록 보장할 수 있어야 한다. 다음으로는 교사의 해설과 학생들의 실제연습을 거쳐 학생들로 하여금 중국어의 생략, 호응, 관련사, 시간사 등 문법규칙을 장악할 수 있도록 해야 한다.

텍스트수업은 고급중국어수업의 모든 부분에 보급되어야 한다. 우선 모범적인 문장에 대한 해설에서 한자와 어휘, 문장에 대한 해설, 과문내용에 대해 이해하고 문단의 구성을 분석한 기초상에서 과문에서 나타난 주요한 맞물림과 연결방식을 강의한다. 예하면 생략, 호응, 관련사, 시간사, 처소사, 단어맞물림 등이다. 그리고 이런 연결방식으로 다양한 문단습작 연습을 한다. 다음은 작문 평가이다. 오류분석은 작문평가의 하나의 중요한 내용으로서 중점을 문장의 오류분석에 두어 학생들로 하여금 문장의 연결방식을 공고히 장악하도록 해야 한다.

오류의 생성기제와 오류를 해결하는 책략

제1절 오류생성기제

제2언어 습득과정은 일반적으로 언어입력→대뇌의 인식처리→언어 출력로 되어 있다. 오류생성 机制를 탐구하기 위하여, Levelt(1989)언 어산출 모식과 Anderson(1983)인지학습모식에 근거하여 또 제2언어 학습의 교실환경요소를 검토하여 제2언어습득과정을 제2언어입력→주 의→인지학습기제→연습→언어산출 기제→제2언어출력로 구분한다. 소 리 및 문자형식의 제2언어의 수출이 학습자의 주의를 환기시키고 접수 되며 인지학습机制의 처리를 거쳐 제2언어의 진술적 지식으로 된다. 또 반복 연습을 거쳐 절차적 지식으로 되고 언어 산출机制를 거쳐 제2 언어의 수출을 진행한다. 학습자가 언어습득 과정 중 어느 한 부분이 잘못 되면 잘못된 언어 출력이 생성된다. 본문은 오류현실에 근거하여 학습과정 차원으로부터 시험적으로 오류생성의 机制를 서술한다.

1. 제2언어의 입력기제

언어학습은 환경을 떠나지 못하고, 학습자가 위치한 환경은 언어학 습과정 중 생성한 오류에 중요한 작용을 한다. 환경은 주로 목적어를 사용하는 사회 큰 환경과 교실학습의 작은 환경이 포괄되고, 후자는 또 교사와 교재제공 등 각종 언어 입력이 포괄된다. 아래 교사와 교재 가 제공한 제2언어 수출만 논한다.

1) 교재 중 언어지식점의 편성에 존재하는 문제

본문 뒤의 새 단어 표에서 동형어의 해설로 예를 든다면 중국어의

"联系"를 "연결하다"로, "旅游"를 "여행하다"로 해석하였는데 이 두 단어가 통용할 수 있다는 것을 말해준다. 그러나 실제상 이 두 개 단어는 통용할 수 없는 경우가 있다. 한국어에서 단어의 뜻이 포함하는 범위가 중국어보다 넓다. 이와 같은 단어해석은 왕왕 동형어의 오류를 가져온다.

또 예하면 어느 한 초급강독교재의 방향보어의 편성을 본다면 학습자의 습득규율과 습득 특점을 충분히 고려하지 않고 중국어 방향보어 특점에서만 출발하여 단일하게 방향보어의 의미 및 분포에 대해서만 과다하게 소개했기에 학생들로 하여금 장악하기 힘들게 한다. 특히 학습자가 가장 나타나기 쉬운 오류용법에 대한 중점설명은 교재에서 찾아볼 수 없다.

2) 단어수업에 존재하는 문제

주로 두 가지가 있다. 하나는 단어해석에서 일반적으로 먼저 의미를 해석하고 그다음 용법을 설명한다. 만약 교사가 의미만 해석하고 의미의 부동한 사용범위를 홀시한다면 물론 학생들이 어느 한 의미는 요해하겠지만 의미결합 범위는 장악할 수 없음으로 실제 응용 중 오류가 나타날 수 있다. 예하면 "提高"는 주로 위치, 정도, 수준, 수량, 품질 등 방면에서 원래보다 높아졌다는 의미이고 의미적용범위는 "효율, 능력, 산량, 수준" 등이다. 만약 교사가 의미의 적용범위에 대하여 강조하면 의미상 오류를 피면할 수 있다. 둘째는 교실수업에서 단어연습이 지나치게 형식화 되었다. 술어동사와 목적어의 결합으로 놓고 말하자면 양자의 결합은 의미, 문법, 운율, 용법 등 제한을 받는다. 그러나 일부 교사의 현대중국어 문법지식의 결핍으로 인해 부동한 동사와 목적어의 결합이 가지는 특점에 대해 요해하지 못하여 교실연습 중

늘 학생들로 하여금 맹목적인 단어결합 혹은 문장 만들기를 연습시켜 치중점이 있는 지도를 진행할 수 없게 된다. 이런 연습은 학생들로 하여금 술빈구조에 대한 결합 특점을 장악하기 힘들게 하여 오류가 많이 나타난다.

2. 인지학습의 기제

Anderson(1982)는 어떠한 인지기능(언어기능 포괄)의 획득이든지 반드시 陈述性知识로부터 程序性知识의 전환을 거쳐야 한다고 인식한다. 정상적인 언어산출의 필요조건은 절차적 언어 지식이다. 진술적 지식은 "무엇인가"에 관한 지식을 가리키고 백과지식, 情景지식, 绘画지식 및 언어산출에 필요한 개념 및 어휘지식이 포함된다. 절차적 지식은 "어떻게 하는가"에 관한 지식을 가리키고 나타난 조건에 대한 하나하나의 동작규칙을 표징으로 삼는 생성식으로 체현된다. 진술적 지식으로부터 절차적 지식으로의 전환은 认知, 联想, 自主 3개 발전계단을 거쳐야 한다. 인지계단에는 진술적 지식만 있고, 진술적 지식은 해석의 방식으로 인출하고 속도가 매우 느리다. 연상 계단은 진술적 지식도 있고 절차적 지식도 있지만 인출속도는 역시 빠르지 못하다. 이 단계의 행위는 경상적으로 감시를 받지 않는 착오가 나타난다. 자주단계의 지식은 완전히 절차적이고 끊임없이 提炼 중이며 인출속도는 빠르다. 초중급 단계의 한국학생은 진술적 지식으로부터 절차적 지식으로 전환하는 연상단계에 처해 있고 인출지식의 속도가 느리고 오류가 많이 나타난다. 학습자가 결합, 절차화, 개괄, 구별, 강화 등 5가지 인지학습체계의 처리를 통과하여 언어입력을 진술적 지식으로 전환하고 또 반복적인 연습을 거쳐 진술적 지식을 절차적 지식으로 전환시키며 최종 언어산출체계를 거쳐 언어 생성이 되어 출력한다. 본문은 설명의 편리를 위하여 언어 산출체계 전의 몇 개 부분을 인지학습체계에 포괄하여 설명한 것이다. 학습자의 인지학습기제의 잘못으로 인해 오류가 나타나는 경우는 아래 몇 가지로 된다.

1) 과도개괄: 개괄은 규칙이 더 많은 경우에 응용하게 하는 것이다. 과도개괄은 규칙이 일정한 사용범위를 벗어나 나타난 오류를 말한다. 예하면 개사 "在", 중국어 장소 단어 앞에 개사 "在"를 써서 장소를 표시한다. 하지만 모든 장소 단어 앞에 개사 "在"가 오는 것은 아니다. 예하면 존현문에서 장소 단어 앞에는 개사 "在"를 쓰지 못하고 처소어가 문장에서 주어, 관형어로 될 때 개사 "在"를 쓰지 못한다. 지나치게 개괄하면 오류가 나타나게 된다.

2) 강화: 강화는 좋은 규칙을 강화하고 동시에 나쁜 규칙을 약화시키는 것을 가리킨다. 동형어를 놓고 말하면 중국어 단어의 뜻에 대응되는 동형어의 용법은 늘 강화되지만 의미가 대응되지 않거나 교차되는 것, 혹은 서로 다른 동형어인 경우에는 약화된다. 또 예하면 텍스트오류 중 전환관계를 나타내는 접속사에서 학습자는 "雖然--但是"에 대해서는 장악했지만 "--可是--", "--然而--", "--不过--" 등 규칙에 대한 장악은 부족하다. 그리고 보면 "雖然--但是"의 규칙은 부단히 강화하고 동시에 기타 전환관계를 표시하는 접속사의 용법은 약화된 것이다.

3) 진술성 지식: 진술성 지식은 "무엇인가"에 관한 지식을 가리키고 백과지식, 정경지식, 회화지식 및 언어산출에 필요한 개념 및 어휘지식이 포함된다. 제3장의 어휘오류는 대부분 학습자의 심리사전 중 제2언어의 어휘 결핍으로 인한 것이다. 언어인지가공의 상호작용모형(Rumelhart, 1985)에 근거하여, 어느 단어선택의 가능성은 그 단어자

신의 빈도, 주체가 그에 대한 익숙정도 및 언어환경조건에 의해 결정된다.(李荣宝, 1999) 한국학생은 사용빈도가 낮은 어휘에 대한 장악의 정보양이 적으며 이로 하여 어느 한 의미를 위한 언어재료 인출 시 늘 표현에 필요한 어휘를 인출하지 못하여 오류가 나타난다.

4) 조합 및 절차화: 조합机制가 대량적으로 접수한 언어입력에 대해 분석한 후 반복적으로 출현하는 언어형식을 조합하여 意群이나 구문구조를 단위로 하는 생성식을 구성한다. 몇 개의 의미군이 더 큰 생성식을 조합하고 의미군이 구문구조에 삽입하여 더 큰 생성식을 형성한다. 이러한 생성식은 반복적인 응용 혹은 연습을 거친 후 절차화될 수 있다. 절차화라는 것은 진술성 지식을 제외한 전체적으로 활성화될 수 있고 또한 전체적으로 사용할 수 있는 생산식을 가리킨다. 한국학생은 늘 조합체계에서 틀린 생성식이 나타나기에 절차화로 될 수 없다.

제2절 오류를 해결하는 책략

한국학생이 중국어를 학습하고 사용하는 과정 중, 오류가 나타나는 것은 피면할 수 없다. 관건은 어떻게 유효한 대책을 강구하여 오류를 바로잡고 학습자로 하여금 점차적으로 목적어에 접근하게 하는가이다. 오류생성의 원인 및 기제에 근거하여 아래 몇 가지 책략을 제출한다.

1. 오류현상을 중시하고 오류 자료 수집하고 오류규율을 찾아낸다

한국학생이 중국어를 습득하는 과정에 나타나는 오류는 중국어 교

172

사의 중시를 받지 못했다. 학생들이 구두어나 서면표현 중 나타나는 오류에 대해 중국어 교사는 즉시 오류를 발견하고 시정해준다. 구체적 방법은 이 말은 틀렸어요, 이렇게 말해야 되요. 왜 이렇게 고쳐야 하는지, 왜 이런 오류가 나타나는지 등 문제에 대한 교사의 중시가 모자란다. 그러므로 오류의 시정은 항상 형식화되고 이성적인 분석보다는 즉흥적인 시정에만 그치게 된다. 결과 어떤 오류는 한 번 시정한 다음에도 나중에 반복적으로 나타나게 되며 어떤 오류는 초급단계에서 나타나고 중급 심지어 고급에서도 중복적으로 나타난다. 이런 악성순환은 학습자의 제2언어능력의 제고에 영향을 주고 심지어 중국어 사유의 형성과 발전에 영향을 준다. 그래서 중국어 교사는 첫째는 오류현상에 충분한 중시를 돌려야 하고 오류의 중요성을 인식해야 한다. 둘째는 여러 경로 예하면 학생의 문제대답, 단어조합, 문장짓기, 습작, 담화 등 방식을 통하여 대량의 중국어 오류를 수집하여 분석, 정리하고 아래와 같은 문제를 사고해야 한다. 부동한 학습단계에서 문법, 어휘, 텍스트 등 오류의 비례가 어떠한지? 문법오류 중 어느 문법의 비례가 높은지? 어떤 요소가 제약하는지? 대비성 오류가 얼마인지? 비대비성 오류가 얼마인지 등 이런 문제에 대한 사고를 통해 규율과 특점을 찾아내야 한다.

2. 중국어 수업의 개진

한국학생의 중국어 오류는 한 개 측면으로부터 한국인을 위한 중국어교수 중에 존재하는 문제를 체현할 수 있다. 교재 중 동형어에 대한 해석을 예로 하면 형용사 "满意"는 "만족하다"로 해석하였다. 이 해석에는 문제가 있다. 한국어 "만족하다"는 중국어 "满意"보다 범위가 넓은데 중국어의 "满意"라는 뜻도 포함되어 있다. 예하면 그의 요구를 만족시킨다.(满足他的要求) 때문에 중국어의 "满意"와 한국어의 "만족하다"는 "소원이 이루어지다, 마음에 맞다"의 뜻을 나타낼 때는 통용할 수 있다. 기타 경우에는 통용할 수 없다. 교재에서 양자의 세밀한 차이를 구체적으로 정확한 설명을 지적하지 않았기에 경상적으로 혼용한다. 교실수업 중 조사 "了"의 용법을 예로 하면 어떤 교사는 교재의 문법에 따라 설명하고 교재에서 어떻게 설명되었으면 어떻게 설명하며 융통성 없이 틀이 박힌 대로 하며 한국학생들이 "了"를 배울 때 존재하는 문제를 무시하기에 수업이 착안점이 결핍하고 교수효과는 그다지 좋지 못하다. 또 텍스트교수를 예로 들면 우리의 교사는 아직 텍스트교수의 중요성을 인식하지 못했으며 교실수업에서 형태소, 단어, 문장의 해석에만 중시하고 단일문 이외의 교수는 단지 접속사의 교수에만 그쳤을 뿐이다. 문단의 차원에서 생략, 호응, 시간어 등 텍스트의 중요한 연결수단의 해석은 극히 적다.

중국어 교수의 개진을 위하여 아래 몇 가지를 하여야 한다.

교실수업은 목적성이 있어야 한다. 대외 중국어 교사는 먼저 학생의 문법, 어휘, 텍스트의 습득정황을 요해해야 하고 특히 오류의 생성정황을 요해한 후 학생의 실제에 결합하여 교수 중점과 난점을 확정하고 연습을 강화해야 한다. 동형어의 판별을 예로 들면 교사는 먼저 한국어와 중국어 동형어 사이의 차별이 주로 어떤 방면에서 표현되는지? 어느 것이 오류가 나타나기 쉬운지? 무엇 때문인지 등 문제를 요해해야 한다. 그다음 목적성 있게 단어와 문장에 대한 해석을 진행하고 양자의 세밀한 차이점에 대하여 중점적으로 해석하며 최후 연습을 진행하고 반복적인 연습을 통하여 학생들이 양자의 차이점을 장악하게 하여 이로 인한 오류의 조성을 피면한다. 기타 교수도 이와 같은 방식으로 추리하면 된다.

여러 가지 경로를 통하여 학생들 어휘량을 확대시킨다. 한국학생의 습작으로 보면 중급과 고급단계에서 장악해야 할 어휘량과 비해 아직 큰 거리가 존재한다. 일상생활용 어휘 이외 기타 어려운 어휘는 사용할 줄 모르고 초보적으로 이해하는 단계에 머무른다. 그리고 학생의 서면표현이 단조롭고 중복률이 높으며 구어체가 농후하다. 이는 학생들이 일상용어 장악이 부족하고 대뇌의 어휘가 활성화되지 못함으로 인하여 이미 배운 어휘를 투입 사용하지 못한다. 영국 심리학자 黙頓의 "단어생성모형"이론에 근거하면 학생 내부사전장치에 모 단어에 관한 누적된 전부 정보(청각, 시각, 의미, 어음, 어형)가 표준閾限을 초과했을 때 일종 반응을 일으키는 데 어음암호가 반응계통에 도달하여 단어가 입으로 나올 수 있다. 지금의 어휘수업으로는 학생들이 연관 동사의 정보량을 입력하고 단어생산 필요의 표준閾限에 도달하지 못함으로 많은 어휘가 활성화되지 못하고 침전된다. 중국어교사는 연관 어휘의 특징을 여러모로 제공하여 기억과 장악에 도움이 되게 해야 한다. 다음 학생들의 과외열독을 늘여 교실에서 배운 지식을 공고히 하고 어휘량을 늘일 수도 있다.

교재편집인원은 중국어연구 및 중국어와 한국어 대비연구의 최신성과를 끊임없이 관심하고 학습하여야 하며 교재에 편성해 넣어야 한다. 그리고 교재의 "문법지식", "단어해석", "연습" 가운데 합리적인 배치를 해야 한다. 예하면 동일한 구문의 부동한 용법 차이, 텍스트문법, 동형어대비 등 방면의 많은 최신 연구성과를 교재에 편성해 넣을 수 있다면 훨씬 좋은 효과를 얻을 수 있을 것이다.

3. 현재 중국어와 한국어 대비연구에 존재하는 문제

현재 중국어와 한국어 대비연구에는 주로 두 가지 문제가 존재한다. 첫째는 연구성과가 적다. 둘째는 대부분 대비성과는 주로 단순한 언어 사실대비를 치중점으로 하여 제2언어 학습에 근거를 제공하지 못한다. 이런 문제는 주요하게 연구에 종사하는 학자가 중국어와 한국어 교수 현황에 대한 요해가 적고 더욱이는 중고급 계단의 한국학생한테서 나타나는 오류에 대한 요해가 적기 때문이다. 때문에 언어교수와 언어연구가 발을 맞추지 못하는 현상이 나타난다. 중고급단계의 학생에게서 나타나는 오류 중 대부분은 언어 간의 차이점으로 인해 생긴 것이다. 특히 어휘오류는 더욱이 이러한데 이런 오류를 해결하자면 제2언어 교수실천에 심입하여 조사연구를 진행하고 언어대비를 하여 연구가 목적성이 있게 해야 한다. 필자는 아래와 같은 대비를 중점으로 해야 한다고 생각한다.

1) 중국어 허사와 한국어의 대응형식

허사오류는 문법오류 중 비교적 큰 비례를 차지한다. 예하면 조사 "了", 개사 "在"와 "对", 부사 "也"와 "都" 등. 오류의 주요 원인은 원어의 영향을 받는 것이다. 그러므로 우리는 한국어 "-었/았"과 중국어 "了", 한국어 "-도"와 중국어 "都/也", 한국어 "-에/에서"와 중국어 "在"의 같은 점과 차이점을 중점으로 대비해야 하고 특히 비슷한 유형 중의 차이점에 대해 중점적으로 대비해야 한다. 그 다음 제2언어습득의 난점과 중점을 추리하면 오류를 빠른 시일 내에 피면할 수 있다.

2) 중국어와 한국어 동형어 대비

중국어와 한국어의 동형어를 중점으로 대비하고 어떤 의미로는 통용할 수 있고 어떤 의미로는 통용할 수 없으며 원인이 무엇인지 등을 명확히 지적한다. 현재 이 방면의 대비가 있지만 편집자가 학생이 동형어 습득에서 존재하는 문제를 충분히 고려하지 못했기에 일정한 도움은 있으나 근본적으로 해결할 수는 없다. 학생들이 동형어를 습득하는 실제와 결부하여 전면적, 체계적, 세밀한 대비를 하여야만이 한국 학생들에게 큰 도움이 될 수 있다.

3) 구문구조의 화용 대비

한국어의 어떤 구문구조는 중국어의 두 가지 혹은 세 가지 구문형식에 대응한다. 예하면 动趋式에 목적어가 오는 경우 "책을 가져오다"는 중국어에서 3가지 형식으로 표현할 수 있다. "拿出来一本书", "拿出一本书来", "拿一本书出来". 우리들의 조사에 의하면 한국학생은 단지 "拿出来一本书"의 형식만 사용한다. 이것은 그들이 이 3가지 형식의 용법 차이를 모르기 때문이다. 원어자는 사용 중 자연적으로 구별할 수 있지만 제2언어습득자는 양자의 구별을 장악하기 힘듦으로 흔히 회피하는 오류가 나타난다. 이런 현상을 바꾸자면 한국어의 动趋式에 목적어가 올 경우 어떤 언어 환경하에서 중국어의 "V +趋$_1$+趋$_2$ + O"에 대응하고 어떤 언어환경하에서 "V + O +趋$_1$+趋$_2$"와 "V +趋$_1$+ O +趋$_2$"에 대응하는지 화용대비를 진행해야 한다.

[참고문헌]

陆俭明, 「动词后趋向补语和宾语的位置问题」, 『世界汉语教学』2002年第1期.

金立鑫, 「“没”和“了”共现的句法条件」, 『汉语学习』2005年第1期.

韩在均, 「韩国学生学习汉语“了”的常见偏误分析」, 『汉语学习』2003年第4期.

陈　忠, 「“了”的隐现规律及其成因考察」, 『汉语学习』2002年第1期.

曹聪孙, 「语言类型学与汉语的SVO和SOV之争」, 『天津师大学报』1996年第2期.

徐子亮, 「认知与释词」, 『华东师大学报』1994年第3期.

汪灵灵, 「日本学生学习汉语介词“对”, “给”的偏误」, 『零陵学院学报』2005年第1期.

李琳莹, 「介词“对”的意义和用法考察」, 『天津师大学报』1999年第4期.

韩容诛, 「对韩汉语教学中的介词教学」, 『汉语学习』1998年第6期.

丁安琪, 沈兰, 「韩国留学生口语中使用介词“在”的调查分析」, 『语言教学与研究』2001年第6期.

荣　晶, 「汉语语序研究的理论思考及其考察」, 『语言文字应用』2000年第3期.

张宜生, 张爱民, 「汉语语序研究要略」, 『江苏社会科学』1996年第3期.

刘鑫民, 「80年代以来的汉语语序研究」, 『语言教学与研究』2001年第5期.

刘月华, 『趋向补语通释』, 北京, 北京语言大学出版社, 1998年.

崔希亮, 「欧美学生汉语介词习得的特点及偏误分析」, 『世界汉语教学』2005年第3期.

全香兰, 「汉韩同形词偏误分析」, 『汉语学习』2004年第3期.

李得春, 「浅谈汉朝同形词」, 『延边大学学报』1988年第4期.

方绪军, 「中介语中动词句的配价偏误分析」, 『语言教学与研究』2001年第4期.

吕文华, 「关于述补结构系统的思考」, 『世界汉语教学』2001年第3期.

卢福波, 『对外汉语教学语法研究』, 北京, 北京语言大学出版社, 2004年.

张谊生, 『现代汉语副词探索』, 上海, 学林出版社, 2004年.

金立鑫,『对外汉语教学虚词辨析』, 北京, 北京大学出版社, 2005年。

傅雨贤, 周小兵,『现代汉语介词研究』, 广州, 中山大学出版社, 1997年。

吕叔湘,『现代汉语八百词』, 北京, 商务印书馆, 1984年。

陈昌来,『介词与介引功能』, 合肥, 安徽教育出版社, 2002年。

陆俭明, 马真,『现代汉语虚词散论』, 北京, 语文出版社, 1999年。

侯学超,『现代汉语虚词词典』, 北京, 北京大学出版社, 1998年。

国家汉办教学处编,『对外汉语教学语法探索』, 北京, 中国社会科学出版社, 2003年。

方绪军,『现代汉语实词』, 上海, 华东师大出版社, 2000年。

吴丽君,『日本学生汉语习得偏误研究』, 北京, 中国社会科学出版社, 2002年。

彭小川, 李守纪等,『对外汉语教学语法释疑201例』, 北京, 商务印书馆, 2004年。

成燕燕, 尖辛秋,『哈萨克族汉语补语习得研究』, 北京, 民族出版社, 2003年。

张寿康, 林杏光,『现代汉语实词搭配词典』, 北京, 商务印书馆, 1996年。

高大民族文化研究院, 中国语大词典编纂室,『中韩词典』, 高丽大学校民族文化研究院, 2003年。

佟慧君, 梅立崇,『汉语同义词词典』, 北京, 商务印书馆, 2002年。

刘明涛,『中华成语大词典』, 哈尔滨, 黑龙江人民出版社, 2003年。

孟琮, 郑怀德, 孟庆海等,『汉语动词用法词典』, 北京, 商务印书馆, 1999年。

朱德熙,『语法讲义』, 北京, 商务印书馆, 1998年。

黄玉花,『汉语"动词＋结果宾语"在朝鲜语中的对应』,『中央民族大学学报』, 2001年第一期。

崔承一,「汉语体词宾语在朝鲜语中的对应形式」, 见『双语双文化论丛』第1辑, 1990年。

柳英绿,『汉朝语法对比』, 延吉, 延边大学出版社, 1999年。

袁毓林,『汉语动词的配价研究』, 北京, 北京语言文化大学出版社, 1999年。

王秀珍,「关于结果宾语」,『汉语学习』, 1995年第6期。

谭景春,「材料宾语和工具宾语」,『汉语学习』, 1995年第6期。

李大忠，『外国人学汉语语法偏误分析』，北京，北京语言文化大学出版社，1996年。

张起旺，王顺洪，『汉外语言对比与偏误分析论文集』，北京，北京大学出版社，1999年。

张用房，「外国留学生使用汉语成语的偏误分析」，『现代外语』，1999年第三期。

王魁京，『第二语言学习理论研究』，北京，北京师范大学出版社，1998年。

靳洪刚，『语言获得理论研究』，北京，中国社会科学出版社，1997年。

何立荣，「浅析留学生汉语写作中的篇章失误」，『汉语学习』，1999年第6期。

吴英成 ［新加坡］，「学生华文作文的偏误与其学习策略关系的初探性研究」，『语言教学与研究』，1990年第2期。

朱景松，「韩国人学汉语难点分析」，『中国语文学』，1997年第12期。

钱旭菁，「日本留学生汉语趋向补语的习得顺序」，『世界汉语教学』，1997年第1期。

王建勤，「"不"和"没"否定结构的习的过程」，『世界汉语教学』，1997年第3期。

田善继，「非对比性偏误浅析」，『汉语学习』，1995年第6期。

刘 缙，「对外汉语近义词教学漫谈」，『语言文字应用』，1997年第1期。

王绍新，「超单句偏误引发的几点思考」，『语言教学与研究』，1996年第4期。

江 新，「词汇习得研究及其在教学上的意义」，『语言教学与研究』，1998年第3期。

朱 敏，「对外汉语教学中的词义理解和词汇记忆问题」，『南京师大学报』，1991年第4期。

刘乃华，「试析留学生学习汉语中的非对比性错误」，『南京师大学报』，1991年第4期。

戴曼纯，「论第二语言词汇习得研究」，『外语教学与研究』，2000年第2期。

李大忠，「偏误成因的思维心理分析」，『语言教学与研究』，1999年第2期。

张谊生，『现代汉语虚词』，上海，华东师大出版社，2000年。

李德津，程美珍，『外国人实用汉语语法』，北京，华语教学出版社，2003年

周小兵，赵新，『对外汉语教学中的副词研究』，北京，中国社会科学出版社，2002年。

北京语言学院语言教学研究所，『现代汉语补语研究资料』，北京，北京语言学院出版社，1992年。

崔希亮，「日朝韩学生汉语介词结构的中介语分析」，『中国语言学报』，2003年第9期。

陈昌来，「现代汉语介词框架的考察」，『中国语言学报』，2003年第9期。

杨寄洲，贾永芬，『1700对近义词语用法对比』，北京，北京语言大学出版社，2005年。

周　健，『对外汉语语感教学探索』，杭州，浙江大学出版社，2005年。

赵金铭，『汉语口语语书面语教学』，北京，北京大学出版社，2004年。

高田顺，『对外汉语教学中高级阶段课程规范』，北京，北京语言大学出版社，1999年。

鹿士义，「词汇习得与第二语言能力研究」，『世界汉语教学』2000年第3期。

杨寄洲，「课堂教学中怎么进行近义词的用法对比」，『世界汉语教学』2004年第3期。

陆俭明，「动词后趋向补语和宾语的位置问题」，『世界汉语教学』2002年第1期。

储泽祥，谢晓明，「汉语语法化研究中应重视的若干问题」，『世界汉语教学』2002年第2期。

张伯江，「关于动趋式带宾语的几种语序」，『中国语文』1991年第3期。

黄玉花，「朝鲜语动词가다的语法化」，『民族语文』2004年第4期。

徐　杰，『汉语研究的类型学视角』，北京语言大学出版社2005年第1版。

沈家煊，『不对称和标记论』，江西教育出版社，1999年第1版。

杨德峰，「"时间顺序原则"与"动词+复合趋向动词"带宾语形成的句式」，『世界汉语教学』2005年第3期。

刘丹青，『语序类型学与介词理论』，北京，商务印书馆，2004年11月，第318页。

赵葵欣，「留学生学习和使用汉语介词的调查」，『世界汉语教学』2000年第2期。

우형식，『국어 타동구문 연구』，서울，박이정도서출판，1996년.

손세모돌，『국어 보조용언 연구』，한국문화사，1996년.

주양곤，『韓中한자어 비교사전』，서울，동양문고，2004년.

[부 록]

부록 I: 한국학생 중국어습득과정에서 나타난 오류자료

1. 동사 "是"

1) 总之, 钱不是万能, 但是在现代社会上一定需要的。

2) 这电影是一个日本。

3) 这次旅游是对我来说终身难忘。

4) 这样的感觉没爬过的人绝不会体会到的。

5) 我们出的一滴一滴的汗好像日常生活中一点点积累的压力似的, 通过登山慢慢地消除。这样的感觉没爬过的人绝不会体会到的。

6) 从苏州到杭州去的路上, 我在车上一直向外边看风景。那条路的风景让人无

7) 个人使用手机普及率也是比不上先进的国家。但我相信, 人心不能用钱得到的。总之, 钱不是万能, 但是在现代社会上一定需要的。

8) 对我来说, 独自留学在中国的这个时光永远忘不了的, 充满经验的, 我生活中的美好的回忆。

9) 韩国的春节跟中国的国庆节一样大的节日。

10) 我想这样男女平等的路才能走近一步。

11) 在我们国家这个节日成为生活的活力。

12) 阴历八月十五日是中秋节, 在我国民间一个重大的传统节日。

13) 糕饼各个地方都不一样, 颜色也是不一样。

14) 中秋节的时候, 近邻和亲戚团圆的日子, 家里又热闹又有意思, 家里

拥挤着笑声。

15) 我希望未来的生活是比现在的更美好的, 充满的, 精彩的。

16) 这件衣服特别是去日本买的。

17) 我认为这样过生日最好的方法。

18) 生日是对母亲, 对孩子都是一个值得纪念的日子。

19) 这点钱是微不足道。

20) 根据这样情况下, 经过成功人是以后也只好成功。

21) 我听说吉林大学比较有名的大学。

22) 我的妈妈也很细心的人, 常常听我的意见。

23) 我已经四年级的学生。

24) 宿舍的一楼我们的教室, 上课的地方。

25) 这次事故因车速过快而造成的。

26) 他特别是有意思。

27) 这个是很漂亮。

28) 电影是很有意思。

29) 东方饺子王的包子是真好吃。

30) 我看起来你汉语水平是很高。

31) 韩国足球对对日本足球队的比赛是特别津津有味。

32) 我特别爱好是画画儿。

33) 这个商店特别是好。

34) 中国来以前我听过吉林大学是有名的学校。

35) 在公共场所吸烟是不但污染空气, 以不好的空气给别人不好的印象。

36) 在公共场所吸烟一定不文明的行为。

37) 吸烟是对健康真不好。

38) 他唱的时候有所跑调的, 但是有很好听的声音而且非常努力的态度是大家应该向他学的。

39) 对我来说，什么时间比不上那时候那么幸福呢?

40) 前几天我才明白是什么缘故的

41) 学习是一件那么难事情，我的心愿开始工作。

42) 学习的日子是每个人的生活中最幸福时间。

43) 我是在中国从高中一年级开始留学的。

44) 昨天我忘了去学校的。

45) 香港旅游是对我来说很有意思。

46) 这张照片是在菲律宾照。

47) 对我的最好的朋友说一下儿。她的名字叫……，我也一样大。

2. 조사 "了"

1) 她真是美丽的女孩了。

2) 到周末我们才能看到爸爸的脸，不过，他呆在家里还想做工作了。

3) 在韩国发生过一件令人难以相信的事了。

4) 有一个女儿不但不给自己的母亲吃饭，反而虐待她了。

5) 每当这个时候，我的父母一边笑一边哭了。

6) 这样想的时候，我非常高兴了。

7) 除了这样的事情以外，我一直等了妈妈给我打电话。

8) 结婚以后生孩子，这使我们容易忘掉了以前我们享受到的父母的爱。

9) 在韩国有这样的俗语"热情地照顾孩子都没用了。"

10) 我们为什么容易忘掉了我们的父母呢?

11) 十个月以后，我生了孩子，我经常后悔了。

12) 丈夫每次主张了孩子都要变。

13) 快要到春节了，我等他的电话了，可是今天，明天，后天也不来电话了。

14) 有一天，妈妈，儿子和他的妻子一起吃饭了。桌子上有一条鱼了。
    儿子看到鱼就给妈妈吃了。

15) 他决心了给老妈经常打电话，拜访老妈，并要孝顺老妈。

16) 老王夫妇有一个儿子在外地经商，每年都见不到儿子，所以总是为
    儿子担心了。

17) 你过得怎么样？考试考得好了吗？

18) 当时她明明没有精神了，可是我还不知道怎么回事，跟妈妈生气了。

19) 我也这么想：学生跟着老师学习，老师怎么讲了学生就怎么学习。

20) 有一天，在音乐课堂中，您突然让我给朋友们唱一首歌。那时侯，我
    脸变红了，像苹果一样了。作为学生没法拒绝老师的建议，只好给
    朋友们唱歌，那时侯仿佛受刑的罪犯似的，我特别难受了。

21) 去年，我作为交流学生，到吉林大学来了。通过分班考试，我在高级
    一班上课了。

22) 生活当中或者学汉语方面她给我了许多帮助。

23) 我们去丽江的时候参加旅行社团去了。是因为对我们这老外来说，
    首先因语言问题而沟通不了。

24) 有一天晚上，要睡觉的时候，姨妈悄悄地叫我出来，坐姨夫的车了。

25) 去年，我作为交流学生，到吉林大学来了。通过分班考试，我在高级
    一班上课了。生活当中或者学汉语方面她给我了许多帮助。她比我
    大4岁，像我妈妈照顾我。

26) 一边观光一边逛街，不知不觉夜幕笼罩了大地。丽江古城在夜晚更
    显示自己的魔力。

27) 那个瀑布好像马上吞掉我，规模也相当大，在瀑布下边的水里有几
    位老爷游泳，我也很想，但是因为我不是个人来的，所以舍不得地

离开那儿。

28) 两年前，在韩国很有名的明星死了，死的原因是，他每天抽了两盒烟，得了恶病死了。

29) 我们看这调查知道吸烟和肝有关系，年轻人说吸烟和健康没有关系，可是我看在韩国有名的演员因吸烟而死，他原来是吸烟爱好家，健康的时候，他也这样说。

30) 因为她的丈夫每天在家里吸烟了。所以每天一起生活的妻子得了癌，终于死亡。

31) 看起来他没吃饭了。

32) 他在朋友家喝两杯咖啡了。

33) 他还没有吃了这种小吃。

34) 我小时候我家没有钱，但很幸福了。

35) 他们俩常常吵架了。

36) 生日的意思是真多了。

37) 他不知道说什么，只眨眼睛了。

38) 问题是这样的人带刀差不多的东西，所以一般市民感觉很怕，还有伤害了。

39) 不过没有钱也可不行了。

40) 过了很长时间别人告诉我让我去看合欢树开花了。

41) 下飞机的时候我很高兴，但是我不会说汉语，所以很担心了。

42) 我们很愉快了。

43) 他们总是帮助我了。

44) 每天我和她见面了

45) 小学生的时候，我跟同学还有我们班的老师常常一起踢了足球。

46) 大连的天气很好了。

47) 我来了上课以前，我们的老师来了。

48) 当然我今天来看了她，明天我再看她了。

49) 长春的冬天常常下雪了，刮风了。

50) 每个国家都很希望在自己的国家举行了世界杯。

51) 那个花是成人的意味，我非常感动了。

52) 我们决计了把苹果换成葡萄。

53) 我刚来中国的时候，不但看不懂汉语，而且不会说汉语，真的很担心了。

54) 今天天气不正常，春天来了，然而花却没看了。

55) 我的留学生活还有2年，我期待两年中发生了什么事。

56) 去年我参加了汉语水平考试，当时我的汉语水平成绩不太好，所以对我失望了。

57) 他每天教我了。

58) 我们常常见面了。

59) 第一次来中国的时候，我很害怕，很紧张，中国的文化对我陌生了。

60) 爸爸，我想你累了，所以你休息休息了，明天我们出来了看见你。

61) 他到中国来以前住了汉城。

62) 早上天气还好好的，不料下去竟下雨。

63) 他常常跟爱人吵架了。

64) 我们一般来说把中秋节叫了转移民族。

65) 我哪有脸开了口说呢？

66) 对我来说，每年把生日过了两三次。

67) 所以我每天不开心了。

68) 老师说语音说得很好，他给我留下深刻的印象。

69) 到了吉林市以后，我们先休息一下，然后去坐船。

70) 这两个节日我已经三次没在韩国过，很想韩国去过这两个节日。

71) 你记了钱包在那儿。

72) 这不是服从做的，什么都我自己做的，一般男人在外边做劳动了，还有女人在家里做家里的事了。

73) 这是抛弃丈夫的七条因由－－究竟中毒者，吸烟的丈夫轰出去等，这个是看妇女的地位提高。

74) 冬天的时候当然下雪，可是我不喜欢雪，因为我军队的时，没个年冬天的时每天下雪了，所以我们每天打扫了雪。

75) 去年冬天我跟女朋友开始谈恋爱，当时我给女朋友约定了：如果明天下雪了，我在友谊会馆运动场前面写了你的名字。

76) 从那时候起我决心了我的一生的工作要在航空公司做下去。

77) 那天，我灰心丧气地一整天一句话都没说，在家里烦恼了。

78) 每天早上我早一点去了小学为了看一看我的老师怎么擦黑板，给我浇水，准备课本。

79) 有时候我们在一起唱了歌或者画了小画儿。我总是画了公主。

80) 有一天晚上，要睡觉的时候，姨妈悄悄地叫我出来。坐姨父的车了。

81) 可是我看到他们的跳舞的时候，我认为别的国家人赶不上他们的舞蹈，真的厉害了。

82) 别的国家朋友们的节目也是很有意思了。

83) 我和她约会了明天早上9点我去她的房间。

84) 然后我要大学毕业并找工作了。

85) 美国朋友以他的三分球避免再输的凄凉感。

86) 我来中国以后，看过中国大学生的谈恋爱和韩国大学生的谈恋爱有什么差异？过了6个月期间，我感受到了什么了现在把我感受的简单地说一下。

87) 我小学的时候，突然下雨的有一天，我没带了雨伞。

88) 因为马上高考所以每天头疼肚子疼了。老师们天天在搞紧张了。那个时候我晚上12点才回家了。

89) 在韩国一般7点起床了。

90) 今天我跟几个朋友一起去火车站。听说火车站是轻轨的终点。还有批发市场也有。买东西也便宜。还有我们快要回国了，所以我们得准备给家里人，朋友的礼物。还有我们打算这个周末去北京旅游。

91) 他家和我家很近，所以经常见面了。

92) 他对这件事还没决定了。

93) 他父亲死去后，一直想报复父亲的仇人，终于今天实行了，可是心情一点儿也不高兴了。

3. 介　词

给: 1) 可是，爸爸还是闭着嘴不给我打，我感到莫名其妙。

2) 我决心给父母很孝顺。

3) 我想，爸爸可能给儿子提醒自己得到的真正的幸福是什么。

4) 这个故事给我们提醒怎么教育孩子。

5) 父亲跟别人听到这件事情，就给儿子惩罚。

6) 作者写书的时候，为了使读者给丰富的感觉，所以有的部分写的详细，有的部分让读者自己想，所以省略。

7) 这时候，父亲一定给他一些惩罚，就是把他的卖报钱减少到了一半。

8) 我们要以这篇文章里的父亲的教育方式来引以为鉴，让(给)孩子引导好的方向。

9) 去年冬天我跟女朋友开始谈恋爱，当时我给女朋友约定：如果明天下雪了，我在友谊会馆运动场前面写了你的名字。

10) 这个故事给我们提醒怎么教育孩子。

11) 有一天，妈妈给我说一个秘密。

12) 爸爸知道这件事后，把他的收入被(给)扣除了。

13) 他们给我很热情。

14) 我现在没有钱，连房费也给朋友借的。

15) 我想吸烟不太好。吸烟对个人的身体健康不好，而且给别人们都不好的身体健康。

16) 烟给很多短处，即孩子们不太好成长，也不好老人的肺。

17) 小时侯给妈妈不懂礼貌，常常给妈妈打了。

对：18) 我在中国留学的时候，常常对我父母打电话。

19) 现在社会上流行的是不吸烟。因为不但个人的健康不好，而且别人的健康也不好。

20) 我已经对中国菜习惯了。

21) 我想了很多次，当然这是对我很好的机会。

22) 这对我很大的收获。

23) 现在在社会上对这方面的问题已达到了最严重的程度。

24) 许多外国人认为对万里长城是中国的代表文化遗产之一。

25) 家长和老师的严格监视也没有办法，甚至在他们的那么严格监视下，学生们的吸烟意志更强。现在在社会上对这方面的问题达到了最严重的程度。

26) 我已经中国菜习惯了。

27) 这样早就吸烟的人多的话人才越来越会少为国家也有影响。

28) 我的朋友对(给)我唱生日快乐歌。

29) 今天汉城的迎春花开得特别美，预示着这场演出会给(使)汉城更加美丽。

30) 他对我介绍中国情况介绍得很清楚。

31) 中国对我给了深刻的印象。

32) 这是老师对我劝告的书，至于是否买，我自己考虑一下。

33) 我非常感动了她的好意。

34) 我说他谢谢，再见！

35) 我有兴趣音乐。

36) 但是我写对她，因为我喜欢她。也许我已经真爱她了。有时我的心情疼。我对她感到温暖。

在: 37) 一看到雄壮的天安门，就在我的嘴里不知不觉出来了"哇"的声音。虽然在电视里常常看到，可是亲眼看到的是第一次。

38) 在苏州的情景都模仿了古代的，可能让人觉得真的来到古代时期，而且苏州的各个地方的景致都很美丽，好像来到另一个世界那样似的。

39) 在杭州有一个很大的花园，我一进门就觉得花都是假的，因为那里的花都像一幅画一样美丽。所以，我在花园里拍了很多照片留作纪念。

40) 我们开会了学校。

41) 我来中国的时候在韩国很多不一样。

42) 我听说南湖公园是在长春最有名的公园。

43) 所以我跟朋友们在一起出去玩儿了。

44) 我去外边玩的时候，街上经常遇到要钱的人。

45) 但是有不吸烟的人的地方时，我也不吸烟。

46) 自跟我的狗一起住在以来，我的生活方式真的改变了。

47) 只有毕业大学才能得到在这个公司的申请资格。

192

在……上 / 中 / 下:

48) 她电话上说: "我们在韩国一起努力学吧!"

49) 在韩国的年轻人结婚以后只想自己的家庭, 不想父母的生活。

50) 过春节的时候, 在外边下着大雪, 我们只担心自己的孩子, 忘了父母。

51) 在我的脸上, 不断地流下眼泪。我马上拿着手机给妈妈打电话了。

52) 选天安门的理由是早就听说过天安门在中国最有名的地方之一。

53) 故宫很宽大, 那里有以前中国皇帝的照片和他们用的东西。然后去王府井, 那里是在北京很大的购物中心之一, 人也很多。

54) 昨天在新闻报道, 吸烟的人比喝酒的人, 更容易得肝癌, 而且死亡率更高。两年前, 在韩国很有名的明星死了, 死的原因是, 他每天抽两盒烟, 最后得恶病死了。

55) 最近我街上常常看见一些人向我要钱。

56) 你的信桌子上放着没有?

57) 我站在很多人的前面的情况下会脸红。

58) 你的信放着在桌子上没有?

59) 我们在船的时候, 一边聊天一边照几个相。

60) 我们在汽车的时候一边吃小吃一边开玩笑。

61) 有一天从我的记忆深处里表现了已经过去的情景: 我十岁那年, 我写的作文比赛中得了第一。

62) 我们在湖划船划得很有意思。

63) 现在在社会这方面的问题达到了最严重的程度。

跟: 64) 可是用把字句的时候, 顺序韩国语一样。

65) 韩国的面积差不多吉林省。

自: 66) 自来吉林以来, 我常常感冒。

67) 自出生以来人们都就是当成一个社会成员。

68) 自从菲律宾韩国, 日本, 法国来的同学们虽然汉语水平不太好, 但是互相关系比高级班更好。

把: 69) 今天你只有把房间打扫, 才能出去玩。

70) 上午比尔去图书馆把两本书还。

71) 老师把学生们的成绩慎重地思考。

4. 부　사

也: 1) 人们谁也一样, 没有儿子的时候先想父母。

2) 我以前听说, 吸烟人的癌症发生可能性很高, 也在吸烟人的旁边吸烟气的人的癌病发生率比较高, 如果这样侵害别人的生命, 这一个就是很重大的问题。

3) 几年前, 在韩国也在公共场所吸烟的问题提出了以社会问题。

4) 我的爱好是做运动, 至于他的爱好, 是谁也都不知道。

5) 韩国社会也变化很快, 所以发生了这样的问题。

再: 6) 在他们的带领下, 我们再坐了几个小时的车, 才到达长白山。

7) 经过这次旅行, 我再一次感到了我自己是多么幸福的人。

8) 虽然家里有很多玩具, 可是孩子再想买新的玩具的话, 父母就给他买。

9) 我妈妈哭着说很想我, 妈妈再说爸爸也很想我。

10) 我们先去的地方是瀑布, 再去的地方是民俗博物馆。

又: 11) 现在的分离不是永远的, 而是为今后又一次相逢。

12) 不知不觉又差不多过一年了。

13) 我们一边学汉语，一边了解中国的文化。我又有别的乐趣，就是跟中国朋友一起聊天。

14) 我在韩国上了两年半的大学，在中国生活已经两年了。

都: 15) 现在的很多父母，孩子想要什么都就给他买什么。

16) 她直到现在在物资与精神上都帮助我。

17) 家长和老师的严格监视也没有办法，甚至在他们那么严格监视下，都学生们的吸烟意志更强。现在在社会上这方面的问题达到了最严重的程度。

18) 他每一次说语重心长的话。

19) 你想吃点什么？什么东西也好，什么东西都可以。

20) 云南是个美丽的特殊的省。因为那儿有很多少数民族，所以我觉得那儿不是中国，而是个哪儿不属的一个城市。

21) 我妈妈每天叹了一口气。

22) 植树节我跟我朋友都五个人去过竹子题目公园，当时天气晴天，这儿很多竹子。

23) 我们面临什么样的困难，不要放弃该自己做的事。

5. 보 어

1) 时间不知不觉过了。快要放假了。

2) 他唱得不怎么样，很难听，我们都不禁笑。

3) 观众们不禁欢呼了。

4) 带着很好的回忆回来长春的时候，我们碰到了很倒霉的事。

5) 一个人进去黑暗的屋子有点儿恐怖。

6) 我们坐电动船一个小时。

7) 如果夜深了，在客厅里一个人也没有时，你觉得有点儿恐怖吗？那么就开电灯一下。

8) 我觉得一般的人，一旦结了婚就渐渐地忘自己的父母。

9) 一看到雄壮的天安门，就从我的嘴里不知不觉出来"哇"的声音。

10) 游客们逗珍岛狗玩的时候，常常脏自己漂亮的衣服。

11) 最后一天，妈妈很伤心，脸上满了眼泪。

12) 因为天气不好，所以我们没有看长白山天池。

13) 有一天，在学校周围逛街的时候，碰了一个漂亮的中国女孩儿。

14) 这儿展览的五百种以上的花草，大部分都是那时候第一次看的。

15) 我把孩子搂了。

16) 他们俩交往了很长时间，后来变了情人。

17) 长大以后，他将变了意志薄弱的人。

18) 家里人都劝住我，不让我登山。

19) 现在在新闻上或报纸上我们常常*看过女性解放运动。

20) 因为天气不好，所以我们没有看长白山天池。

21) 我在中国不能看她。

22) 我常常看在公共场所吸烟的人的时候，对他们责骂地说：……

23) 我只有找到工作，才能买到这么贵的东西。

6. 어 순

1) 我简单绍介我，我是韩国庆北大学和中国吉林大学的双学位学生。

2) 看着大厅里的热狂的反应，我也感动了。

3) 人应该里表一致。

4) 我看了一个高中学生的答问比赛节目。

5) 我很喜欢这样她的说话。

6) 一接电话就爱人的脸变得很平静。

7) 我第一次想起来的人就是你。够不够钱? 别省钱, 要吃好的东西。

8) 即使明明知道父母是对自己多么重要的人, 也不太会表达自己的心。

9) 刚来中国的时候, 我没有跟父母联系。每次都是妈妈打给我的电话。

10) 第一次妈妈听到我的声音的时候, 妈妈哭了。

11) 我们已经长大了, 妈妈, 你不要隐瞒对我们。

12) 他们把自己的儿女从小的时候, 教育得非常辛苦。

13) 在平时的生活当中, 我们把父母的关心和爱总是忘。

14) 属于韩国的亚洲和太平洋国家特别严重缺水。

15) 我们做儿女的经常去看父母, 给他们打电话, 做那样的话, 父母子女的关系肯定变得越来越好。

16) 他工作很忙, 所以一年才会一次见面。

17) 他们俩一直等着儿子的电话, 但过很长时间也没儿子打来电话。

18) 我看完这部电影让我很感动, 觉得他们的爱情很伟大。很长时间交了朋友, 后来变成情人, 感情很坚定纯洁。

19) 他们都工作, 晚上晚点儿回家。

20) 为了女儿, 父母每天努力工作, 而且在后面很多支持他们。

21) 我看见遥远的几座山峰就突然忍不住哭了, 哭得眼睛和鼻子都红了。

22) 这个也是对一般的10岁小孩来说不简单的一件事情。

23) 屋里有四套房间, 陈列着他生前用的家具。通过它, 能看到他的一部分的生活。

24) 现在我在中国还可以, 中国生活已经习惯了。

25) 调查显示, 韩国是"水缺乏国家", 所以我们应该重视水资源的问题。

26) 她毕业以后，开一个自己的补习班。

27) 虽然我一年一次回国，但是你每次都嘱咐我。

28) 他的工作很忙，所以一年中才会一次见面。

29) 她去年来长春学汉语。虽然学汉语只一年，可是她的汉语水平很高。

30) 我是韩国人，在中国汉语学了四年。

31) 我很喜欢贵公司，已经准备时间两年多了。

32) 上大学期间，曾在一所补习班教历史过一年。

33) 他检查以后回家中很多想了。

34) 还有在1988年出生了我的妹妹。

35) 我想，最近这样的很多人。

36) 到底什么是让他们不能戒烟？

37) 因为我很反对吸烟，所以关于吸烟的坏处要写。

38) 具体来说，由于吸烟的丈夫，不但妻子，而且子女也受到不好的影响。于是我们应该关心这个"间接吸烟"的严重性。

39) 检查以后，医生对她说："你是不是吸烟？"她说："没有。"又医生对她说："那么你丈夫吸烟吗？"

40) 现在在社会上吸烟的问题很严重。众所周之，对于这个问题的严重性。

41) 这仅仅不是一个社会的问题，而是全社会的问题。

42) 精读的话，把书里边的东西能掌握好，所以自己遇到困难的时候，或者，心情不好的时候想起来好多办法，能解决。

43) 我们看这调查知道吸烟有关系肝，年轻人说吸烟没有关系健康，可是我看了在韩国有名的演员因吸烟而死，他原来是吸烟爱好家，健康的时候，他也这样说。

44) 有专家说不直接吸烟比直接吸烟更危险。这个可以证明很多的例子。

45) 草烟有很多短处，即孩子们不太好成长，也不好老人的肺。

46) 很多人买烟,然后吸烟在公共场所。我们以前这样的人容易看到, 但是现在在公共场所的吸烟的人容易看不到。因为现在在法律上表明了在公共场所吸烟是不合法的。

47) 常常吸烟的人是男人。吸烟的人容易看。比如说在马路上, 公共场所, 洗手间什么的。

48) 人们午饭以后一定有短时间的休息。那时候人们做的事情是谈一谈, 喝茶, 吸烟的。但是吸烟的人有点儿不好意思还有担心因为给不吸烟的人的损伤健康。

49) 能吸烟的场所少的事情不但在韩国而且全世界都有。

50) 为了我们的健康吸烟的自由一定没有。吸烟的人越来越没有吸烟的场所和自由。他们一定记住吸烟的时候得到不好的事情很多。吸烟的人感觉到这件事情是非常不公平, 但是没有办法, 因为不吸烟的人健康也是珍惜。

51) 因为吸烟问题不是一个人的问题, 而是公众的社会问题。但是所有的人感觉不到这样的严重性。所以我们应该想在两种角度。

52) 现在在韩国各种地方容易看到"禁止吸烟"。比如说, 食堂, 飞机场, 电影院, 公司等等。还有各种地方容易看到"吸烟地方", 在这个地方只能吸烟。

53) 吸烟的对吸烟人, 他们的孩子, 还有, 亲人都身体特别不好。

54) 教室前边的街(走廊)不干净, 不太好空气(空气不太好)。

55) 还没习惯看书的人应改先练习精读, 以后练习看多(多看)书, 快看书。

56) 可是我说不是全都书看这样, 杂志, 漫画等书无关怎么看。

57) 时间过了已经很长, 可是还记住在他们脑子里或心里。

58) 学生很多次看课本。

59) 吸烟是一个也没有好处。――吸烟一点好处也没有。

60) 吸烟是个人的自由，可是别人不管吗?

61) 现在一般人的生活比较好，不是好象以前困难。

62) 但是想吸烟的人说这样："吸烟是不是人的自由?"我也想一样，可是在任何地方吸烟不可以。

63) 烟里有上瘾的成分所以一吸就不能离开它，这是我看最大的问题。

64) 我觉得应该不吸烟公共场所。

65) 文化是一个方面一代历史，另一个方面那时代的生活。

66) 公司里有吸烟可以的吸烟室。

67) 我想说他们："享受你们的爱好之前，一定考虑你们旁边的人吧。"

68) 获奖以后，登门采访很多记者。

69) 我是日本人，所以关于介绍日本的风俗。

70) 在日本也很多有风俗。

71) 我但愿一次看他。

72) 我也以前很多次帮他们，他们要钱就我给钱，可是越来越不喜欢他们。

73) 宁可他不吃东西，也他给孩子钱。

74) 由活字印刷术而来古代印刷术。

75) 我也以前这样的事情遇到了，当时很怕。

76) 临走时，为了一根绳子，丈夫骂了半天*她。

77) 为了一棵菜，她被丈夫会骂个不停。

78) 我把他那种特殊的精神吸引了。

79) 她被大半生的幸福毁了知识女性可怜的自尊。

80) 妈妈叹气着说了。

81) 菜丰盛的摆满了。

82) 我关于汉城简单的介绍了。

83) 她的心里不好的人没有。

84) 对各国的老百姓来说他们很有自豪关于自己的国家。

85) 应该我好好儿准备，考试就到了。

86) 明天我千万不走了那儿。

87) 我还不知道什么时候来春天。

88) 老师满意我说汉语说得很好。

89) 劳动节的时候，我要去很多中国的地方，不过，不太多时间。

90) 奶奶讲我常常说过我妈妈年轻的故事。

91) 他到中国来以前火车站接去。

92) 因为春天有很多花，开始学期，暖和，所以我喜欢春天。

93) 我得准备和家口人一起一些东西。

94) 因为肚子疼，你很多吃菜，你很小心，现在你的身体真不好。

95) 快飞机起飞了。

96) 我在图书馆刚才看书。我在图书馆看书刚才。

97) 我吃了三点半以前东西。

98) 我到北京的时候，他接我在火车站。

99) 明天早晨她要回去她的家了。

100) 在长春差不多天天春节放烟火。

101) 每个班留学生都表演个节目在友谊会馆。

102) 几个季节有你的国家?

103) 暖和夏天，冷秋天，冬天下雨和春天不冷不热。

104) 多省在中国有刮大风。

105) 下次我来跟女朋友我介绍她给你好吗?

106) 我伤害心理了。

107) 我来上课老师来的以前。

108) 他洋去大使馆国庆以前。

109) 中秋节的时候也是穿韩国民族服装，不过跟春节不一样想向大人拜年什么的。

110) 我的家乡内好处的地方很多，我给介绍一下不知道的人。

111) 没想到他竟学习我们班同学中最好。

112) 这老几天小张给我在好麻烦。

113) 中国是世界上最大的国家，是比不了跟别的国家，也是人口最多的国家。

114) 我寄包裹我的姐姐。

115) 我们学习又英文又中文。

116) 我去过那个国家，但是去过只一次。

117) 我去过那个国家，但是只一次去了。

118) 世界上有很多难的事，但这难的事也可以人做的，所以说无难事。

119) 我的朋友来长春看我三点半以前。

120) 我会说汉语一点儿。

121) 我们想不到父母的心想，那个父母肯定不满意，也受心伤。

122) 妈妈生气的时候我真心理不安。

123) 听完报告咱们漫谈中国的青年问题一下吧。

124) 我决定学习很努力。

125) 我可以喝可乐一次两瓶。

126) 现在男女平等问题是几乎解决问题。

127) 比如，我们该改变对女性的看法，在社会上法律上经济上不合理对女性的政策等等。

128) 不管女生男生谁有能力就谁会得到成功。

129) 我的书包里有常常许多书。

130) 但是现在呢，越来越女人的社会地位提高。

131) 我住我的父亲一起。

132) 我学了汉语三年半了。

133) 我去年2月26号来中国，当时我一点儿也不会说话，所以很可怕中国留学。

134) 我认识的姐姐跟一起住在外边。

135) 无论谁多第一次来到中国的人免不了莫名其妙的事情。

136) 我们害怕，又我们坐出租汽车。

137) 我喜欢只看。

138) 快要汽车出发了，快走吧。

139) 我想找工作在韩国，所以在韩国贸易做工作。

140) 要是明天有个考试，就我跟你一起不玩。

141) 只要年轻的时候努力工作，就老的时候很舒服的人生。

142) 要是你不去，就我也不去。

143) 对排球我很喜欢。

144) 我吃过很多菜，都菜好吃的，

145) 那本书有用对学习汉语。

146) 你去什么时候?

147) 我要寄挂号信我的妹妹。

148) 这儿是也书店。

149) 我也第一次来到中国的时候跟你一样。

150) 我起来五点，我睡觉十点。

151) 我学习中国。

152) 我希望不变跟她的友谊。

153) 后来来中国我跟她。

154) 已经我离开韩国的家，来中国得是两个月。

155) 因为可以不但学到很多知识而且能学到做人的道理，还有找个好工作。

156) 我已经中国菜习惯了。

157) 已经封建社会时代是走了。

158) 我很多吃，越来越胖了。

159) 到了中国以后，我很许多经历过中国的生活。

160) 你游泳了没有? 我三次游泳了。

161) 我每天三次打电话，一次EMAIL。

162) 我想好说汉语。

163) 要是韩国天气冷的话，就你们得穿大衣。

164) 我们高兴，而且气氛也很好，所以喝很多了。

165) 我们明年打算去回国。

166) 我在宿舍晚上学习。

167) 我的生活一个人最没有意思的事情。

168) 要是你给我打电话，就我接你飞机场。

169) 我跟姐姐一起逛去颐和园。

170) 昨天晚上妹妹从汉城到长春坐飞机。所以我去机场接她。

171) 我写了信用汉语。

172) 明天他要看一个中国电影进城。

173) 我的韩国朋友到中国来，所以长春机场去接我的朋友。

174) 我去决定晚会。

175) 我刚才看书在图书馆。

176) 我来中国留学以后，我觉得应该做的事很多有。

177) 韩国的春节跟中国的国庆节一样大的节日，那天团圆每个家庭，所以的人欢欢喜喜的样子。

178) 我还不太够社会的经历。

179) 在长春不太多庄严的建筑物。

180) 我常常不够新的富余。

181) 中国来以前的时候我是美术老师。

182) 善本只好午饭吃了。

183) 我们在延吉有名的冷面吃过了。

184) 我们去和回来的时候，坐火车十个小时花了。

185) 首先，考试准备，以后跟我的朋友一起玩。

186) 听了这句话，我真的说什么好不知道了。

187) 如果你不满意服务，那么你就不用交钱。

188) 学语言，只有跟外国人话说多一点才水平提高了。

189) 好不容易我只有买得到火车票。

190) 这次考试开始明天下午三点。

191) 我看见了发生一件交通事故。

192) 我没去过泰国，不知道什么样的衣服准备才好。

193) 我的父母快要就退休了。

194) 决赛第一次的队是又蒙古队。

195) 上高中和大学的时候，又变了我的心愿。

196) 可是他进洞之前很多人抓住他用很多的线。

197) 韩国社会也变化很快，所以发生了这样的问题。已经这只是大学
　　　生的问题。也包含中学，高学的小数学生。

198) 再过几天我就忍不住了，不管怎么样也得她认识一下，要不然我会
　　　永远失去还不属于我的蝴蝶。

199) 她为了我什么事都做，一定我为了她努力学习，为了她成功。

200) 从来我给妈妈没说话我爱妈妈。

201) 我回不了答。

202) 我一场哭了以后，她抱着我哭起来了。

203) 我当23岁的那天，……

204) 我打了开包装。

205) 先我跟我的家里人给鱼食物，然后打了羽毛球，出了汗，但是很有意思。

206) 我可以推儿童车一会儿吗?

207) 我的中国生活在吉林大学很有意思。

208) 我看起来中国也垃圾问题显得严重。

209) 如果我结婚的话，我要分开父母住。

210) 汉语是说话的速度快比别的语言还有声调是多样。

211) 从2000年左右韩国人可能去金江山。我去过2002年一次，金江山有四个名字每季节。

212) 我小时侯腿上叫小狗叮了一下。

213) 我想回到韩国以后，为了提高听力，每天听广播30分钟。如果能我找到中国人做我的老师，……。

214) 我常常想孝顺办法给我的妈妈。

215) 我想去学校，可是不能去。因为昨天喝酒很多了。

216) 那儿工作的营业员对外国人知道应该怎么做。

217) 你不要一谁逗你就报复。

218) 在日本最近越来越多折磨自己的人。

219) 他怎么做这件事，他一点儿也没有老师的资格。

220) 这个孩子差一点儿思考能力。

221) 因为犯人已经死了，他报不了复。

222) 他告了别给我。我面临悲哀的局面。

7. 词 汇

1) 自改革以来，公民的生活方式改善了。

2) 他明显地喜欢你，至于你的心情，跟他的反对。

3) 如果你不相信我，那么你就走开我吧。

4) 你愿意的收入多少钱？ 自跟我的狗一起住在以来，我的生活方式真的改变了。

5) 院子里的果树都是我亲手养的。

6) 妈妈能无数次跟我说她多么担心，多么关怀我等等，她对我这样的态度让我们之间距离缩小，让我们呢更亲切一些。

7) 登山路的左右两边都是树，花，好像天然的画幅。

8) 准备节目的两个星期当中，在同学们的配合下，虽然遇到了很多困难，但我们终于作出一场令我们满足的表演。

9) 按照三首不同风格的音乐，男生们的舞蹈，男女混合拉丁舞，集体动作，我们比想像中更精彩地发挥出所准备的内容。最后的动作一表现完，客厅里所有的观众，有的站起来……

10) 生活当中或者学汉语方面她给了我许多帮助。她比我大4岁， 像我妈妈一样照顾我。

11) 我当时一直想跟她说"谢谢"， 但是我不知道怎么说才能够表现我的心情。

12) 我们国家夏天的时候，人们都去海洋。

13) 二月的一天早上七点钟，吸收新鲜的空气，我们到了大连。

14) 到了高中时期，我对他产生了反感。

15) 他下决心自己也要上大学。定了目标以后， 一边赚钱一边拼命地学习。然后，他得到了汉城大学法律系第一名合格的成果。

16) 孩子梦寐以求一辆自行车，不过他爸让他自己赚钱买自行车。他为了多攒钱用把戏，结果他的收入按爸爸减少了。其次他以拼命地卖报，不看电影，不买玉米花来攒钱。然后他终于买得到自行车。经过这件事，他体会到一大珍贵的教训，就把自己的事自己能做的自信感。

17) 直到有一天，他闲逛时发现又棒又漂亮的一辆红色的自行车。而后为了得到那辆梦寐以求的自行车，所以杰克挣起来钱。

18) 比以前，抽烟的人越来越多了。现在男的女的都会抽烟。以前女人抽烟的很少，现在的青少年也会抽烟。抽烟并不是好事。

19) 到了北京站，然后开始了我的第一次中国旅游。

8. 篇 章

还有:

1) 因为这自行车是他从来没见过的最漂亮，最好的自行车。但是爸爸不给买他，还有杰克没钱。所以他买不到自行车。

2) 爸爸对他说: "你真要那个自行车的话，你自己挣钱吧"，还有告诉积攒的方法。

3) 我觉得对未来的期待感给我们一种刺激，还有这期待感变成认真生活的原动力。

4) 我的班的汉语水平很高，还有同班同学的性格也给我带来满足感。

5) 在上海留学生活给我有很多回忆，跟外国人交流是在韩国不能做的。那个时候，一起学习的朋友，还有我的中国朋友现在没有联系。但是对我难忘的人。

6) 我们想周五晚上出发。反正家人都累，还有爸爸还开车，但是我家人全都嘻嘻哈哈地谈笑。过了四个多小时，终于到了江原道。

7) 清明的天空，雪白的山，时而看到的封冻的瀑布和天空中飞来飞去的鸟，一起创造的一幅画。我到了山顶以后，看了周边，不知不觉心里很舒服，还有突然想了我自己。

8) 雪乐山是我的伟大的老师，还有它给我的风景永远忘不了。

9) 我们到哈尔滨的时候，温度是零下四十度，非常冷，受不了。但是，哈尔滨让我们的印象很好。原因是街上很干净，还有人们都很亲切。

10) 这里的雕刻都是用冰作的。这里的冰好像晶亮的宝石，还有我觉得雕刻家们创造了奇迹。感动了。我现在也是想当年，想起来当时的感动。这次冬天，我打算又想去哈尔滨。

11) 在最高的西峰上，我看了四周。巍然不动的许多陡峭山峰是像画屏似的。还有山周围环云也是，像灰茫茫的雾，风景很不错。

12) 到了杭州，在街上的情景跟别的城市一样。可在杭州有一个很大的花园，我一进门就觉得花都是假的，因为那里的花都像一幅画一样美丽。所以，我在花园里拍了很多照片留作纪念。还有引人注目的就是高高的塔。有人说那个塔的历史很久。

13) 我觉得对未来的期待感给我们一种刺激，还有这期待感变成认真生活的原动力。

14) 我想当记者以后，社会壁壁孔孔都采访到。采访一般人不可以知道的事儿。然后给大家揭露社会的真相。我觉得这对社会发展有益，我替一般人可以改修社会的问题。还有这就是我心愿的理想的我的未来－－在什么地方，对什么人都需要的人。

15) 我的班的汉语水平很高，还有同班同学的性格也给我带来满足感。

16) 我对妈妈说："妈妈，过得怎样啊？好吗？我在这儿努力学习。"当时，我情不自禁地流了眼泪。当时，我没有朋友，还有认识的人一个也没有，而且觉得我跟汉语不适合，所以，真难过。现在也我的汉语水平很差。但是，比以前好多，还有，我的周围有很多好朋友。

17) 在上海留学生活给我有很多回忆，跟外国人交流是在韩国不能做的。那个时候，一起学习的朋友，还有我的中国朋友现在没有联系。但是对我难忘的人。

18) 韩国朋友穿着韩服跳传统舞，既古雅又纯洁。还有打太拳道的时候，能看出来虽然小的国家，但有强力的力量。

19) 那时候我们看见了湖，还有划船。

20) 我的宿舍 很干净，还有很大，还有很新。

21) 心情有点闷，还有复杂。

22) 这几个月我有很多大进步。刚来中国的时候，一句话都听不懂，还有一句话都不会说。

23) 现在也我的汉语水平很差。但是，比以前好多了，还有，我的周围有很多好朋友。

24) 我觉得对未来的期待感给我们一种刺激，还有这期待感变成认真生活的原动力。对未来的期待感，希望，心愿是好象生活中维生素。

25) 我觉得这对社会发展有益，可以替一般人解决社会的问题。还有这就是我心愿的理想的我的未来－－在什么地方，对什么人都需要的人。

26) 但是不久交了朋友， 还有说汉语也越来越好了。那时候就开始了难忘的留学生活。

27) 那时候我终于知道了， 我的痛苦就是妈妈的痛苦，还有知道了妈妈的爱是无条件的。

28) 我最亲爱的一个女人是大眼睛还有樱桃小口。

29) 我打算新婚旅行去法国。因为法国很漂亮， 还有为了欧洲，附近有很多国家。

30) 韩国汉城春天暖和，还有刮风。春天平均气温10度，汉城夏天很热，还有下雨多。

31) 她住在韩国，还有她在公司工作。

32) 她很漂亮还有性格也很好。

33) 他的特长是演奏，还有现在比他在韩国时更胖了，还有我也一样。

省略:

34) 我想肯定一会就会好，所以我去上课了。过了半天，我的脸一点儿也没有边化，看我们的情况。不但离开家里人，好朋友，而且生活环境都陌生。很多环境不熟悉，但是我估计通过这一段时间的努力会得到珍贵的果子。

35) 他叫张承秀。他上高中的时候家里很贫穷，并且，喜欢玩，交不好的朋友。他连高高中也中途锒学之后，开始了所有非常辛苦的打工。有一天突然想学习。因为，他的学历不高，所以，跟大学毕业的人一样工作，甚至更辛苦地工作单他的报酬比他们少。他下决心自己也要上大学。然后，他得到了汉城大学法律系第一名合格的成果。

36) 现在我觉得也是我不的部分很多。但是我不断地努力，还有我自己培养自己。我很喜欢我的妈妈。妈妈是个外柔内刚的人。看样子很瘦，说话也温和，可妈妈实际上很强，在任何困难面前都不低头。妈妈像普通的妈妈一样，疼爱我和妹妹，努力好好儿照顾我们。但是妈妈的教育方法跟别的妈妈有点儿不同。

37) 以前我也有这样的经验，我去朋友家，朋友的妈妈也是常常说"多多吃吧。"和他们一起吃了饭，以后也继续出来吃的东西。当时我也负担很重。

38) 这件事后我感到了。我努力做事后得到的成就感是非常幸福。

我来中国之前就听人们说大连是个非常漂亮的的海城市，所以，当时我就想。如果我有机会来中国，我一定要去大连看看。

39) 第二天，我们到了老虎滩。我们在极地馆里看到了企鹅，白熊，白鲸，海狮等等。

40) 我小孩子的时候有了相似的事。那时我梦寐以求的篮球鞋。为了朋友们都有这种鞋，只有我一个人没有。我告诉爸爸可爸爸对我说不会买给我篮球鞋。因为我有很多运动鞋所以又买鞋是浪费钱。

41) 奔走一天，我们觉得非常饿。只要是能吃的，什么都可以。我们进去了附近的一家餐厅。当时我们不太习惯中国菜，但是我们都吃得很香。吃了晚饭以后，就疲倦袭来。我们去宾馆就睡觉。

42) 我们到了长白山后，高高兴兴地爬山了我尝到了各种各样的风景，清新的空气的味道。然后，我们终于到了那么渴望的天池。我一看到非常庞大的天池就一句话也不敢说。

43) 坐火车，做汽车的时候我真受不了了。不过我希望看天池。所以我应该忍耐一下。
看天池的时候我觉得好像看小大海。真美丽。我想在那里又有这样的美丽景色。我觉得好像没有。我不想去回家。

44) 这是我的最难忘的旅行。以后我有好多旅游机会。我希望去世界各地，希望看世界名胜古迹。

45) 我在韩国的时候我不常去旅游，2003年，我第一次来中国，我处次来的地方是苏州并上大学地方也是苏州。

46) 我是今年22岁的青年人。我小的时候常常和家人一起去旅游。我家有五口人，爸爸，妈妈，妹妹，弟弟和我。

47) 我们去的时候幸亏是冬天，所以我们能和电视剧里的主人公共享那美丽－那里叫"南移岛"。我们当天凌晨6点出发，11才到了南移岛。

48) 我和妹妹把爸爸和妈妈推到那堆行列，帮他们拍一张很有浪漫的照片。因为当时我没有男友，所以我估计我一定会觉得很郁闷，但是我最爱的家人陪我一起，我倒觉得一点也不寂寞。

49) 我来长春不到一个月我跟我的朋友大胆地决定去旅行。但因为我们还没熟番中国生活也只有两个女人去旅行比较危险，所以当时我的前辈呀，我认识的人都劝我们不要去。

50) 他是长春师范大学的学生。他说他的家在大连，所以回家的。我不知道以后什么时候再来大连，可是我不能忘记大连的活力，人们的亲切，干净的风景。我所有的这一切都放在我的心上然后我都带去韩国。

51) 我去过长白山和哈尔滨，长白山是去年8月去过一趟，当时我来中国以后第一次去旅游，所以我非常高兴。

52) 以前，我不太喜欢旅行了。因为我总觉得的旅行多么有意思也觉得累，所以我一直从来不太喜欢旅行了。但是有一次旅行把我变成旅行迷了。

53) 回来汉城的时候，我舍不得离开济州岛。如果，再有机会的话，我真希望在去一次。

54) 我一听她的这句话当时我就愣了。我马上看了一下周围，有一个女孩儿在那里手里拿着两个旅行包，背着一个大背包，脸长得像桃花似的，身高1米58左右微黄头的女孩，我这么和我母亲说了以后，母亲说就是她。

55) 2002年，暑假的时候，我和中国朋友们一起去长白山。我去长白山的前天，兴奋得一夜都没合拢眼睛。我以前非常希望去一次长白山，终于睡一夜就出发了。

56) 我们第一次去的地方是海洋博物馆。我听说这个海洋博物馆是在东方第三名，我也新奇，我的女朋友也是新奇了。

57) 我们不知道在大连有东方中最大的动物园。所以，我们预定明天去动物园。

我们去大连的这个地方那个地方，我们学了很多好处。我突然想起来了，我想在这儿学习，但是，在长春有朋友还有中国朋友，老师等等。

58) 我们先一起去在延吉最有名的饭店。我们一边吃一边聊天。吃完以后我们开始延吉旅游。我还想他们。我还感谢他们。这次旅游的时候风景很美是美，但是那个朋友们绝对忘不了。

59) 我想我自己"老人也上去我怎么不能去呢?"然后我也重新决心。

60) 我去年7月的一天，我和几个朋友一起去西安旅游。早听说西安有许多很美丽的地方。我从来中国以前对西安感兴趣。

61) 可是，我看到就知道了。我不知道怎么说才好。我真可疑了，这兵马俑是真的人作的。

62) 我走得很快。因为我可疑了老奶。我尽力以后，见面我的朋友。然后，我对朋友说刚才的事情，我一个朋友对我说："看一看你的钱包"突然我很担心，怎么办!我钱包丢了。我想一想以后，可疑了老奶。

63) 在釜山站，我男朋友接我。我们高兴地见了面。然后我们先去太宗大。

64) 我欣赏海景的时候，看到了我旁边的老两口子。

65) 我不会忘他的声音和脸上总是挂着微笑。我决心老年以后再来这儿。

66) 我被晚上8点激光表演吸引了。我不自不觉叫"哦—"的声音。无论男女老少，外国人都感叹了。

67) 通过这次旅游我得到独立心和可以看到世界的视力。我感觉到家里人的珍贵。

68) 我认为最好的方法是为了家人甚至为了国家戒烟。但是如果不能戒烟的话，我希望吸烟的人千万别做侵害公众健康的事。

69) 总之我认为吸烟是绝对不是个人的事情，侵害公众健康的事。

70) 两年前，在韩国很有名的明星死了。死的原因是，他每天抽了两盒烟，得了恶病死的。他死之前，做了一个广告。他劝告吸烟的人，吸烟没有好处。

71) 说实话，我也经常吸烟。不过我不吸烟的时候，别人在找我身边吸烟的话，我也受不了。

72) 2005年我要戒烟。因为我已经知道吸烟对未来我的家人会有很不好的影响。还有，我听说以后烟价由政府来高一点儿。戒烟的话，我能省生活费。所以我一定要戒烟，也想劝说"你们也戒烟吧！"

73) 我们需要精读书。我们需要对孩子们教育精读的重要性。我们再想小时侯好看书长大以后带来的影响也。不少。这样想我们不能轻视精读的重要性。

74) 从小的时候，我也吸了烟。我也不知道吸烟对健康和精神都不好，我也试不吸几十次。但是每次都失败。还有我已经习惯了。

75) 有人说吸烟是人的自由。所以在任何地方吸烟都无可厚非。我反对这样看法。我很喜欢吸烟，但是有不吸烟的人的地方时我也不吸烟。

76) 有一个女人，在大企业上工做。她的学历不错，她很聪明。可是她的长得很难看。所以这个企业不让她工作。

77) 在韩国有一种传说贫困的人会更贫困，有富裕的人更富裕。说有道理可是不完全对。比如说世界球王贝利，他现在很富有，但他小的时候却是非常贫穷的可是他不怪自己的环境，比富裕的人更努力踢球。

78) 现在韩国的演出市场很红在舞台上表演的时候很特别，所以韩国的青少年都羡慕他们。

79) 世界上有两种类的人。一个是穷苦的人，一个是不穷苦的人。不过，非常难过世界上穷苦的人比不穷苦得多。

80) 对我来说，我来中国已经2年多了，但是现在我的汉语水平不太高，因为我做这样的弄错。我刚来的时候，心理有点儿着急，因为当时我已经21岁了，但是在长春的留学生大部分比我年轻。

81) 我每天找了早点儿毕业的办法。但是我是刚来的学生，所以一句汉语也不会说话。我想了很多次，当然这是对我很好的机会，我会早点儿毕业。当时我心里来不及了。所以我同意了老师的意见。我入学以后不努力学习因为我觉得已经达到了我的目的。

82) 国庆节是个旅游节人人都出去旅游或回家，而很难买到火车票，所以向很多人打听了。但是都搞不清楚购买火车票的方法。

83) 虽然高级HSK考试多么难，但是不想放弃。反而我想把高级考试做个学习进步的机会。

84) 我看了这部电影以后，被他们之间的挚爱所感动。我以前也看过很多这种内容的电影和电视剧。每次都看过以后我都回想，如果我遇到这样的事，那我该怎么做呢？我想我会选择跟他一起去死，因为我很喜欢我的男朋友，我把他当成我沙漠中的一片绿洲，如果没有了这片绿洲，让我来天天面对沙漠，我会崩溃。

85) 它的脸孔比较宽，扁，两个耳朵和眼睛之间有一定的距离。它的鼻子是黑色的，眼睛又大又圆，胸部比较宽，他的身材像狮子一样，还有它的前腿比较短。后退虽然有点细可却结实。

86) 我不容易得到感冒。如果我感冒了，就一个星期不能吃饭，吃药也没用。我很小的时候得到了一次感冒，当时感冒得太严重了。我的体温升到41度，我疼得一直睡不着了，那时候我的妈妈一直在我的身边照顾我。我感觉到了妈妈给我的爱。我有对妈妈很对不起的事。我上学的时候身体总是不好，让妈妈担心。其实我学习方面的压力很大。我每次考试的时候都担心让父母失望。

87) 我突然觉得很害怕，我下课后给妈妈打电话。然后我跟妈妈一起去医院了，医生说："一半脸的神经麻痹了。"

88) 爸爸，我来中国后，对我的理想想得很多。我有我的目标，为了达到我的目标，我现在在学习上，还要求我自己精益求精。

89) 我希望更多年轻人能看梁山伯与祝英台的爱情故事。我也作为一个现在年轻人，不相信了永远的爱。但是我看着那个故事想变了。他们虽然活着的时候，不在一起了，可是死了以后终于在一起。

90) 虽然我先可以打电话，可是我又打电话反复说的话，爸爸可能会更难过。

91) 这次旅行的期间虽然短，但是对我很好的机会。经过这次旅行，再一次感到了我自己是多么幸福的人。而且我所有的想法变成了比较乐观的。其中，我最开心的是得到了信心！

92) 这个故事的大概情节是：有一个十岁的男孩儿，他非常想要一辆红色的自行车，他跟爸爸商量以后，他们决定拿卖报赚的一部分钱，买自行车。他经过卖报赚钱的困难的过程，终于自己努力买自行车。

93) 我读了『我能行』这个故事，我先觉得他爸爸是一个又有智慧又聪明的人。

94) 我初到中国的时候，我不知道时间什么时候过去。但是我不知不觉过了三年了。我明天由中国返回韩国。我想要成为经历多，见识广的人，但是如今我什么都也缺了，所以我舍不得离开中国。其中，朋友依依惜别是一件十分可惜的事情。

95) 回国哪天，天色阴沉，那个天气跟我的心一样。我的行李不太重，但是我感觉很重，因为心情沉重，到了飞机场的时候，我愕然吃惊，我的朋友在那儿！我真没想到，所以我很感动了，我们流着眼泪，我们都不说话，可是她会意地点了点头，这个是应该只可意会，不可言传的事情。

96) 我来中国以后，我经常感到孤单，所以我决定养动物，但是我住在宿舍，所以养动物的条件是很不好的。

97) 妈妈有一天对我说：“我们去旅行吧。”其实不想去，但是已经定票了，所以不得不去。

98) 我和妈妈的关系跟朋友一样，我难过的时候跟妈妈一起商量，我高兴的时候一起高兴，妈妈是我的支柱。

99) 我喜欢看月亮，其中特别喜欢的是中秋节的月亮。因为首先它是又圆又大，很美丽，还有能想到以前跟家人一起过的丰盛和快乐的中秋节。这次中秋节也看了月亮。窗户前边持着下巴一边看月亮，一边想我的家人。

100) 以前我不太知道我的家人我的心中占了多少但是离开了家人，我度了一个人生活以后才知道，家人的重要性。

101) 要是老师对问我理解是什么？这很难说，但我有我自己的理想，我以为每个人都有不同的理想，我觉得为了自己的目标一直努力才能达到接近理解，我最重视看是准备?

102) 后来毕业了。要回韩国不得不对她告别了。那时侯我看到她的眼泪就很悲伤。回国那天在机场她来了，这是俩个人的最后惜别。

103) 总得来说进部狗是韩国的国宝，而且表现出极大的勇敢和智慧又顺从主人，所以人们应该对它关心和珍惜它。

104) 我们坐电动船坐了一个小时，我看起来湖不干净，但是游泳的人很多。我吃惊。

照应:

105) 各个国家都有非常有名的名胜古迹。中国也有有名的名胜古迹。

106) 现在社会的家庭就养一个孩子。所以孩子要什么给他买什么。孩子在家什么都不会自己做，父母都一切替他孩子。

107) 有一个爸爸和他的儿子，在许多事情上，爸爸和儿子的看法不一致。

108) 上次寒假的时候，我去釜山旅游了。釜山是韩国的代表旅游城市之一。早听说，釜山的风景很美丽，尤其是釜山海的风景。其实，我从来没有一个人的旅游，免不了有些紧张。

109) 我就欣赏爬山越岭了。爬山觉得身体很累但，看到周围美丽的花就忘掉累，而且感觉向我鼓励似的。因此我具有它们的鼓励继续爬山得时候，从远里的地方渐渐响了莫一种声音。

110) 我的爸爸在建筑公司工作，他是老板。他现在主持建造我们的新家。所以整天很忙，而且很累，我十分想帮助爸爸，可是我在中国读书，没有办法帮助他，我觉得很可惜。

111) 我的妈妈是一个家庭主妇，她平时在家做家务，打扫房间，洗衣服，做饭等等。还有照顾我们全家人的生活。她没事的时候喜欢看电视，读报纸，听音乐。

112) 以前的父母如果自己的孩子犯错误的话会责备自己的孩子。可是现在有些父母不这样做。

113) 我很喜欢我的妈妈。妈妈是个外柔内刚的人。看样子很瘦，说话也温和，可妈妈实际上很强，在任何困难面前都不低头。妈妈像普通的妈妈一样，疼爱我和妹妹，努力好好儿照顾我们。但是妈妈的教育方法跟别的妈妈有点儿不同。

114) 我认为最好的方法是为了家人甚至为了国家戒烟。但是如果不能戒烟的话，我希望吸烟的人千万别做侵害公众健康的事。

115) 首先，在媒体上经常播吸烟的坏处，所以让人们体会到戒烟的重要性。

116) 人们每年新年的时候，都打算新的计划。其中，吸烟的人也下决心这年一定要不吸烟。这样吸烟的人也觉得吸烟对身体不好。所以我可以这样说, 吸烟是这个世界上不需要的东西。所以一定要消失!

117) 由于吸烟,   引起了各种各样的问题。问题的大多是很严重。其中, 有代表性的例子就是"间接吸烟。"

118) 我认为最好的方法是为了家人甚至为了国家戒烟。但是如果不能戒烟的话, 我希望吸烟的人千万别做侵害公众健康的事。

119) 普通吸烟的人是男人。吸烟的人容易看比如说在马路上,   公众场所, 洗手间什么的。吸烟的人吸烟的时候不想别人的健康。

120) 我认为应该解决吸烟问题。因为吸烟问题不是一个人的问题, 就是公众的社会问题。但是所有的人感不到这样的严重性。所以我们应该想在两种角度。

121) 现在社会上流行的是不吸烟。因为不但个人的健康不好,   而且别人的健康也不好。

122) 世界上吸烟的人很多。我也吸烟。吸烟的人都知道, 吸烟是对健康真不好。他们虽然希望禁烟, 但是不能禁烟。因为是他们已经中毒了。

123) 所有的事应该有分寸, 如果没有分寸的话, 所有的事乱七八糟了。

124) 最近天气越来越冷, 你的身体还好吧。我总是很担心你的身体。

125) 我的妈妈今年50岁, 我小的时候, 妈妈照料家人, 所以妈妈没有时间和经历想她的爱好。但是现在我们都长大了, 妈妈也开始培养她的爱好。

126) 妈妈的爱好是打保龄球, 妈妈对运动很感兴趣。妈妈经常说: 运动的时候, 非常高兴。

关联词语

127) 虽然儿子被父亲的强硬路线所激怒, 可是不能丢弃那辆自行车, 儿子拼命地工作。

128) 无论她有没有时间, 她照顾我, 帮助我。

129) 虽然你和妈妈很愿意我来中国留学，可是也没有了我的愿意。

130) 我之所以这样心理放松，对这个故事有一种美丽。美丽的汉字不仅是用跟风景一样的形象，我认为最美的是有我们的心里。

131) 还有父亲的教育方式让我教训。父母的爱不是溺爱，就是帮助孩子自己的独立思考，独立行动。

132) 『我能行』里出现两个主人公。其中一个是以少工作一些为自己最大的幸福的10岁孩子。有时让朋友替自己卖报纸，自己去养殖场看鱼玩。挣不到多少钱，就去买冰激凌吃。有时去家附近的黄石公园狂玩一阵。

133) 这本书的主要人物是父亲和儿子。儿子很想得到一辆自行车。可是，父亲不给他买。儿子认为父亲是非常吝啬人。所以，他自己少工作一些。他虽然卖报纸，可是10岁孩子的收入不太多。爸爸的想法很顽固，儿子很伤心。那天，爸爸只出儿子的方向。如果，儿子少看电影，少吃点心，少买玩具的话，能攒钱。虽然儿子被父亲的强硬路线所激怒，可是不能丢弃那辆自行车/儿子拼命地工作做。他过吃苦耐劳的天，终于自己买那辆梦寐以求的自行车。

134) 有一天，他看重了一辆自行车他向爸爸给他买但是，他的父亲不给他买，却让他自己挣钱后自己买自行车。

135) 我很喜欢我的妈妈。妈妈是个外柔内刚的人。看样子很瘦，说话也温和，可妈妈实际上很强，在任何困难面前都不低头。妈妈像普通的妈妈一样，疼爱我和妹妹，努力好好儿照顾我们。但是妈妈的教育方法跟别的妈妈有点儿不同。

136) 可是这爸爸与其亲手买自行车，教儿子如何买自行车。

137) 那些孩子们不但不知道珍惜它，而且动不动丢。

138) 她对我只有一句话："现在的分离不是永远的，以后为又一次相逢

的约定。"我听了她的话感动极了，虽然天色阴沉，但是我心里的色
呢……很清凉。

139) 他努力工作，终于买了自行车。妻着自行车回来的路上，儿子感到
非常幸福，而对爸爸非常感谢。

140) 父母真正地爱他们的孩子，应该好好儿想哪个是最好的办法。

141) 但爸爸不想让孩子拥有那辆自行车。让孩子少吃东西，少看电影，
尽自己的力让他买自行车。孩子卖报纸，送信员。终于攒了钱买到
他想要的自行车。

142) 吃苦耐劳的人，能知道什么是甜。培养孩子的独立性和自信感。
孩子会能适应社会生活。

143) 入门社会的时候肯定他们很难适应社会。他们从社会被淘汰。于
是小孩子的时候出现了家庭教育的重要性。

144) 我小孩子的时候有了相似的事。那时我梦寐以求的篮球鞋。为了
朋友们都有这种鞋，只有我一个人没有。我告诉爸爸可爸爸对我
说不会买给我篮球鞋。因为我有很多运动鞋所以又买鞋是浪费
钱。

145) 有一天儿子在商店前边看了他平时梦寐以求的自行车。他很想买
那一辆自行车。儿子纠缠地请爸爸买给我自行车。但爸爸断然拒
绝了。

146) 『我能行』故事中的爸爸是那样的人。孩子很想要一辆自行车，可
是他不是马上给孩子买。他告诉怎么能你自己买。

147) 我想，虽然中国家只有一个孩子。因而更对孩子重要独立性，培养
责任感。

148) 这篇文章的内容是一个教育办法。书中有一个爸爸还有他儿子。
儿子很想买一辆自行车。但爸不能买给儿子。所以他想起来一个

办法。就是脚给儿子挣钱。

149) 奔走一天，我们觉得非常饿。只要是能吃的，什么都可以。我们进去了附近的一家餐厅。当时我们不太习惯中国菜，但是我们都吃得很香。吃了晚饭以后，就疲倦袭来。我们去宾馆就睡觉。

150) 爬了差不多一半的时候，我浑身是汗，气喘吁吁，但是我不由得这样自言自语："啊？现在我累得要命，为什么心却不累呢？"

151) 2002年9月某一天，我和我的同屋打算去长白山。我们本来打算两个人去长白山。可是，我周围的人听了我们的消息后，他们也想一起去长白山。

152) 我在中国过了三年。所以在中国各地旅游不少。其实我特别喜欢旅行。其中一辈子难忘的旅行是来中国以后第一次旅行。

153) 找一个酒店定房间的时发生事了。服务员说因为我没有身份证不能定房间。但是有一个好服务员帮我定房。我真不知道怎感谢她，好几次说谢谢你。

154) 我们问他大连的名胜观光和便宜而干净的旅馆等。不管很累他很亲切地告诉我们，也他的电话号码给我们说如果旅行中游困难的话联系吧。

155) 人们每年新年的时候，都打算新的计划。其中，吸烟的人也下决心这年一定要不吸烟。这样吸烟的人也觉得吸烟对身体不好。所以我可以这样说，吸烟是这个世界上不需要的东西。所以一定要消失！

156) 平时我们俩都爱锻炼身体，认为这次去旅行不是很苦的，而是像春游一样的。

157) 总之我认为吸烟是绝对不是个人的事情，侵害公众健康的事。

158) 有一天，她觉得身体不好。马上去医院了。检查以后，医生对他说："你是不是吸烟？"她说："没有"又医生对她说，"那么你的丈夫吸烟吗?" 所以她回答, "是" 她终于明白了医生为什么对我这样说。
她就是得了癌。她在电视里说了自己为什么得了癌。

159) 这个问题很严重, 这仅仅不是一个社会的问题, 而是全社会的问题。

160) 作者写书的时候, 为了使读者给丰富的感觉, 所以有的部分写得详
细。有的部分让读者自己想, 所以省略。但是快速地读书的话不能
了解作者要给我们的意思。

161) 总之我认为吸烟是绝对不是个人的事情, 侵害公众健康的事。

162) 那么为了个人的自由和个人的生活, 我们就要让他们随时随地吸
烟, 还是因考虑别人的健康而需要一些制度来控制他们?

163) 在友谊会馆教室外边, 休息的时候很多人吸烟, 既空气不太好又侵
害公众健康。老师考虑学生的健康应该具备吸烟室。

164) 我认为应该解决吸烟问题。因为吸烟问题不是一个人的问题, 就
是公众的社会问题。但是所有的人感不到这样的严重性。所以我
们应该想在两种角度。

165) 吸烟对精神和健康不太好, 所以现在世界上吸烟的人越来越少。其
实, 我不知道别的国家情况, 所以关于我的国家说一下。

166) 可是我想法不一样。贫困是一种环境不是一笔财富。人间会有成
功不会成功的理由不是环境是他的精神面貌。

167) 如果你过去很努力。遇到困难就放弃它, 那么一切都会化为泡影,
就会半途而废。

168) 有这样的精神面貌的时, 不管穷的人富有。

169) 人家都不愿意贫困的生活, 因为人类起源和希望不是贫困就是富裕。

170) 总得来说, 无论自己的环境不好, 可是不能怪自己和环境, 最重要
的是相信自己。

171) 无论什么事情好好解决, 在自己的位子全力就会成功。

172) 我觉得有钱的是不是他们，就是他们的父母。

173) 无论什么人都希望。快达到自己的目的，还有快获得成功。

174) 登山的时候谁也想登山的顶颠但是，谁也知道。不能直接到顶颠。一步一步走，投资时间的话，能到山的顶颠。

175) 对我来说，我来中国已经2年多了，但是现在我的汉语水平不太高，因为我做这样的弄错。我刚来的时候，心理有点儿着急，因为当时我已经21岁了，但是在长春的留学生大部分比我年轻。

176) 我每天找了早点儿毕业的办法。但是我是刚来的学生，所以一句汉语也不会说话。

177) 我不但是不怎么听妈妈的话而且在家里啥都不干的儿子。

178) 我想妈妈不是期待任何报酬而做这些事的。也不是为了妈妈自己的高兴做的。是因为妈妈爱我，才能做这些活儿。

179) 一个男女之间有爱情，但不能自由的恋爱，而且婚姻大事由父母来决定的社会气氛为时代背景。所以婚姻的时候不在乎男、女俩之间的爱情，只看重门当户对。

180) 虽然练口语的时间多但是做在椅子上把两只胳膊摆在桌子上练写字的时间很少。

181) 属于韩国的亚洲和太平洋国家特别严重缺水，环境污染。一个人可以使用的淡水比例是最低的。于是韩国和这地区的的国家对增加水消费量和严重的环境污染要想解决的方法。否则，快要面临缺水现象了。

182) 于是，为了了解缺水的现象，从日常生活逐渐要变化。在家里可以解决缺水现象有几个方法。

183) 由此可见具有泡菜各种各样的好处。所以泡菜不是韩国的固有饮食，而是在世界各地逐渐发展的趋势。

184) 最近我的心情不太好。不知道原因是什么但是什么都不想做，变了无力的人。找个时间我在家里一边看书，一边想到底是为什么这样。

185) 总之，我认为吸烟绝对不是个人的事情，侵害公众健康的事，我很希望吸烟的人考虑除了自己以外所有的人。当然吸烟是自己的自由，但是如果影响到别人的话，这就不是个人的事了。我认为最好的方法是为了家人还有为了国家戒烟。但是如果不能戒烟的话，我希望西眼的人千万别做侵害公众健康的事。

186) 昨天在新闻中报道，吸烟的人比喝酒的人更容易得肺癌，死亡率更高。

187) 在友谊会馆教室外边，休息的时候很多人吸烟，既使空气不太好又侵害公众健康，老师考虑学生的健康应该开设吸烟室。

188) 最近的社会，虽然能保障自己的自由，而且最重要是人的共同生活。

189) 虽然用钱可以做很多事情，但是不仅有钱也有不能做的事情。

190) 我宁可饿死，但也不会接受他的帮助。

191) 宁可你不喜欢他也他永远喜欢你。

192) 有一个女儿不但不给自己的母亲吃饭，而且虐待她了。

193) 现在的父母很孤单，一刻一刻地想念自己的孩子，在家里一直等着儿子给打来的电话。

194) 妈妈对孩子的爱是无缘无故的。

195) 这么严重的危机，只有他放弃了机会才变成了这样的状况。

196) 自大学毕业以来，他非常努力地做运动，他的身材就好多了。

197) 因为他犯罪了，取消了他的教师资格。

198) 虽然平时他的精神非常非常，可是每次下起雨来，他自己折磨，好象变态一模一样。

词汇衔接：

199) 以后我会更珍惜和父母在一起的日子，我想，以后只要能跟父母一起生活，那么，对我来说，天天都是节日。

200) 我上写作课的时候，看了一部电影，虽然由于时间关系我没把电影看完，但是这部电影却给我留下了深刻的印象。

201) 泡菜的种类很多。比如，用萝卜做的泡菜，不使用辣椒面儿做的泡菜等等。其中，韩国人最爱吃的是用白菜做的泡菜。

부록Ⅱ: 중한문법비교 및 제2언어 습득연구 논문

漢朝處所賓語對比

提要: 汉语, 朝鲜语都有处所宾语, 但汉语动词与处所宾语的结合力较强, 而朝鲜语受句法的制约, 动词与处所宾语的结合是有限制的。朝鲜语常用处所状语与汉语的处所宾语对应, 因此朝鲜族学生在学习汉语时, 常用处所状语代替处所宾语, 出现偏误, 因此在把汉语作为第二语言的教学中, 应注意讲解不同句法形式在表达同一意义时的语义差别。

本文以『汉语动词用法词典』收录的能带处所宾语的375个动词为考察对象, 采用语义和句法分析相结合, 定性与定量分析相结合的方法, 描写汉语处所宾语在朝鲜语中的对应形式, 为第二语言教学提供参考。

一 汉语处所宾语在朝鲜语中的对应形式

处所宾语是指动作或行为涉及的处所。汉语处所宾语根据不同的语义一般分为4小类:29) 原点处所宾语, 起点处所宾语, 经过点处所宾语, 终点处所宾语。本文具体阐述每一种类型在朝鲜语中的对应情况。

(一) 原点处所宾语

宾语表示动作或状态自始至终发生的处所。汉语能带原点处所宾语的动

---

29) 孟庆海: 『动词+处所宾语』, 载『中国语文』1986年第4期。

词共有147个，约占39.2%。

1. 汉语V+O_{原点处所}在朝鲜语里主要对应为三种形式：

(1) 对应为O_{原点处所}+ 을/를 + V的述宾结构。例如：

布置教室　教실　　을　　　장식하다

　　　　　教室　对格助词　　布置

逛商场　　상점　　을　　　돌다

　　　　　商场　对格助词　　逛

清理仓库　창고　　를　　　깨끗이 정리하다

　　　　　仓库　对格助词　　清理

读高中　　고중　　을　　　다니다

　　　　　高中　对格助词　　读

属于这类动词的有："参观, 查, 搀, 乘, 搓, 挡, 顶, 堵, 防, 防备, 防守, 访问, 缝, 负责, 改, 耕, 管, 教, 控制, 来往, 拦, 练习, 搂, 描, 挠, 闹, 跑, 批, 拼, 骑, 牵, 抢, 抢劫, 侵占, 清理, 清洗, 揉, 扫, 烧, 生, 拾掇, 使, 收拾, 守, 松, 搜查, 掏, 剃, 舔, 偷, 闻, 捂, 洗, 修, 占领, 整理, 走, 阻挡, 利用, 挨, 拔, 编, 标, 擦, 铲, 抽, 锄, 串, 吹, 登记, 扶, 跪, 裹, 夹, 检查, 见, 搅, 举, 锯, 掘, 看, 哭, 拉, 量, 留神, 留心, 抹, 磨, 念, 捏, 拧, 趴, 拍, 糅, 掐, 敲, 亲, 扇, 伤, 刷, 拴, 撕, 锁, 托, 挖, 围, 吻, 握, 绣, 压, 轧, 咬, 铡, 种, 转, 捆"等。

(2) 对应为Ad + 에/에서 + V的状动结构。例如：

躺草地上　잔디밭　　에　　　눕다

　　　　　草地上　位格助词　　躺

吃食堂　　식당　　　에서　　먹다

　　　　　食堂　位格助词　　吃

煮锅里　　가마　　　에　　　끓이다

锅　位格助词　　煮

死家里　집　　에서　　죽다

　　　　家　位格助词　　死

　　属于这类动词的有: "蹲, 和, 记, 煎, 落, 立, 留, 流传, 流行, 普及, 签, 睡, 停, 驮, 养, 在, 站, 蒸, 住, 坐, 丢, 游"等。

　　2. 汉语(绝大部分), 朝鲜语(约50%)述宾结构能变换成状动结构, 汉语用介词"在"把原点处所宾语移到动词前边, 形式为"在+Ad+V", 而朝鲜语则语序不变, 用位格助词에/에서替换对格助词을/를即可, 形式为"Ad + 에/에서 + V"。例如:

擦中间　　중간　　　을　　　　닦다

　　　　　中间　位格助词　　擦

在中间擦　중간　　　에　　　　닦다

　　　　　中间　位格助词　　擦

锄地头　　밭머리　　를　　　　매다

　　　　　地头　位格助词　　锄

在地头锄(草)밭머리　에서　　　매다

　　　　　　地头 位格助词　　锄

　　汉语, 朝鲜语基式和变换式存在一定的差异。两者的语义差异是: 前者侧重表示动作是在处所的整体范围进行的, 而后者则侧重表示动作是在处所的局部范围发生或进行的。汉语与朝鲜语不同的是, 汉语基式和变换式存在语用差异, 即前者语义重心在宾语, 强调动作发生的处所, 而后者语义重心在述语动词, 强调发生的动作。还有些存在口语和书面语的语体差异, 如"睡大床"一般用在口语, "在大床睡"一般用在书面语。

　　语用差异常常导致朝鲜族学生习得汉语的语用偏误。如应该使用V+O$_{原点处所}$形式却用"在+Ad+V", 反之亦如此。

(二) 起点或经过点处所宾语

宾语表示动作发生的起点或经过点的处所。汉语能带起点或经过点处所宾语的动词共有30个, 约占8%。

1. 汉语V+O_{起点经过点处所}在朝鲜语里主要对应为两种形式:

(1) 少部分对应为O_{起点经过点处所} + 을/를 + V 的述宾结构。例如:

掸房顶　　지붕　　　을　　털다
　　　　　　房顶　位格助词　掸

烤两头　　양쪽　　　을　　　굽다
　　　　　　头　位格助词　　烤

蹦水沟　　물도랑　　을　　건너뛰다
　　　　　　水沟　位格助词　　蹦

闯大本营　대본영　　　을　　뚫고 나가다
　　　　　　大本营　位格助词　　　闯

(2) 大部分对应为O_{起点经过点处所}+을/를 + V兼 Ad + 에/에서, 로/으로 + V的结构。例如:

出教室　　　교실　　을 /　　에서　나오다
　　　　　　教室　对格助词　位格助词　出

过桥　　　　산　　　을 /　　에서　내려오다
　　　　　　桥　对格助词　位格助词　过

经过沙漠　사막　　　을　　지나가다
　　　　　　沙漠　对格助词　经过

属于这类动词的有: "掰, 补, 拆, 扯, 出, 叠, 动, 划, 揭, 砍, 啃, 离, 离开, 劈, 起, 梳, 挑, 下, 转移, 绕, 通, 通过"等。

2. 汉语, 朝鲜语能带起点处所宾语或经过点处所宾语的动词较少, 有些动词只有后续附加成分组合成动词性结构, 才能带起点或经过点处所宾语。

如汉语"走，奔，蹦，冲，飞，爬，钻，跳，逃"等动词后续趋向动词"下，出"组合成动趋式结构，就能带起点处所宾语，而与此对应的朝鲜语动词则后续动词나오다(出来)，오다(来)，나다(出)组合成复合动词，就能带起点处所宾语。例如：

走出邮局　　　　우전국　　　을　　　나오다
　　　　　　　　邮局　　对格助词　　走出
跳下汽车　　　　자동차　　　를　　　뛰어내리다
　　　　　　　　汽车　对格助词　　　跳下

又如汉语"走，跑，飞，爬，钻，跳，游，驶"等动词后续"过"组合成动补式结构，就能带经过点处所宾语，而与此对应的朝鲜语动词则后续지나가다(过去)，넘다(过)，건너다(过)组合成复合动词，就能带经过点处所宾语。例如：

飞机飞过头顶　비행기　는　　머리우　를　　날아갔다
　　　　　　　飞机　话题格　头顶　对格助词　飞过
他跑过药店　　그　는　　약방　을　　뛰어지나가다
　　　　　　　他　话题格　药店　对格助词　　跑过

3. 汉语，朝鲜语带起点或经过点处所宾语的述宾结构都能变换成状动结构，而且基式和变换式存在一定的差异。

汉语用介词"从"把起点处所宾语移到动词前边，形式为"从+Ad+V"，而朝鲜语则语序不变，用位格助词에/에서替换对格助词을/를即可，形式为"Ad+에/에서 +V"。例如：

离开学校　　　　学교　　　를　　　떠나다
　　　　　　　　学校　　对格助词　　离开
从学校离开　　　学교　　　에서　　　떠나다
　　　　　　　　学校　　位格助词　　离开

下山	산	을	내려오다
	山	对格助词	下
从山(上)下	산	에서	내려오다
	山	位格助词	下

汉语，朝鲜语基式和变换式的语义差异是：前者侧重强调离开的整体处所，表示一次性，特定的动作，而后者则侧重强调移位的具体的起点，表示反复性的，规律性的动作。

汉语经过点处所宾语也用介词"从"把经过点处所宾语移到动词前边，形式为"从+Ad+V"，而朝鲜语则语序不变，用造格助词로/으로替换对格助词을/를即可，形式为"Ad+로/으로+V"。例如：

通过沙漠	사막	을	통과하다
	沙漠	对格助词	通过
从沙漠通过	사막	으로	통과하다
	沙漠	造格助词	通过
穿胡同	골목	을	통과하다
	胡同	对格助词	穿
从胡同穿	골목	으로	통과하다
	胡同	造格助词	穿

汉语，朝鲜语基式和变换式的语义差异是，前者意在强调处所的"点"，即是强调某个处所的整体，而后者则意在强调处所的"面"，即所经过的某个空间。

(三) 终点所处宾语

宾语表示动作或物体到达的处所。汉语能带终点处所宾语的动词共有198个，约占52.8%。

1. 汉语V+O_{终点处所}在朝鲜语里主要对应为三种形式:

(1) 对应为O_{终点处所} +을/를+ V的述宾结构。例如:

担心家里	집	을	걱정하다
	家	对格助词	担心
炸山头	산머리	를	폭파시키다
	山头	对格助词	炸
到达北京	북경	을	도달하다
	北京	对格助词	到达
张望远方	먼곳	을	넘겨다보다
	远方	对格助词	张望

属于这类动词的有"包, 测, 倒, 惦, 调动, 钉, 解放, 抠, 赔, 劈, 淘, 腾, 舔, 袭击, 参加, 抽, 到, 登, 点, 垫, 叮, 盯, 糊, 加入, 接近, 抹, 碰, 扑, 铺, 踏, 烫, 捅, 涂, 推, 问, 扎, 砸, 着, 照, 织, 踢, 进攻, 望, 向, 写, 搬, 朝, 达到, 捣, 对, 发盖, 拐, 回, 进, 看, 考, 靠, 靠近, 来, 捞, 爬, 喷, 泼, 去, 扔, 晒, 上, 射, 深入, 弹, 逃, 投, 往, 邮栽, 指, 注意, 抓, 转, 装, 着眼, 钻"等动词。

(2) 对应为Ad+에/로(으로)+V的状动结构。例如:

摆大屋	큰방	에	놓다
	大屋	位格助词	摆
剥碗里	그릇	에	까다
	大碗	位格助词	剥
奔上海	상해	로	달리다
	上海	造格助词	奔

属于这类动词的有: "安, 拌, 采, 插, 搀, 缠, 抄, 沉, 充满, 传, 存, 拾, 带, 戴, 丢, 倒, 跌, 钉, 订, 拉, 翻, 搁, 刮, 挂, 夹, 化, 加, 捡, 浇, 卷,

磕, 拉, 晾, 淋, 搂, 披, 撒, 洒, 筛, 摔, 摊, 套, 挑, 调吐, 脱, 卸, 印晕, 载, 沾, 长, 撞, 醉"等动词。

撵外头	바깥	에	(으로)	내쫓다
	外头	位格助词	造格助词	撵
寄南京	남경	에	(으로)	부치다
	南京	位格助词	造格助词	寄

属于这类动词的有: "背, 变, 藏, 撤, 称, 盛, 冲, 凑, 倒, 滴, 递, 调掉, 端, 堆, 躲, 放, 飞, 分, 赶, 滚, 喝, 挤, 叫, 接, 开, 流, 漏, 落, 埋, 冒, 拿, 弄, 挪, 排, 泡, 捧, 塞, 拾, 收输, 投入, 退吞, 褪, 咽, 运, 摘, 蘸"等动词。

2. 汉语(绝大部分), 朝鲜语(37%)带终点处所宾语的述宾结构能变换成状动结构, 但汉语, 朝鲜语的变换形式不太一样。汉语是用介词"往"把终点处所宾语移到动词前边, 形式为"往+Ad+V", 而朝鲜语则语序不变, 用位格助词에造格助词로/으로替换对格助词을/를即可, 共有三种变换形式, Ad+에+V, Ad+로(으로)+V, Ad+에V 兼Ad+로(으로)+V。第一种, 에表示动作涉及的具体的处所或明确的目的地, 第二种, 로/으로表示动作移动的方向, 第三种, 에兼로/으로既表示动作将要到达的明确的目的地, 又表示动作移动的方向。例如:

涂墙上	벽	을	칠하다
	墙	对格助词	涂
往墙上涂	벽	에	칠하다
	墙	位格助词	涂
望远方	먼곳	을	바라보다
	远方	对格助词	望
往远方望	먼곳	으로	바라보다
	远方	造格助词	望

去北京	북경	을	간다
	北京	对格助词	去
往北京去	북경	<u>으로</u>	간다
	北京	造格助词	去

汉语，朝鲜语的基式和变换式的语义差异是：前者侧重表示动作涉及的整体处所，而后者表示动作涉及的具体处所或移动的方向。汉语与朝鲜语不同的是汉语基式和变换式还存在语用差异，即前者处所宾语是语义焦点，而后者动词是语义焦点。语用差异常常导致朝鲜族学生习得汉语的语用偏误。如应该使用V+O$_{终点处所}$却用"往+Ad+V"，影响了语言表达效果。

二 结 语

通过汉语，朝鲜语处所宾语的对比，我们初步得到以下几点认识：

1. 汉语，朝鲜语动词都能带处所宾语，但汉语动词与处所宾语的结合能力比朝鲜语强。据笔者统计，汉语能带处所宾语的375个动词里，对应为朝鲜语O$_{处所}$+을/를+ V的动词有241个，约占64.27%，对应为非述宾结构的有134个，约占35.73%。汉语动词与处所名词的结合一般来说语义上能搭配，就能组合成述宾结构，而朝鲜语则不同，动词与处所名词的结合不仅语义上能搭配，而且还要受句法制约，即不同格助词的制约。

2. 汉语，朝鲜语处所宾语－－对应的部分是朝鲜族学生习得汉语容易掌握的部分，而汉语处所宾语对应为朝鲜语处所状语的部分是朝鲜族学生习得汉语常常出现缺格偏误的地方。朝鲜族学生由于受母语认知的影响，习惯于使用状动结构而很少使用述宾结构。教师要了解学生出现缺格偏误的原因，抓住处所宾语的特点，突出重点，有针对性地练习，就会使学生避免缺格偏误。

3. 汉语语法应加强认知语用研究。认知语言学认为，不同的句法形式表达同一个意义，其意义一定有差异。具体有哪些差异，汉语语法没能给第二语言教学提供理论依据。因此，汉语教师及第二语言习得者很难掌握不同形式的语用差异而常常导致偏误偏。

参考文献

孟　琮，郑怀得，孟庆海等『汉语动词用法词典』，商务印书馆，1999年。

马庆株『汉语动词和动词性结构』，北京语言学院出版社，1996年。

孟庆海『动词+处所宾语』，载『中国语文』1986年第4期。

洪万植，李福洙，李圭海，陈庚八『中朝词典』，北京：(中国)民族出版式社，
　　　朝鲜外国文图书出版社，1986年。

(原载『现代语言学理论与中国少数民族语言研究』民族出版社，2003年)

漢語"動詞+結果賓語"在朝鮮語中的對應

[摘要]　本文以『汉语动词用法词典』收入的能带结果宾语的185个动词为
考察对象, 采用语义语法相结合, 定量定性相结合的分析方法, 穷尽地分析
描写汉语"动词+结果宾语"在朝鲜语中的6种对应形式, 揭示两种语言的异
同点, 为朝鲜族第二语言教学和双语翻译提供参考。

[关键词] 动词, 结果宾语, 对应形式, 述宾结构, 能产性

[中图分类号]H219 　　 [文献标识码]1005－8575(2001)01－0131－04

　　汉语述宾结构在朝鲜语里有多种不同的对应。本文以『汉语动词用法词
典』收入的能带结果宾语的185个动词为考察对象,主要分析汉语"动词+结
果宾语"在朝鲜语中的6种不同的对应情况,为朝鲜族第二语言教学和双语
翻译提供参考。

　　汉语"动词+结果宾语"在朝鲜语中的对应形式主要如下: 1. 对应于朝鲜
语的述宾结构。这类动词共有139个。2.对应于朝鲜语的"动词+主语+가/
이+생기다/나다"结构。3.对应于朝鲜语的修饰结构(状语+动词)。这类动
词共有3个。4.对应于朝鲜语的独立的动词。这类动词共有4个。具本阐述
如下:

一. C: V+O → K: O+을/를+ V

　　这是指汉语的述宾结构对应于朝鲜语的述宾结构。朝鲜语的述宾结构与
汉语不同的是, 宾语在动词前边, 宾语一般要带宾格助词。这种对应形式
具体又分为两类:

(一) C: V+O → K: O+을/를+ V

这是指汉朝语述宾结构中的动词为"1比1"对应的。例如:

1. 煮粥　　죽을 끓이다
2. 拍电影　영화를 찍다
3. 下蛋　　알을 낳다

例1汉语动词"煮"一般对应于朝鲜语的两个动词，"삶다"和"끓이다"。但是"煮"带结果宾语的时候，只能对应于朝鲜语的一个动词"끓이다"，如: "煮粥 /죽을 끓이다"。所以说，汉朝语述宾结构中的动词"煮"与"끓이다"是"1比1"对应的。

属于这类的动词共有77个。列举如下: "糊, 打(～借条), 卷, 叠, 下(～决心), 开(～介绍信), 洗 (～相片), 蒸, 找(～朋友), 铡, 握, 贴, 挑(～花儿), 掏(～洞), 摊(～煎饼), 捏, 磨(～砚台墨), 晾, 掘, 煎(～点儿芦根水), 织(～布), 面, 绣, 拼, 抹(～白色), 配(～骡子), 砌, 钻(～孔), 泡(～酸菜), 扎, 吹, (～口哨), 打(～了一个擦边球), 写(～字), 点(～记号), 盖(～印儿), 破(～零钱), 染(～红色), 凑(～一桌), 包(～饺子), 拧(～麻花), 滚(～雪球), 破(～板子), 摇, 炒, 扯(～了一个大褂儿), 锯, 挖, 吐(～烟圈), 留(～辫子), 养成, 兑换, 合(～伙儿), 发明, 培养(～细菌), 生产, 采(～标本), 配(～拼盘), 标, 排, 调, 签订, 拴, 排列, 放, (～假), 照(～相片), 打(～墙), 碾, 腌, 交(～朋友), 犯(～罪), 冒充(～军人), 挑(～是非), 抠(～窟窿), 穿(～个洞), 闯(～祸), 惹(～是非), 放(～高利贷)"。

(二) C: V+O → K: O+을/를+ 2V(多个V)

这是指汉朝语述结构中的动词为"1比2"或"1比多"对应的。例如:

4. 捆行李　　짐을 묶다/짐을 동이다

5. 梳辫子　머리를 땋다

　 梳头　머리를 빗다

6. 建筑厂房　공장을 짓다

　 建筑桥梁　다리를 놓다

　 建筑铁路　철도를 부설하다

例4汉语"捆行李"中的动词"捆"在朝鲜语里对应于两个动词"묶다"和"동이다"。

朝鲜语的两个或多个动词对一个宾语的对应，各有自己的选择。主要有三种：

(1) 没有分工，可以换用。例如：

7. 分两组　　두조를 나누다/두조를 가르다

8. 逮了俘虏　포로를 잡았다/포로를 붙들었다

属于这类的动词共有11个。列举如下："和(～泥)，画(～记号)，对(～药水)，生(～火)，涂(～花脸)，劈(～柴)，弄(～饭)，裹(～行李卷儿)，打(～捆儿)，放(～火)，讲(～大话儿)"。

(2) 分工严格，不能换用。例如：

9. 编草帽　　모자를 겯다

　 编辫子　　머리를 땋다

汉语动词"编"带结果宾语的时候，对应于朝鲜语的两个动词"겯다"和"땋다"。"겯다"侧重与"모자"等宾语组合，"땋다"侧重与"삿자리"等宾语组合，而且两类宾语不能互换。

属于这类动词共有16个。列举如下："做(～衣服)，织(～网)，搓，捻(～灯芯)，揉(～馒头)，改(～圆的)，裁，推(～光头)，搭(～桥)，开(～路)，开辟，订(～合同)，修(～马路)，立(～条约)，成立(～大学)，编(～杂志)。"

(3) 没有分工, 但语体上有所差别。

如:

10. 印书　　책을 찍다/책을 인쇄하다

11. 召开会议　회의를 열다/회의를 소집하다

例10汉语动词"印"在朝鲜语里对应于两个动词, 一个固有动词"찍다", 一个是汉字动词"인쇄하다"。它们虽能带宾语"책", 但用固有动词"찍다"时, 多用于口语和日常用语, 用汉字动词"인쇄하다"时多用于书面语。

属于这类的动词共有24个。列举如下: "淋, 划, 盖(～房), 挪, 走(～当头炮), 召开, 编(～相声), 创造, 作, 制造(～机器), 制定, 造(～纸), 培养(～人才),"拟定, 发展, 编(～组), 组织, 召集, 吸收(～团员), 炼, 和, 抠(～花纹), 弹(～一支曲子), 记(～帐)"。

二. C: V+O → K: V+主语+가/이+생기다/나다

在汉语"动词+结果宾语"的述宾结构中, 附加式述宾结构在朝鲜鲜语里多对应于"动词+主语+가/이+附加动词"结构。所谓附加式述宾结构是指述语动词与名词性宾语组合时, 宾语前必带数量成分, 否则述宾搭配不成立, 这种结构称为附加式述宾结构。如, "摔了一个包"中的宾语"包"前必带数量成分"一个", 否则不成立, 如"*摔了包"。以汉语"动词+结果宾语"的述宾结构中, 属于附加式述宾结构的大都是动词带"窟窿, 口子, 洞, 坑, 缝儿, 缺口, 眼儿, 裂纹, 道子, 印子, 包, 泡"等名词组成的"动词+数量成分+消极结果宾语"的述宾结构。例如:

12. 一脚踩了一个坑　　밟아서 구덩이가 생기다

13. 手上烫了一个泡　　손이 데서 물집이 하나 생기다

14. 摔了一个包　　넘어져서 혹이 하나 생기다

属于这类的动词共有32个。列举如下: "冲(～了一个洞), 叮, 顶(～了一个洞), 捂, 撞(～了一个大包), 碰(～了一个窟窿), 拆(～了一个大口子), 炸(～了一个洞), 磨(～了一个泡), 射, 冻(～了几道口子), 肿(～了一个包), 踢, 登(～了两个脚印), 踏, 捅, 敲(～了一个洞), 抽(～了一条紫印子), 打(～了一道纹), 揭(～了一个窟窿), 掐=撕, 推, 抓(～了几道印子), 顶(～了一个坑), 顶(～了一个包), 划(～了一道缝儿), 砍(～了一个窟窿), 破(～了一个洞)"。

三. C: V+O → 状语+V(修饰结构)

在汉语"动词+结果宾语"的述宾结构中, 结果宾语是由形状特点比较明显的名词, 如"丝儿, 块儿, 片, 缝儿", 且可以用于量词的名词充当时, 这种述宾结构在朝鲜语里多对应于"状语+V"的修饰结构, 形状特点比较明显的名词宾语在朝鲜语里是状语。如:

15. 切丝儿　가늘게 썰다

切片儿　얇게 썰다

切块儿　두껍게 썰다

16. 擦丝儿　실같이 채치다

17. (窗户)开一条缝　(창문을)조금 열어놓다

四. C: V+O → K: 主语+V(主谓结构)

汉语带结果宾语的动词在朝鲜语里是自动词的时候, 汉语"动词+结果宾语"对应于朝鲜语的主谓结构。例如:

18. 化了好多水　많은 물이 녹았다

19. 冻冰　　얼음이 얼다

20. 起痱子　　땀띠가 생기다

21. 闹矛盾　　모순이 생기다

汉语动词"化, 冻, 起, 闹"在朝鲜语里相应的动词"녹다, 얼다, 생기다"等都是自动词, 不能带宾语, 要求带名词性成分的时候, 只能组成主谓结构。

五. C: V+O → K: O₁+状语+V

汉语动词带的由"定语+名词"组成的结果宾语, 如"细沙, 光头, 长音"等在朝鲜语里分化成两部分: 定语成分在朝鲜语里对应为状语, 名词成分在朝鲜语里对应为宾语, 标记为O_1。例如:

22. 筛细沙　　모래를　가늘게 채질하다

23. 剃光头　　머리를 박박 깎다

24. 拉长音　　소리를 길게 끌다

六. C: V+O → K: V

在汉语"动词+结果宾语"的述宾结构中, 动词与宾语结合得比较紧, 粘合性比较强的述宾结构在朝鲜语里对应为一个动词。

例如:

25. 栽跟头　　넘어지다/곤두박질하다

26. 签名　　수표하다/서명하다

27. 挂号　　등록하다/접수시키다

28. 扇风　　부채질하다

七. 小 结

通过分析汉语"动词+结果宾语"的述宾结构在朝鲜语中的几种对应， 可以初步得到以下四点认识。

（一）汉语中能带多种宾语的动词在朝鲜语里能产性也强。而且二者的对应形式容易一致。反之亦然。因而， 可以根据动词能产性的强弱， 将汉语，朝鲜语的动词分为能产性强的动词和能产性弱的动词两类。

（二）汉语"动词+结果宾语"的述宾结构约有75%对应于朝鲜语的述宾结构。这说明汉语和朝鲜语虽然分属不同语系， 但表达结果宾语时， 大多采用同一的述宾结构的语法形式表达其语法意义。

（三）汉朝述宾结构不同形式(一对二或一对多)的对应中,可以看出汉朝动词特点的异同。朝鲜语有些动词的词义较窄， 因此对宾语的选择也较窄，汉语动词的词义较概括， 因此对宾语的选择较宽。这是朝鲜语不同于汉语的一个特点。

（四）汉语"动词+结果宾语"的述宾结构约有27%不对应于朝鲜语的述宾结构， 而对应于其他语法结构。朝鲜族学习汉语时， 这种不同结构是特有的难点。据笔者最近一项问卷调查统计， 约91%的朝鲜族学生不会使用"动词+消极结果宾语"的格式。如"肿了一个包"说成是："因为肿了所以出现了一个包""肿了之后鼓起了包"，"肿得很厉害, 出现了伤疤"，"肿起来一块儿"等形式， 使汉语表达啰嗦， 不够精炼。约有9%的学生会正确使用。所以,在汉语教学中应特别强调这种不对应形式的用法。

参考文献

孟 琮, 郑怀德等编, 汉语动词用法词典[Z]. 北京: 商务印书馆, 1999.

洪万植, 李福洙等编, 中朝词典[Z], 朝鲜外国文图书出版社, 北京:中国民族出版社, 1996.

谭景春. "动+结果宾语"及相关句式[J], 语言教学与研究, 1997.

王秀珍. 关于结果宾语[J], 汉语学习, 2000.

"Verb+object of result"in the Han language and its counterpart in the Korean language

HUANG Yu－hua

(Postgraduate School, Central University for National Minorities, Beijing 100081, China)

[Abstract]This article makes a detail analysis and description of the six kinds of Korean counterparts of "verb+object of result" of the Han language, thus showing the similarities and differences of the two languages. It Provides reference to the teaching of the second language and bilingual transiation of ethnic Koreans.

[Key words]verb; object of result; corresponding forms; predicate + object structure

(原载『中央民族大学学报』2001年第1期)

朝鲜族双语教育与认知发展

　　双向双语教育是本世纪八十年代兴起于美国的一种双语教育类型。它指的是以多数派语言英语和少数派语言(如西班牙语)等两种语言作为媒介语言，进入学校教育课程，对英语为母语的儿童或学生和对英语以外的语言为母语的儿童或学生进行同等水平，　同等内容的教学。它的主要特点是：为最大限度地发挥学习者潜能而努力，重视听说读写技能的均衡发展，充分选用完整的教材，以语言，学力，情感和意志等三个领域均衡发展为目标，重视对少数派语言的低年级儿童或学生不是通过主体民族语言，而是通过母语学习的价值，通过母语学习发展读写能力(Literacy)，促进认知的，社会的发展，培养高水平的双语运用能力，通过两种语言为媒介，学习有关教育课程，保证与同年级的单语者相同或更高的学力，第二语言习得并不仅靠语言教学而进行，　还要通过其它课程的学习而获得。双向双语教育使美国从双语教育的困境中摆脱出来，　成为面向二十一世纪崭新的教育改革方向。

　　本文借鉴国外双向双语教育理论，结合朝鲜族双语教育实际，分析朝鲜族双向双语教育特点及存在的问题，从双语认知发展的关系角度，进一步探讨朝鲜族双语者的认知发展情况，为朝鲜族双向双语教育体制的进一步完善提供参考。

一　朝鲜族双向双语教育现状

　　朝鲜族双向双语教育是指以汉语和朝鲜语两种为教学媒介，对朝鲜语为第一语言的儿童或学生(包括朝鲜语熟练而汉语不熟练的学生)和对汉语为第一语言的儿童或学生(包括汉语熟练而朝鲜语不熟练的学生)进行同等水平同等内容的教学，培养朝汉兼通的双向双语文化人。它主要有如下特点。① 朝鲜族双向双语教育年限长，贯穿于整个基础教育阶段，即从小学一年开始，直到高中三年，历经十二年完成。② 教学语言的选用上，汉语课使用汉语，数学，物理，政治等其它课程使用朝鲜语授课。③ 开设的教育课程上，与汉族学校的同年级教育课程相同。④ 重视对朝鲜语为第一语言的儿童或学生通过母语来开发智力。⑤ 培养了基本的双语能力，保证大多数学生与同年级的汉族学校学生基本相同的学力。但是它又存在一些弊端，使朝鲜族双向双语教育不能成为第二语言习得的理想模式，亦不能通过均衡双语来促进认知发展，不能使学生的语言，学力，情感和意志全面得到发展。主要有如下几点: ① 缺乏从认知角度认识双语教学。很多教师把双语教学仅仅看成了语言教学，认为让学生掌握了两种语言就已达到目的，没有认识到语言教学的深层次功能，即通过做好两种语言教学，掌握熟练的双语可以促进认知的发展，从而提高其他课程的学力的观念。② 朝鲜族学生的知，情，意，行没有得到均衡发展。③ 忽视对汉语为第一语言的儿童或学生的认知发展。④ 两种语言教学存在很多弊端，不能够充分发挥它应有的职能。如针对不同的群体，语言输入(教材，课堂教学)均用一个模式，不利于汉语言水平的提高，用两种语言输出(语言表达)时，缺乏高水平的语言指导，阻碍了学生语言能力的进一步发展。两种语言教学缺乏相辅相成的联系，影响了学生双语能力的全面提高，第二语言习得仅仅局限于单纯的第二语言课堂的学习，使朝鲜族习得者的汉语水平只停留在量的积累上，不能发生用第二语言思维的质的飞跃，常常出现"化石化"。⑤ 不同地区，不同年级教学语言的比例均采用一个模式，影响了学生语言能力的进一步加强。⑥ 学生的双语混用现象很普遍，直接影响了双语学生思维的正常发展。

二　双语与认知

从朝鲜族学生掌握两种语言的状况来分析双语对认知的影响，就会发现朝鲜族学生个体双语发展不均衡在认知上导致比较复杂现象，因此不能笼统地说双语对认知发展有利。具体说，主要有三类：一类是均衡的双语者，认知发展明显优于单语者。均衡的朝鲜族双语学生为数不多，他们通过非常熟练的朝鲜语和汉语两种回路加强认知功能，使他们的思维品质得到充分发展，如思维的连贯性，灵活性，独创性等，从而促进学力的发展，达到双语教育的最终目标——语言，学力，情感意志达到了均衡发展。二类是不均衡的朝鲜族双语学生，认知发展上出现两小类：母语能力强而第二语言差的学生与单语学生相比较，并不因双语而给认知发展带来有利或不利影响，几乎不存在认知差异。他们由于掌握较完善的朝鲜语系统，可以通过一个熟练的单语种回路加强认知功能，因此朝鲜语思维的发展较成熟，健全。这些学生等到掌握了熟练的第二语言，第一语言认知能力自然地转移到第二语言的认知技能。而第二语言能力强而母语差的双语学生与单语学生相比较显示出双语给认知发展带来一些不利影响。这类学生的第二语言真正达到汉语母语者水平的占极少数，大多数为第二语言比第一语言相对好一些或者第二语言与第一语言差不多。他们生活在双语混用或第二语言说得不太标准的家庭或学校环境里，又因受自身的个体因素影响，第二语言系统没有得到完善的发展，因而通过不熟练的第二语言回路建立的认知系统也受一定的影响。第二语言与第一语言相差不多的学生，第一语言尽管是母语，但社会大环境未提供母语自然发展的有利条件，只是在课堂学习母语，而且常常处于双语混用的环境，学生本身也常常混用，所以这类学生的第一语言，第二语言发展都很不利，这种环境下建立的第一语言，第二语言认知系统也不成熟，这为正处在认知发展过程中的学生带来负面影响，如这类学生的思维常常出现不连贯，推理有误，思维呆板，应变能力差等现象，影响了思维的正常发展，也影响了学习其它课程的能力。三类是两种语言能力都很差的双语者认知发展上明显落后于同质的单语者，这类双语者为数不多，又可能为半双语人，思维混乱，缺乏精确性等。

三　完善朝鲜族双向双语教育的参考性建议

1. 第一语言不同的两个群体分开对待。由于以朝鲜语为第一语言的群体和以汉语为第一语言的群体认知模式及语言接受模式有很大差异，所以制定并实施朝鲜族双向双语教育体制时一定要结合各群体的特点。

2. 做好两种语言教学，充分发挥双语教学特有的优势。主要有两点：一是做好母语教学，让学生掌握一流的母语，其目的不仅仅是继承和发扬本民族优秀的文化传统，而且通过完善的母语教育充分发展认知系统，进而提高第二语言能力。根据Cummins的"发展的相互依存假说(Developmental independent hypoth－esis)"，双语学生的第二语言能力依存于已经获得的第一语言能力。第一语言越发达，第二语言发展越容易。第一语言处于低谷阶段，那么很难达到均衡的双语者。二是做好第二语言教学，教学生逐步接近母语者水平，建立较完善的第二语言认知系统，为第一语言认知能力转移到第二语言学习最终应达到5个C：① 交际(Communication)：培养言语技能和言语交际技能，② 文化(Cul－tures)：掌握第二语言代表的文化知识并深刻领会其文化内涵，③ 连接(Connections)：通过第二语言获取大量知识、信息，掌握文化特有的视角，④ 对比(Comparisons)：对比两种语言和两种文化，掌握语言的特性及文化内涵，提高洞察力，⑤ 社区(Communities)：积极参加双语或多语社会，使用并不断完善已学过的第二语言。总之，二十一世纪的双语教学应采取综合的学习活动等有效措施，使学生不仅掌握熟练一流的双语能力，而且还要使学生的观察能力，表现力，社会性，创造性，认知能力，计算力，判断能力，课程学力，文化的知识交际策略，学习策略等方面均衡发展。

3. 根据不同分布地区，不同年级适当调整选用教学语言的比例，改变传统单一的朝鲜语为教学语言的做法，不仅有利于两种语言能力的培养，而且有利于认知发展。

4. 交际时尽量避免双语混用，培养语码转换的能力。双语混用和语码转换是双语人掌握两种语言，发展双语过程中出现的两种重要的语言使用现象。双语混用是指一个句子中混用一个或数个不同语言的词语，是学习双语的初级阶段的现象，随着语言学习的不断深化，语言和知识的不断积累，能够正确分辨两种语言时，双语混用现象会渐渐消失。可是值得注意的是双语现象又受不同社区环境的制约，很多朝鲜族双语学生即使长大也摆脱不掉两种语言混用现象，这直接影响了双语学生的思维的顺利发展，因此采取有力措施，应尽量避免。语码转换是指不同交际场合选择使用不同语言的现象，娴熟的语码转换可促进交际的敏感性，思维的灵活性，而且对自己所处的环境的适应能力及应变能力都得到加强。因而使学生进行熟练的语码转换来促进认知发展。

5. 从早期幼儿开始进行双语教育。传统的双语教育认为，母语确立后再进行第二语言教育为最佳。可是，最近在美国盛行早期开始进行两种语言教学的热潮，效果显著，能够培养熟练的双语儿童。朝鲜族双语教育也可根据不同的分布地区，不同的双语个体，可以从早期幼儿园开始进行双语教育。

中國朝鮮族双語研究述評

中国朝鲜族在长期的历史发展过程中，逐渐形成了全民性的"朝汉"双语现象。尤其是新时期以来，随着改革开放，民族交往日益密切，双语现象得到了更高层次的发展。目前，朝鲜族的双语人无论数量还是质量，在我国少数民族中都处于前列。朝鲜族双语现象有其不同于其它少数民族的特点，如何正确认识中国朝鲜族双语现象，探讨其发展规律，半个世纪以来始终引起有关学者的重视，他们发表了大量有价值的论著。回顾朝鲜族双语研究的历程，可以看到双语研究正朝着一条范围不断扩大，视野不断开阔，方法不断革新，研究成果不断增多的方向发展。本文就近半个世纪以来中国朝鲜族双语研究做一简略的述评。

一　朝汉双语对比研究

早在1958年朝汉双语对比研究就已开始，温连茹的『汉朝语语音比较』，[1]崔允甲的『汉语和朝鲜语语音体系对比』[2]两篇文章在这一研究领域开了先河。但从六十年代初至七十年代末，由于当时政治，社会的原因，朝汉双语对比研究陷入最低谷阶段，只发表了『老乞大谚解』和『朴通事谚解』中所见的汉语，朝鲜语对音』[3]『朝鲜文和汉文』[4]两篇文章。一直到八十年代初双语对比研究才进入了发展和繁荣阶段。四十多年来，朝汉双语对比研究由原来单一的语音对比逐渐扩大到语音，语汇，语法等各要素的全面对比，结构要素的对比从内部延伸到外部，从描写进入解释，注意了理论探讨。

语音方面，主要在朝汉语语音体系，朝汉语声母等两方面进行了全面，系统的对比。温连荫的『汉朝语语音比较』一文，首先从宏观上比较了汉朝语的元音系统和辅音系统的异同点，马洪海的『朝汉双语声母对应规律初探』[5]一文，从微观着眼，系统比较了朝汉双语声母的异同点，找出朝汉双语的语音对应规律，阐明了朝鲜族学生语音偏误的原因。语音对比研究在朝汉双语对比中开始得比较早，但由于语音本身的性质，进展较缓慢，至今发表的论文极少，涉及的面较窄，有待于今后进一步拓宽语音研究范围，从宏观的语音系统对比到微观的某一音节，音类，音素，音位对比，从语音结构的共时描写进入到理论的解释。

语汇方面，主要在朝汉语词汇体系，朝汉语同形词，朝汉语名词，形容词，动词，代词，拟声词，亲属称谓词，熟语，成语等方面进行了词义对比。发表的论文约有21篇。较早发表的论文是崔吉元的『汉语和朝鲜语第二人称代词的对比和使用』[6]一文。该文重点放在说话人和听话人的称代语义关系上，并从语气，句型，用词等方面，进行了汉朝两种语言的第二人称代词对比，指出汉语教学必须注意的难点：金基石的『汉语"手"与朝鲜语"손"的语用特征』[7]一文，从微观入手系统对比了双语"手"的语义特征和造词特征，并重点从语用角度分析出若干共性与个性，崔奉春的『朝汉语语汇对比』[8]一书，从语义，语法，语用等多角度，首次对朝汉语名词，指示代词，人称代词，动词，形容词等五大词类进行了全面，系统的对比，在涉及到各类词的使用特点时还联系了词汇所蕴藏的文化内涵。进入九十年代以来，随着对比语言学及社会，文化语言学的发展，语言对比由微观的语言结构对比渐渐发展到宏观的社会，文化角度进行语言对比描写和解释阶段。这首先反映在词汇对比上。朝汉双语词汇对比也在这一方面进行了尝试性的探讨。乃玉，承于的，『从汉朝"涉家熟语"看汉民族的家观念——兼谈汉民族家观念的成因』[9]一文，从朝汉两种语言的"涉家熟语"入手，主要在"家本位，家国相通，实行家庭计划经济"等三方面对比了朝汉族家观念的异同点，进而从

文化和社会角度进行了解释。此外，李恩雨等一些人通过朝汉成语对比，烹调动词对比，揭示了不同语言的文化内涵。

　　语法方面，主要在朝汉语构词法、代词、数词、量词、助词等词法层面和基本句型、特殊句式、句子成分等句法层面，运用语音、语义、语法等三个平面相结合的方法，进行了深入的对比，发表的论文约有30篇。较早的论文是崔承一的『浅谈汉语谓宾关系在朝鲜语中的直接对应格式』。[10] 金炳云的『现代韩国语量词和汉语量词对比』[11]一文，从量词的分类、来源、搭配关系、语法功能等角度对量词进行了综合、系统对比，指出其异同点，金钟太的『汉朝语对应的被动句特点刍议』[12]一文，从现代汉语"被"字句与与之对应的朝鲜语被动句在谓语动词的使用、句法结构关系及语义内涵特征等几方面存在的特点作一简略对比，探讨了汉语"被"字句和与之对应的朝鲜语被动句式之间存在的主要区别，金岩的『朝汉语转成宾语认定宾语的对比』[13]一文，从语义、语法角度系统对比了各种宾语在朝鲜语中的对应形式及其句法功能的异同点。进入八十年代以来，随着国外第二语言习得理论介绍到国内以后，语言对比研究进一步发展到以第二语言习得为目的，从语音偏误分析、中介语分析为切入点，对汉朝语语法进了尝试性的对比。白林、崔健的『汉朝语对比和常见偏误分析』[14]一书，从语义和语法角度对常用汉字词(1000条)和最常见的偏误(500余条)进行了翔实的对比，为第二语言习得者提供了一本很好的工具书。此外，太平武等人又从语言类型学角度对汉朝语的形态和谓语的位置进行了对比，分析了粘着语朝鲜语与孤立语汉语的差别，指出了发达的形态与谓语位置关系上体现的语言的普遍特征，即"形态发达的语言语序一般是SVO型，可以说孤立语扩大句子类型的最理想的语言形式是谓语处于中间位置的SVO型"。

二 汉语影响朝鲜语的研究

朝鲜语和汉语关系源远流长。据史书记载，朝鲜从正式实行汉文教育时算起，有一千六百多年的汉语影响。[15] 解放后，由于中国朝鲜族所处的客观条件，朝鲜语不仅在语言结构方面受到汉语影响，而且在语言使用功能方面也受到汉语影响。汉语对朝鲜语影响的研究，到八十年代才有了较大的发展。较早的论文是陈植藩的『朝鲜语中的汉字词』，[16] 李得春的『关于朝鲜语里的汉语借词』。[17] 之后，一直到九十年代末，主要在汉语的语言，语汇，语法，修辞等要素对朝鲜语结构的影响以及朝鲜语对汉语的影响等两方面，发表了约20篇论文。崔羲秀的『现代汉语对朝鲜语的影响』[18] 一文，从语音，语汇，语法三方面，全面系统论述了解放后汉语对朝鲜语的影响。金镇容的『汉语对朝鲜语词汇的影响』[19] 一文，从汉语借词的产生演变及其产生的途径，规律等方面，论述了汉语对朝鲜语词汇的影响，指出了汉字词借入的总趋势和规律。此外，陈植藩，李得春，宣德伍等一些学者也进一步对朝鲜语中的借词(尤其是汉字词)的特征，历史演变及借词的规则等方面进行了广泛的研究。总体看，词汇影响研究在整个汉朝语言相互影响研究中占很大比重，研究达到了一定的深度。而语音，语法，修辞等要素对朝鲜语结构的影响研究，成果不多。崔承一的『汉语对朝鲜语句法结构的影响』[20] 一文，运用抽样调查方法，拟定三十一个句法结构，对延边几所高中的朝鲜族学生进行了测查，结果表明，朝鲜语里出现许多不符合朝鲜语固有句法结构规律的语法结构是通过双语不熟练的人影响到朝语的，进而指出这种影响"只能给朝鲜语造成混乱，这是应当力求避免的"，金泰坤的『"春香传"等作品看汉语修辞对朝鲜语的影响』[21] 一文，通过"春香传"等古典作品表现出来的引用，仿用若干例子，阐述了汉语的引用，双关等修辞对朝鲜语的影响。

三　朝汉双语使用研究

中国朝鲜族朝汉双语使用现象调查研究从八十年代开始，主要在双语制，某一个群体的双语使用现象，某一城填，乡村或地区的双语使用现象等三方面，从社会学，教育学，心理学等角度进行了比较系统的综合研究，发表了约20篇论文。论文总体上还处于对朝汉双语使用的现象的调查描写阶段，有待于升华到理论解释。较早发表的论文是冯公达的『延边双语现象初探』，[22] 崔吉元的『朝鲜族朱河龙一家五代人的单，双，三语的使用情况』。[23] 宣德伍的『我国朝鲜族双语使用情况浅析』[24]一文，运用社会语言学理论，宏观上分析了我国朝鲜族双语现象，论证了我国朝鲜族的语言使用从单语制向双语制过渡的必然性和必要性，冯公达的『延边双语现象初探』一文，从双语类型入手，对延边地区的汉朝两种语言的相互影响，汉朝语兼用现象，双语制等方面进行了初步探讨，崔吉元的『朝鲜族朱河龙一家五代人的单双三语的使用情况』一文，具体分析了朝鲜族五代的双语现象。从此，姜淳和，朴奎永，郑成姬等一些人根据中国朝鲜族的分布特点，分别对聚居区，杂居区，散居区的双语使用现象进行了深入的调查研究，初步勾画出我国朝鲜族双语使用现状。此外，还有一些学者从心理学角度对双语者的心理，语码转换进行了尝试性的研究。尹东波，王沛『使用双语的朝鲜族大学生社会心理文化刍议』[25]一文，从朝鲜族大学生双语现象入手，调查分析使用双语的朝鲜族大学生的社会文化心理差异，并从分布地区，语言水平，民族心理等方面进行了较充分的解释，吴硕官的『领域，角色关系与语码转换』[26]一文，首次从领域和角色关系的角度，分析了朝汉语语码转换的社会功能。中国朝鲜族双语使用纷繁复杂，种类多样，它受多种因素制约。今后，有待于拓宽其研究范围，对朝鲜族的家一学校一社区双语使用，朝鲜族学生的幼儿期一少年期一青年期的双语使用，朝鲜族个人的一社会的一地理的一语体的双语使用，双语兼用的心理过程，双语在各种教育测试的使用等方面，进行多角度，多层次研究，才能认清双语使用的特点和规律。

四 朝汉双语教学研究

中国朝鲜族双语教育始于本世纪初，与朝鲜族近代学校教育同时出现的。[27] 朝鲜族双语教学研究始于本世纪八十年代，较早的论文有李世龙的『略谈基础阶段朝鲜语教学法』，[28] 徐世荣的『抓住声调教学这一环－－突破朝鲜族学汉语的难点』。[29] 之后一直到九十年代末，朝鲜族基础教育阶段的双语教学研究得到迅速发展，其研究范围逐步扩大到双语教学各个领域，尤其在朝鲜语教学和汉语教学以及双语教改实验方面，成果显著，发表了大量论文。朝鲜语教学研究方面，方学哲的『对延边朝鲜语文教学现状及发展趋势的思考』[30]一文，主要从朝鲜语文教学的自然状况，教学对策及教学模式，作文教学等三个方面，剖析了朝鲜语文教学存在的问题，对朝鲜语发展趋势提出了几点思考，金鑫的『关于语文教学评估的三个要素』[31]一文，以理论联系实际为原则，对语文教学评估的要素及其具体要求，在语文教学中经常遇到的一系列问题提出了可行性建议。此外，刘正甫，松本原，申载奎，金英玉，金哲等一些人都从不同角度探讨了朝鲜语素质教育，教材建设，教学方法等方面存在的问题，提出了可行性建议。汉语教学研究方面，刘明章的『双语教学中的语音对比及其应用』[32]文，以朝鲜族学习汉语语音时普遍存在的语音偏误为切入点，对朝汉语的音素进行了系统对比，为组织语音教学，确定教学重点难点提供了可靠的依据，黄玉花，金花子的『杂居区朝鲜族学生个体双语使用现象分析及汉语教学』[33]一文，调查分析了杂居区朝鲜族学生个体双语使用现象的不平衡状况及其对汉语习得的影响，进而提出汉语文教学在教材，课程，测试等方面思考的几个问题，姜永德的『

延边的汉语教学』[34]一文， 阐述了延边汉语教学四十多年来曲折的历史发展过程， 总结了每个历史时期汉语教学的特点， 为今后的汉语教学提供了有价值的参考。此外，金允五，朴永春，崔光有，金七星，李炬等一些人都从不同角度探讨了汉语教学中的德育教育，教学方法，教材编写，语言测试等方面存在的问题， 提出了可行性建议。双语教改实验方面，姜永德的『朝鲜族学校双语教育改革实验研究』[35]一书， 全面总结了延边州七年来(1988～1995)开展的小学"朝语"，"汉语"，"文字夹用"，"学制/课程"等多项综合教改实验， 为提高延边州双语教育质量提出了较有价值的可行性建议，包胜利，黄玉花的『吉林省朝鲜族，蒙古族小学部分双语教改实验评介』[36]文，撷取杂居区民族学校三个不同类型且影响较大， 取得一定成果的双语教改实验－－"朝汉语相辅相成，同步提高"实验，"深化教材，改革教程，提高汉语文运用能力"实验，"蒙汉双语同步"实验进行了全面系统的评述，李炳泽的『黑龙江朝鲜族小学"注·提"实验报告』[37]一文，对黑龙江省朝鲜族小学进行了"注·提"实验做了系统的总结。此外，在双语教学的宏观理论研究方面，也进行了一点尝试。严英俊的『关于双语教育的战略及其问题』[38]一文，联系国外先进的双语教育理论模式及其类型， 分析朝鲜族双语教育存在的"学生学习双语负担重"的问题，探讨其对策， 提出了应立足于本民族教育实际，精心设计教材，探讨其教学方法的可行性建议。王瑜的『延边地区双语教育探析』[39]一文，调查分析了延边朝鲜族双语教育在幼儿，小学，中学，大学阶段的具体情况，提出了双语教育在汉语教学，师资水平，朝鲜族学生母语等方面存在的问题， 初步探讨其可行性对策。朝汉双语教学研究从发表的论文看，数量之多，研究面之广，是其它双语研究不可比拟的。可是大多数是以总结教学经验型论文为主， 缺乏理论探讨。研究角度比较单一。应把母语教学和第二语盲教学结合起来， 探讨双语教学本质的特点和规律，以便更好地指导双语教学。

五　基本估计与发展趋势

总结近半个世纪的中国朝鲜族双语研究，可以看出，所发表的论文几乎是对某一现象或某一问题的微观或宏观的单一描写，且弱于解释。如朝汉双语对比主要在两种语言内部，对语音，词汇，语义，语法等结构要素进行了微观对比，朝汉双语使用研究主要在双语使用现象方面，进行宏观描写。中国朝鲜族双语状况既受微观因素的影响，又受宏观因素的制约。如果不从微观，宏观两方面进行综合研究，就难以认清其本质特征。双语研究如果只描写不解释，只知其然不知其所以然，也同样不能正确认识朝鲜族双语现象本质特点及其发展规律，易停留于表面的，肤浅的研究。因此，要全面深入研究中国朝鲜族双语问题，必须采取微观和宏观相结合，描写和解释相结合的研究方法。在这一点上今后必然会有所加强。

语言是个复杂的结构系统。语音，语汇，语法等要素在系统里相互制约，相互影响，构成一个有机的统一体。要深入系统对比朝汉语的某一语言现象，都应从系统论观点出发，从语音，语义，语法等多角度，多层次进行。今后用系统论观点，多角度，多层次研究双语是中国朝鲜族双语研究的又一个发展趋势。

参考文献

温连茵：『汉朝语语音比较』，载『汉语教学研究』1956年第1期

崔允甲：『汉语和朝鲜语语音体系对比』，载『语文参考资料』1959年

胡明扬：『"老乞大谚解"和·"朴通事谚解"中所见的汉语，朝鲜语对音』，载『中国语文』1963年第1期

谢健弘：『朝鲜文和汉文』，载『羊城晚报』1962年4月23日

马洪海：『朝汉双语声母对应规律初探』，载『天津师大学学报』『社科』1992年第2期

崔吉元：『汉语和朝鲜语第二人称代词的对比和使用』，载『汉语学习』1980年6期

金基石：『汉语"手"与朝鲜语손的语用特征』，载『双语双文化论丛』第一辑，1990年

崔奉春：『朝汉语语汇对比』延边大学出版社，1989年，延吉

乃　玉，承于：『从汉朝·涉家熟语'看汉民族的家观念——兼谈汉民族家观念
　　　　的成因』，载『汉语学习』1998年第2期

崔承一：『浅谈汉语谓宾关系在朝鲜语中的直接对应格式』，载『汉语学习』1981
　　　　年第4期

金炳云：『现代韩国语量词和汉语量词对比』，载『朝鲜学』1995年

金钟太：『汉朝语对应的被动句特点刍议』，载『双语双文化论丛』第一辑，1990年

金　岩：『朝汉语转成宾语认定宾语的对比』，载『汉语学习』1997年第4期

白　林，崔健『汉朝语对比和常见偏误分析』，延边教育科学出版社，1991年，延
　　　　吉『汉语学习』1997年第5期

崔奉春：『朝鲜语和汉语关系调查』，延边大学出版杜，1989年

陈植藩：『朝鲜语中的汉字词』，载『中国语文』1964年第5期

李得春：『关于朝鲜语里的汉语借词』，载『延边大学学报』1980年

崔羲秀：『现代汉语对朝鲜语的影响』，载『朝鲜语和汉语关系调查』，延边大学
　　　　出版社，1989年

金镇容：『汉语对朝鲜语词汇的影响』，载『朝鲜语和汉语关系调查』，延边大学
　　　　出版社，1989年

崔承一：『汉语对朝鲜语句法结构的影响』，载『朝鲜语和汉语关系调查』，延边大
　　　　学出版社，1989年

金泰坤：『"春香传"等作品看汉语修辞对朝鲜语的影响』，载『朝鲜语和汉语关
　　　　系调查』，延边大学出版社，1989年

冯公达：『延边双语现象初探』，载『东北师大学报』1983年第6期

崔吉元：『朝鲜族朱河龙一家五代人的单，双，三语的使用情况』，载『中国语文』
　　　　1984年第6期

宣德伍：『我国朝鲜族双语使用情况浅析』，载『民族语文』1989年第5期

尹东波，王沛：『使用双语的朝鲜族大学生社会心理文化刍议』，载『民族教育研究』1994年第1期

语言文字应用研究所社会语言学研究室编：『语言·社会，文化』，语文出版社，1991年

姜永德：『朝鲜族学校双语教育改革实验研究』，东北朝鲜民族教育出版杜，1998年，延吉

李世龙：『略谈基础阶段朝鲜语教学法』，载『延边大学学报』1980年第3期

徐世荣：『抓住声调教学这一环——突破朝鲜族学汉语的难点』，载『汉语学习』1980年第5期

方学哲：『对延边朝鲜语文教学现状及发展趋势的思考』，载『东北教育科学』『朝文版』1997年第4期

金　鑫：『关于语文教学评估的三个要素』，载『中国朝鲜语文』1997年第1期

刘明章：『双语教学中的语音对比及其应用』，载『延边大学学报』1986年第1期

黄玉花：『杂居区朝鲜族学生个体双语使用现象分析及汉语教学』，载『中国民族教育』1998年第2期

姜永德：『延边的汉语教学』，载『朝鲜族学校双语教育改革实验研究』，东北朝鲜民族教育出版社，1998年，延吉

姜永德：『朝鲜族学校双语教育改革实验研究』，东北朝鲜民族教育出版社，1998年，延吉

包胜利，黄玉花：『吉林省朝鲜族，蒙古族小学部分双语教改实验评价』，在第八届全国双语学术研讨会上宣读的论文，1997年

李炳泽：『黑龙江朝鲜族小学"注·提"第一轮教改实验报告』，载『朝鲜族中小学汉语文教学四十年经验论文集』，东北朝鲜民族教育出版社，1992年，延吉

严英俊：『关于双语教育的战略及其问题』，载『东北教育科学』『朝文版』1997年第4期

王　瑜：『延边地区双语教育探析』，载『延边大学学报』1990年第1期

（原载『吉林省教育学院学报』1999年第4期）

韓國學生習得漢語補語研究

[摘要]本文采用现代汉语语义, 句法, 语用三个平面的理论与方法, 分析描写汉语各类补语在韩国语中的对应形式, 揭示两种语言的异同点, 为对外汉语教学和双语翻译提供参考。

[关键词]补语　对应形式　偏误

补语是汉语特有的句法成分, 它在汉语语法里占很重要的地位。在汉语里补语的语义关系, 句法功能丰富而复杂, 而且在韩国语里又没有补语这种句子成分。因此, 韩国学生学习和使用汉语补语是一大难点。

一

汉语补语非常丰富, 补语的语义类别, 句法功能纷繁复杂。根据以意义为主, 兼顾形式分类标准, 补语可分为6种类型(齐沪扬2000), 即结果补语, 趋向补语, 数量补语, 程度补语, 状态补语, 可能补语。汉语各类补语在韩国语中的对应形式比较复杂, 具体如下:

1. 结果补语: 由动词和形容词充当的补语, 表示动作的结果, 不带"得"。充当补语的动词数量不多, 常见的有: "走, 跑, 动, 倒, 死, 翻, 见, 懂, 成, 完, 穿, 透, 住, 疯, 病"等。形容词占大多数, 如"好, 高, 大, 小, 红, 远, 干, 长, 清楚, 干净, 明白"等。

结果补语在韩国语中对应为以下3种形式:

(1) C: V+R (形容词)　→ K: 状语+V 例如: 放大, 吃饱, 写好, 说清楚, 扫干净。

(2) C: V+R (动词)　→ K: V 例如: 听懂, 吃掉, 睡醒, 看见, 砍死。补语为动词的述补结构一般对应为韩国语的动词。这些动词有的是复合动词, 有的是"动词+辅助动词", 有的是单纯动词。

(3) C: A+R　→ K: A+连接词尾(表示因果关系)+V　补语为"醒, 病, 哭, 倒"的一些述补结构一般对应为韩国语表示因果关系的短语。例如: 热醒, 急哭, 累病, 滑倒。

2. 趋向补语: 由趋向动词"来, 去, 进, 出, 上, 下, 回, 过, 起, 开, 进来, 进去, 上来, 上去, 下来, 下去, 回来, 回去, 出去"等充当补语, 表示动作的趋向, 不带"得"。

趋向补语在韩国语中对应为以下2种形式:

(1) C: V+R (趋向动词)　→ K: V(动词词干)+连接词尾+辅助动词 例如: 走进, 拿来, 飞出去, 爬上去, 跑出去, 流下来, 叫出来。

(2) C: V+R (趋向动词)　→ K: V少部分趋向补语在韩国语中没有对应形式, 即零对应, 整个述补结构对应为韩国语的单纯动词。例如: 低下(头), 走开, 伸出来, 抬起来, 走开。

3. 数量补语: 由数量词充当的补语, 说明动作的次数或动作延续的时间, 不能带"得"。例如: 敲了三下, 砍了一刀, 睡一个小时, 等了一会儿。

数量补语在韩国语中一般对应为状动结构, 形式为C: V+R (数量词)　→ K: 状语+V。例如: 洗一下, 踢一脚, 看三天, 读一遍, 砍一刀, 坐一会儿。

4. 程度补语: 由"极, 多, 透, 死, 很, 慌, 坏"等充当的补语, 表示程度, 有些带"得"有些不能带"得"。

程度补语在韩国语中对应为以下2种形式:

(1) 程度补语在韩国语中主要对应为程度状语, 形式为"程度状语+V"。例如: 好极了, 大多了, 熟透了, 好得很, 舒服得多, 闹得慌。

(2) "V+死了"的述补结构对应为韩国语的"V(词干)+连接词尾+死"的形式。例如：热死了，痛死了，饿死了，喜欢死了，恨死了，气死了。

5. 状态补语：必须带"得"，说明动作或有关事物的状态。如，爬得高，热得满头大汗，疼得直叫唤。状态补语在韩国语中对应为以下2种形式：

(1) 性质形容词充当的状态补语在韩国语中主要对应为状态状语，形式为"状态状语+V"。例如：飞得高，洗得干净，走得远，擦得亮。

(2) 状态形容词充当的状态补语在韩国语中主要对应为"程度副词+状态状语+V"。例如：飞得高高的，洗得干干净净的，走得远远的，擦得亮亮的。

(3) 由动词或动词性结构，主谓结构充当的状态补语在韩国语中一般对应为"V(动词词干)+连接词尾+动词结构"，表示因果关系。例如：疼得直叫唤，亮得睁不开眼睛，激动得说不出话来，热得满头大汗，气得他直哆嗦。

6. 可能补语：一些结果补语和趋向补语的中间插入"得/不"，表示可能性或不可能性。例如：看得见，（看不完），爬得上去(爬不上去)，吃得了(吃不了)。

综上所述，汉语述补结构在韩国语中主要对应为四种形式，它们分别是：状动结构，动词(包括单纯动词和复合动词)，动词+表示可能的形态，动词性短语。一般来说，结果补语，数量补语，程度补语，状态补语主要对应为韩国语的状动结构，趋向补语和一部分结果补语主要对应为韩国语的动词，可能补语主要对应为韩国语的"动词+表示可能的形态"，还有一部分结果补语，趋向补语，程度补语主要对应为韩国语的动词性短语。

二

韩国学生在学习和使用汉语补语的过程中，经常由于母语的干扰或汉语言能力的不足出现偏误，而且数量很大，涉及面很广，涉及语音，语义，语法、语用等各个层面。具体偏误例子如下：

1. *有一个人从墙上爬。

2. *树上结了苹果。

3. *他在床上躺。

4. *这本书放进去家里/放进去衣柜/放桌子进去

5. *他刚才走下去山/走出下去/下去山走/山走下去。

6. *我不知不觉睡觉起来了。

7. *不知什么时候，天已经亮过来了。

8. *他自己家的事还管不过去，哪有时间管别人的事。

9. *我们要努力把经济搞过来。

10. *我早就看上来了，你不是什么好人。

11. *我已经等了三年了，实在等不起来了。

12. *这件事很重要，你千万别说上去。

13. *病人又昏迷过来了，快叫医生来。

例1～例3属于补语缺失偏误。如例1应在动词"爬"后面添加表示向上的趋向动词"上来"，应改为"爬上来"。例2应在动词"结"后面添加表示结果的补语"满/上"，应改为"结满/结上"。例3应在动词"躺"后面添加表示向下的趋向动词"下来"，应改为"躺下来"。

例4～例6属于补语语序偏误。例4和例5的处所宾语应放在复合趋向补语的中间，应分别改为"放进家里去/放进衣柜去/放进桌子去"，"走下山去"。例6应改为"睡起觉来了"。

例7～例13属于补语滥用偏误。趋向补语的引申用法常常出现滥用的偏误。如例7的趋向补语"过来"应改为"起来"，例8的趋向补语"过去"应改为"过来"，例9的趋向补语"过来"应改为"上去"。例10的趋向补语"上来"应改为"出来"，例11的趋向补语"起来"应改为"下去"，例12的趋向补语"上去”应改为“下去”，例13的趋向补语“过来”应改为“过去”。

还有一种偏误是补语语用空缺偏误。它指的是某一语法范畴或语法结构关系，目的语有而母语没有，这就是空缺。(戴庆夏，2002)韩国学生学习和使用补语，尤其是程度补语，可能补语，时地补语时，常常选择表达同一意义的状语来使用，导致语言表达不得体。例如：

“好极了，太多了，冻得狠，闹得慌”等程度补语，常常用“非常好，非常大，很冻，非常闹”等状语来表示：

“听得清楚，看得完，爬得上去，吃得了，摸得”等可能补语，常常用“能听清楚，能看见，能爬上去，能摸”等结构来表示：

“生于1970年，发生在1997年，来自北京，落后于美国，躺在床上，坐在门口”等时地补语，常常用“在1970年出生，在1997年发生，从北京来，比美国落后，在床上躺，在门口坐”等状动结构来表示。

韩国学生在学习和使用补语的过程中，产生偏误是不可避免的。关键是如何采取有效的措施纠正偏误，使学习者逐步接近目的语。我认为要做到以下几点：

1. 对外汉语教师必须掌握充足的补语偏误语料，对造成偏误的成因，偏误的类型等要有理性的认识。然后确定补语习得的重点，区分“表层难点”和“深层难点”，从而进行针对性地练习，就会使学习避免偏误。

2. 汉语语法应加强认知语用研究。认知语言学认为，如果不同的句法形式表达同一意义，其意义就一定有差异。比如，“好得很”和“非常好”，“看得见”和“能看见”，意义接近，它们在语用上有什么差异，汉语语法还没能给第二语言教学提供理论依据。

3. 加强汉韩语语法对比研究。我们知道，汉语的补语主要对应为韩国语的状动结构，动词等形式。那么，在韩国语的状动结构里，什么时候状语能转换成汉语的补语，什么时候不能转换成补语。那么什么动词可以和汉语的趋向补语对应，什么动词而不能对应。类似这样的问题，还有待于通过对比研究。

参考文献

戴庆夏，头辛秋『第二语言习得中的语法"空缺"』，『语言教学与研究』2002年第五期。

朱德熙『语法讲义』，北京，商务印书馆，1998年。

柳英绿『朝汉语语法对比』，延吉，延边大学出版社，1999。

刘月华『趋向补语通释』，北京，北京语言文化大学出版社，1998年。

(原载于『和田师专学报』2004年)

朝鮮族習得漢語詞匯偏誤分析及詞匯教學的几点思考

提要: 本文通过语义和语法两方面, 就朝鲜族初, 中级阶段的词汇偏误进行分析, 探讨词汇偏误的主要根源, 为第二语言词汇教学提出一些值得思考的问题。

关键词: 词汇偏误　　母语认知模式干扰　　认知规律

Abstract　　This paper discussed the main causes through analysis of vocabulary errors in primary and middle stage of Korean nationality from the meaning and grammar, and raised some questions which are of thinking for second language vocabulary teaching.

朝鲜族在习得第二语言(汉语)过程中, 产生的语言偏误现象极其复杂。它既受语言习得者本身的朝鲜语水平, 认知特点等内在因素影响, 又受语言习得者所处的环境等外在因素影响, 因而语言偏误种类繁多, 且不同种类之间又互相交叉, 很难分清界限。从语言学角度给以分类, 大体有语音, 语义, 语法, 语用等方面的偏误, 从偏误来源分类,[30] 大体有语际迁移, 语内迁移, 学习语境, 交际策略, 文化迁移等方面的偏误, 从习得汉语的不同阶段分类, 大体有初级阶段, 中级阶段, 高级阶段等方面的偏误, 从习得者所分布的环境分类, 大体有聚居区, 杂居区, 散居区等方面的偏误。笔者为了初步了解朝鲜族在初级, 中级阶段产生的语言偏误现象, 曾经到吉林省延吉, 长春, 四平等5所朝鲜族学校搜集了383个语误,[31] 其中语法偏误为

---

30) 参见盛炎『语言教学原理』第123页~127页, 重庆出版社, 1996年。

200个, 词汇偏误为140个, 比喻不当, 逻辑有误等其它偏误为43个。本文就朝鲜族儿童在初, 中级阶段的词语偏误进行描写, 分析词语偏误产生的根源, 为汉语词语教学提出一些值得深思的问题。

一

词汇偏误指实词在句子中搭配不当出现的语误。一个实词能够与哪些实词搭配不是任意的, 它既要受词性的制约, 也要受词义的制约。本文从语义, 语法两方面对若干个名词, 动词, 形容词, 量词的误用进行描写与分析。

(一) 语义搭配不当而出现的语误

1. 受朝鲜语的深层义位搭配规则影响而出现的语际迁移实例分析

(1) 秀秀32)最好的习惯是在家里撒尿。

(2) 童年是一个无忧无虑的时节。

(3) 今天我给你看我的才干。

(4) 今天是学雷锋做好事的天。

(5) 今天是大喜天。

(6) 今天汉语时间学了写日记的方法。

(7) 昼夜服务24时间。

(8) 我在学习上即使努力也没有点成就。

(9) 前星期天, 我们班的几个调皮鬼堆的大雪人。

(10) 小时候, 我们经常到小江去钓鱼。

---

31) 所有病句皆为笔者从学生作文中搜集的。

32) 小狗的名称

(11) 我的腿断了，再也修不好了。

(12) 我抹脸再来。

(13) 先是把鸡蛋一个一个砸进碗里。

(14) 他们终于把桌椅修好了，把它们放得整整齐齐。

(1) 朝语固有词"집(家)"一词除具有汉语"家"一词的"家庭，人家"词义外，还具有"房屋"之义。受此影响，用汉语表达"在屋里"时误搭配成"在家里"。

(2) 朝语"시절(时节)"一词除具有汉语"时节"所具有的"节令，季节"之义外，还具有"时代，时期"之义。受此影响，用汉语表达"无忧无虑的时代"时，误搭配成"无忧无虑的时节"。(3) 朝语"재간(才干)"一词除具有汉语"才干"所具有的"办事的能力"词义外，还具有"才能，才华，手艺，本领，能耐"等引申义。受此影响，在汉语里表达"我给你看我的能耐(本领)"时，误搭配成"我给你看我的才干"。(4) 朝语"날(天)"一词除具有汉语"天"所具有的"天气，一昼夜二十四小时"之义外，还具有"日期，日子"等引申义。受此影响，在汉语里表达"做好事的日子"，"大喜的日子"时，误搭配成"做好事的天"，"大喜天"。(6)(7) 朝语"시간(时间)"一词除具有汉语"时间"所具有的"起点和终点之间的一段时间里的某一点"之外，还具有"钟头，钟点，小时，课程"等引申义。受此影响，在汉语里表达"汉语课"，"24时间"。(8)~(10) 都属于这种类型。(11) 朝语"고치다(修)"除具有汉语"修"所具有的"修理"之义外，还具有"治疗，改正"等引申义。受此影响，将汉语"(腿)不好了"，误搭配成"(腿)修不好了"。(12) "닦다"一词包含了汉语"擦，抹，拭揩"等词义，而且这几个动词在汉语里根据搭配对象不同，词义又存在细微差别。如"抹脸"与"擦脸"，"抹脸"是指"突然改变脸色，多指由和气变得严厉"义。而朝鲜族习得者没有掌握这种差别，因而时常混用。(13) 朝语"깨다 (砸)"一词除具有汉语"砸"所具有的"用沉重的东西对准物体撞击，沉重的东西落在物体上"之义外，还具有"打破，砸坏"等引申义。受此影响，将汉语里的"打鸡蛋"，误

搭配成"砸鸡蛋"。(14) 朝语"놓다(放)"一词除具有汉语"放"所具有的"搁置，使物体处于一定的位置"之义外，还具有"布置，设置，摆放"等引申义。受此影响，将汉语的"桌椅摆放得整整齐齐"，误搭配成"桌椅放得整整齐齐"。

2. 汉语词本身的词义未掌握清楚而出现的语内迁移实例分析

(1) 她很自私，处处都只想自个儿。

(2) 我劲儿也大。

(3) 这时我想一定要好好整一下给老师看看。

(4) 我马上回到自己的座位上，这时才叹了一口气。

(5) 小红和小文一起把土踩平，最后给小树苗倒水。

(6) 班长的短短几句话使我改变了自己的坏毛病。

(7) 一次意外的事情使我改换这个看法。

(8) 春天小草从地上漏出了小芽。

(9) 我仔细俯瞰着本子上写的作文评语。

(10) 这对我们增智力很有帮助。

(11) 围着这件事，大家议论纷纷。

(12) 小草个个清秀挺拔。

(13) 看到这又干净又整洁的屋子，我高兴了。

(14) 今天我买了一双手套。

(15) 下一起比赛我们一定要战胜一班。

(16) 一对大眼睛很有神。

朝鲜族L2习得者不清楚 (1) "自个儿"，(2) "劲儿"，(3) "整"在汉语里是方言土语，所以在规范的书面语里出现色彩义不当的语误。(4) 根据上下文语境，这一句想表达"松了一口气"之义。由于不清楚"叹了一口气"指"心理感到不痛快而呼出的长气，发出声音"，"松了一口气"指"紧张之后，使放松一下"等两者细微差异，所以出现了上述语误。(5) 这一句想表达"浇水"

270

之义。由于不清楚"倒水——反转或倾斜容器使里面的水出来，浇水——让水落到物体上"等两者的细微差异，出现上述语误。(6)(7)由于没有分清"改变，改换，改正"等近义词之间的细微差别，出现上述语误。"改变"一词指"事物发生显著的变化"，一般搭配成"改变看法，改变立场"等，"改换"一词指"改掉原来的，换成另外的"，经常搭配成"改换一个说法"，"改正"一词指"把错误的改正确的，"经常与"毛病，错误，恶习"搭配。(8)这一句想表达"发出小芽，长出小芽"之义。由于不清楚"漏"是指"东西从孔或缝中滴下，透出或掉出"之义，所以出现上述语误。(9)这一句想表达"增强智力"之义。由于不清楚"增"只是指"增加"之义，没有"强大"的意思，所以出现上述语误。(11)这一句想表达"围绕这件事"之义。由于不清楚"围"只是指"四周拦挡起来，使里外不通"之义，没有"以某个问题或事情为中心"之义，所以出现上述语误。(12)这一句想表达"小草生机勃勃"的景象。由于没有理解清楚"挺拔"一词是指"直立而高耸"之义，出现上述语误。(13)这一句想表达"既整齐又干净的屋子"之义。由于不清楚"整洁"一词之义，所以出现上述语义重复的语误。(14)(16)在汉语里不清楚与"手套"，"眼睛"搭配的量词是"副"，"双"，所以出现上述语误。(15)L2习得者不清楚汉语"起"这一量词是名量词，不能与动词搭配的规则，所以出现上述语误。应改为"下一场比赛，下一次比赛"。

(二) 语法搭配不当而出现的语误

1. 受朝鲜语的语法搭配规则影响而出现的语际迁移实例分析。

(1) 爸爸对自己子女的成长也有很大的关心。

(2) 她每天都做预习和复习。

(3) 我那得了奖的两幅工笔画，也渐渐登了书，登了报。

(4) 浓密的眉毛下一双炯炯有神的眼睛，显得特别有精神。

(5) 那发光的眼睛不停地发着光，衣服又那么整洁。

(6) 她的脸上出现了一丝微笑。

(1)(2)(3) "关心，预习，复习，整理"在朝语里名词兼动词，名词时可搭配成"관심이 있다(关心有)，관심이 크다(关心大)"，动词时可搭配成"예습을 하다(预习做)，복습을 하다(复习做)，정리를 하다(整理做)"。受此影响，在汉语里相应的动宾搭配出现"有关心，做预习和复习，做整理"等语误，应改为"很关心，进行预习和复习，进行整理"。(4) 朝语"오르다(登)"一词与名词组合在一起，表示"登"这一动作的处所时，一般的搭配格式是"名词+오르다(登)"，如"책에 오르다(书上登)，신문에 오르다(报上登)"。受此影响，不考虑汉语相应的格式"登+在+名词+上(里)"根据不同的名词可省略"在……上(里)"的语法特点，类推成"登书"，而出现上述"登书"的语误。(5) 朝语"정신(精神)"一词是名词，经常作主语，宾语，可搭配成"정신이 있다(有精神)"。受此影响，不考虑汉语"精神"作为形容词作宾语的语法特点，从而出现上述"显得有精神"的语误。(6) 朝语里"빛나다(发光)"一词与汉语"发光"一词基本义相同，都具有"发光"之义。不同的是朝语可与"눈(眼睛)"搭配在一起。受此影响，在汉语里表达"发亮的眼睛"时，误搭配成"发光的眼睛"。(7) 朝语"나타나다(出现)"一词与汉语"出现"一词基本义相同，都具有"显露出来，产生出来"之义。不同的是朝语可与"웃음(微笑)"搭配在一起。受此影响，在汉语里表达"显露出微笑"时，误搭配成"出现了微笑"。

2. 汉语词本身的语法特点未掌握清楚而出现的语内迁移实例分析

(1) 突然家里响了电话声，爸爸接电话了。

(2) 当我绝望地回头时，从后面响了一个熟悉的声音。

(3) 我国国家队就输了对方。

(4) 我们学校输六中同学们。

(5) 我今天早地来到学校。

(6) 我拿出胆量向他认错误。

(7) 看着入睡的母亲，发现脸上还增添了隐约皱纹。

朝鲜族第二语言习得者不清楚(1)(2)的"响"是不及物动词，不能带宾语的语法特点，因而出现上述语误，不清楚(3)(4)的"输"虽是及物动词，但一般只带受事宾语的语法特点，因而出现上述带施事宾语的语误。(5) 不清楚形容词"早"作状语时不能带助词"地"的语法特点，因而出现"早地来到了学校"的语误。(6) 没有掌握"认错"这一动宾式合成动词，误搭配成"认错误"。(7) 不清楚双音节形容词作定语时一定带助词"的"的语法特点，应搭配成"隐约的皱纹"。

二

综上所述，朝鲜族第二语言习得者在习得汉语过程中出现的语言偏误里，词汇编误占36%，其中语际迁移占34%，语内迁移占66%，语义搭配不当的偏误占81%，语法搭配不当的偏误占19%。由此可见，目前朝鲜族第二语言词汇教学在词义和语法功能的讲解上存在许多问题。下面通过进一步分析导致词汇偏误的根源来认识词汇习得过程，为第二语言词汇教学提出一些值得思考的问题。

1. 词汇偏误的根源

导致词汇偏误的原因是多方面的。一方面是L2习得者的母语知识及母语的认知结构模式。大多数朝鲜族L2习得者是在习得母语后，在母语的认知发展到一定阶段后习得汉语的。他们在自然语言环境中，在和外部世界交往中，以母语为主要交际工具，母语时时刻刻显现在他们的言行中。因此，L2习得者头脑中渐渐形成的母语认知结构模式是根深蒂固的。习得L2

词汇的过程也是一个复杂的心理认识过程。通过阅读或教师的讲解等主要方式，首先把新词语输入大脑进行编码加工，这时汉字本身的形，音，义，汉字所构成词语的意义和词语中是否含有熟字等等因素以及头脑中已有的知识或过去的经验，这一切都对编码产生影响。通过偏误分析认识到，朝鲜族L2习得者在初，中级阶段习得在朝语里使用频率高，而且从词义和语法特点上具有很多相同点，经常进行正迁移的名词，动词，形容词(汉字词，固有词都包括)时，母语知识及母语的认知结构模式干扰较大。上述受母语影响而出现的偏误实例分析都属此类。另一方面，L2习得者对L2规则的过度泛化。具体说没有辨清近义词或具有相同语素的词之间的复杂关系，如"改变——改换——改正"，"围绕——围"的差别，没有辨清及物动词和非及物动词，带体词性宾语的动词和带谓词性宾语的动词之间的差别，没有掌握清楚形容词作定语，作状语时何时带助词，何时不能带助词的语法规则。

2. 词汇教学应思考的问题

通过偏误分析，认识到L2习得过程是一个复杂的心理认识过程，教师的指导在这个认识过程中起着重要的作用。如教师的教学方法符合学习者的客观认识规律，就会加速这个过程的完成，反之，就会延缓，减慢这个过程。一方面汉语教师如何按照学生的认知规律驾驭词汇教学？不同的学习阶段，同一阶段的不同的习得者在认识水平，认知特点上都有很大差别。教师采取何种方法，使之符合习得者的心理认识过程，这是值得深思的问题。还有初级阶段如何灵活运用汉朝对比法？对哪些词汇使用此方法等等。另一方面，词汇教学中词义解释和语法特点的讲解上，侧重点应放在哪一点？目前的L2词汇教学过程大体是先讲解词义，或者放在上下语境中，或者按照词语表，接着进行几个短语搭配即可结束。这种方法教学重点不突出，效果不明显。事实上，词汇教学中第一个具体词的教学重点都不尽相同，有的在词义上，有的在语法特性上，面对一个个具体的新词，如何确定

其侧重点是汉语教师值得深思的问题。如：名词教学侧重点可放在词义上(对上述出现语误的名词而言)。动词，形容词根据不同的词，重点或在词义上或在语法上。如：那些在朝汉语里"一对多"的动词，"들다－举，抬，拿，拎，提，端"一类词应放在词义教学上，重点辨析词义差别。如何进行词汇的语法教学更有效？应采取切实可行的方法把词性学习的特殊性与普遍性，感性与理性结合起来，将会受到良好的效果。

参考文献

张寿康，林杏光：『现代汉语实词搭配词典』，商务印务馆，1996年，北京。

崔奉焕，李昌燮等：『朝中词典』，中国民族出版社，朝鲜外国文图书出版社，1992年，北京。

田卫平：『对外汉语词汇教学的多维性』，载『世界汉语教学』1997年第4期。

徐子亮：『认知与释词』，载『华东师大学报』1994年第3期。

江　新：『词汇习得研究及其在教学上的意义』，载『语言教学与研究』1998年第3期。

(原载『民族教育研究』2000年增刊)

朝鮮族習得漢語動詞偏誤分析

朝鲜族习得汉语词类的偏误，以动词所占比例最高。本文拟以初中级朝鲜族习得动词的偏误为例，探讨造成偏误的原因及规律，为朝鲜第二语言词汇教学提供参考。33)

一　动词偏误类型描写

在初中级阶段朝鲜族学生需要掌握1893个动词，其中表抽象意义的动词有1514个(占80%)，表具体动作的动词有379个(占20%)。考察整个阶段的动词习得过程，就会发现：习得表示具体动作的动词(有关口耳目上下肢等)偏误率最高，其次是习得一般动词和心理动词等表抽象意义的动词偏误率较高，习得表示政治，经济，法律等方面的抽象意义的动词偏误率最低。习得的初级阶段主要出现动词和动宾结构偏误，随着年级的升高，汉语水平的不断提高，习得者汉语认知模式日趋形成，到初级阶段末期开始渐渐出现动补结构和状动结构等偏误。总体来看，每一阶段的动词偏误中，动词和动宾结构偏误所占比例最高。本文从语音，语义，语法，语用等不同层面，具体描写以下五种类型。

---

33) 本文取材于吉林省不同地区5所朝鲜族学校。分析的材料来自自然语料，学生的习作：初级阶段的命题作文21000字，中级阶段的命题作文64000字，共85000字。从词类的语法功能角度，统计各类词的偏误分布看，实词所占比例较高，约占55%，虚词所占比例较低，约占19%。在实词偏误中动词所占比例最高，约占59%，其次按偏误比例的最低依次是名词，量词，代词。

(一) 语义偏误

动词语义偏误主要有两类:

第一, 由于朝汉两种语言动词词义义项的差异而引起的用词偏误。如:

(1) 因为我的腿断了, 再也修不好了。("修"应为"治")

(2) 先是把鸡蛋一个一个砸进碗里。("砸"应为"打")

(3) 她拿着一盆水, 不小心洒到了我的白鞋上。("拿"应为"端")

(4) 老师把一切精力都洒在我的身上。("洒"应为"倾注")

(5) 我长长地出了一口气。("出"应为"松")

例 (1) 动词"修"指的词义是"修理"(本义), 朝鲜语对应动词 "고치다"本义跟汉语同义, 引申义朝鲜语特有"医治, 治病"之义。汉语"修"虽有6个引申义项, 却无"医治"之义。由于朝鲜语, 汉语动词"修"引申义不同, 学生用汉语表达"医治, 治疗"这义时, 容易受朝鲜语动词"고치다"的引申义影响, 出现偏误。例 (2) 动词"砸"指的词义(引申义)是"打破", 朝鲜语对应动词"깨다"本义跟汉语同义, 但词义搭配范围比汉语广, 从轻微的东西到重而大的东西都能跟"깨다"组合。可是在汉语里, "砸"一般只跟重而大的东西组合, 跟轻微的东西组合时一般用动词"打"。如"打鸡蛋", "打了杯子"等。朝汉语动词"砸"词义范围广狭不同, 学生用汉语表达"打破"时, 常常受朝鲜语动词"깨다"的本义影响而出现偏误, 便(3)(4)(5)也属同类。

第二, 由于对汉语动词的词义理解不准确而造成的偏误。如:

(6) 当我俯瞰着本子上写的"心事"两上字时, 真不知所措。("俯瞰"应为"看")

(7) 在田野里通过几个星期的注视, 终于明白了水稻成长过程。("注视"应为"观察")

(8) 春流到城市了, 春是先到城市的马路。("流"应为"来")

例 (6) 动词 "俯瞰"指的词义(本义)是"从高处往下看"。如, "在山上俯蜒婉蜒的公路"，"在塔顶上俯瞰都市夜景"。由于学生没有准确把握"俯瞰"的"俯"的词素义。片面理解为"看"，所以出现了用词偏误。例 (7) "注视"指的词义是"注意的看"，指短时间的动作。如，"他目不转睛地注视着窗外"。由于学生没有准确理解词义，与动词"观察"辨析不清，所以出现了用词偏误。例 (8) 动词"流"指的词义(比喻义)是"像水流的东西"。如"气流"，"暖流"，"寒流"，但不能说"春流"。由于学生没有掌握动词"流"的比喻义，所以出现偏误。

(二) 语法偏误

动词与其他词的句法选择，不同语言各有自己的分布规律。朝鲜族学习汉语时，往往不能准确把握汉语动词在搭配中的分布规律而引起偏误。主要有两类：

第一，短语层面上出现的偏误。如：

(9) 我那得了奖的两幅工笔画也逐渐登了书，登了报。("登了书"应为"登在书上")

(10) 爸爸不仅对工作一丝不苟，还对自己子女的生长也有很大的关心。("有很大的关心"应为"很关心")

(11) 因为我的学习成绩很差，我自己也觉得我很有努力学习。("觉得我很有努力学习"应为"觉得我应该努力学习")

(12) 我从兜里拿来钱包后，问："我这个钱包是不是您的?"("拿来"应为"拿出来")

(13) 我高兴地跑回来，计算起今天用的钱。("计算起"应为"计算起来")

(14) 又想过来自己够不够资格，想了很多。("想过来"应为"想起来")

(15) 有一天早上，我早的来到了学校。("早的"应为"早早地")

(16) 在学习上他又非常帮助我。("非常"应为"热情地")

278

(17) 大家都<u>很冻</u>，可是大家的脸上都甜蜜蜜的。("很冻"应为"很冷")

例 (9)－(11)是动词和宾语搭配不当的例子。例 (9) 动词"登"既能带名词性宾语，也能带动词性宾语和小句宾语。带名词性表处所的宾语时，虽是同一语义范畴的名词，也有严格的排斥性。如，能说"登杂志"，"登报"，"登光荣榜"，但不能说"登书"，"登词典"。例 (10) 动词"有"是准谓宾动词，即能带名词性宾语，也能带动词性宾语。可是，能带的动词宾语是有限制的，一般只能带名动词。如，"有影响"，"有工作"，不能说"有看"，"有同意"。34) 汉语动词"关心"不是名动词，不能说"有关心"。朝鲜语对应动词"관심(名词)，관심하다(动词)"在句法功能上跟汉语相比，具有很大差异。由于它在朝鲜语中是名词兼动词，可以自由地组合成主谓，动宾等结构，不受汉语的那种限制。如"관심이 있다.(有关心)"，"관심을 하다(关心)"。例 (11) 动词"觉得"既能带动词性宾语，也能带形容词性宾语和小句宾语，是真谓宾动词。带小句宾语时，往往带能愿动词，起辅助作用。如"觉得他应该去"。由于学生没有把握汉语动词对所带宾语的特定的语法制约，故出现偏误。

例 (12)－(14)是动词和趋向补语搭配不当的例子。(12) 动趋式"拿来"的"来"主要表示通过动作，使物体从一个地方移动到另一个地方，没有从里到外的趋向义。趋向动词"出来"具有使物体由某处所的里面向外面移动的意思。由于学生没有把握汉语趋向动词"来"的意义，所以导致动趋式搭配不当。(13)(14)都属同类。

例 (15)－(17)是状语和动词搭配不当的例子。例(15)单音节性质形容词"早"可以独立充当状语，一般不能带"地"。重叠式可带助词"地"作状语。如，能说"早来到了"，但不能说"早地来到了"也能说"早早(地)来到了"。朝鲜语跟形容词"早"对应的是副词"일찍이"。"기"是副词词尾。它在句中可以独

---

34) 参看朱德熙:『语法讲义』，第60页，商务印书馆，1998年。

立地充当状语。如，能说"일찍이 왔다(早地来到了)"。朝鲜族受朝语副词"일찍이"的词尾"기"的影响，在汉语里"早"作状语时，常常出现偏误。例(16)(17)程度副词"非常"，"很"只能修饰心理动词。如，能说"很高兴"，"非常赞成"。"帮助"和"冻"不是表心理活动的动词，不能说"非常帮助"，"很冻"。

第二，句式层面上出现的偏误。如：

(18) 我不是故意的，给你把眼睛擦吧。（"擦"应改为"擦擦"）

(19) 这时从我后面有一个男孩，他就是刚才的男孩。（"有"应改为"跑来"）

(20) 在森林里正玩得开心时，突然有一我女孩的声音，在喊救命。（"有"应改为"传来"）

例(18)是在"把"字句里，动词用法不当而导致的偏误。在汉语"把"字句里，要求动词谓语前后有一些别的附加成分，不能是单个的动词，至少也得是动词重叠式。如，"把眼睛擦擦"，"把眼睛擦干"，"把眼睛擦了吧"，而动词"擦"是单个的动词。例(19)－(20)是在"有"字句里，动词"有"用法不当而导致的偏误。例(19)在汉语"从+处所词"表示动作起点的句子里，要求动词谓语一般是动态动词。如，"从后面跑来了"，"从前面走"。而动词"有"是存在动词，故搭配出现不当。例(20)句子表示某一事物的突然发生。动词"有"表示的是某一事物的存在，是静态的，故搭配出现不当。

(三) 语义—句法偏误

语义—句法偏误指的是在固定的短语结构里，由于语义选择不当而导致整个短语结构配置不当的偏误。如：

(21) 你把垃圾都放在这里，不觉得这里的环境和空气得到了污染了吗？（"得到了污染"应为"遭到了污染"）

(22) 班长短短的几句话，使我改变了自己的坏毛病。("改变"应为
"改正")

(23) 但我还是奋不顾身地走上讲台拼了一拼。("奋不顾身"应为"勇
敢")

(24) 下一场雪后星星冻得闪闪。("冻得闪闪"应为"冻得颤抖")

(25) 太阳亮亮的升起来了。("亮亮"应为"冉冉地")

例 (21) 动词"得到"指的词义(本义)是"事物为自己所有，获得"，是褒义
词，主要用于好的一面，如，"得到奖金"，"得到表扬"，"得到宝贵经验"等。
"污染"指的是不好的一面，不能跟褒义动词"得到"搭配在一起，应跟贬义动
词"遭到"搭配。如"遭到污染"，"遭到抢劫"等。例 (22) 动词"改变"指的词
义(引申义)是"改换，更动"。如"改变计划"，"改变作息时间"等。不能说"改
正坏毛病"。由于学生没有准确把握动词的感情色彩或近义词用法，故出现
偏误。例 (23) 汉语动词短语"奋不顾身"指的词义是"奋勇直前，不顾生
命"。如，"奋不顾身地冲向敌人阵地"，"奋不顾身地战斗"，但不能说"奋不
顾身地走上讲台"，语义不搭配。例 (24) "闪闪"指的是"光亮四射"之义。
如"灯光闪闪"，"太阳闪闪发光"。用它来补充说明"冻"的状态不合适，"冻"
的状态应该是"哆嗦"，"颤抖"等。例 (25) "亮亮的"表示"太阳发光的强
度"。用它来修饰动词"升"，表示太阳升起的方式，显然语义搭配不当。

(四) 语用偏误

语用偏误指的是动词和其他词的组合不合乎表达的需要。它包括语体使
用偏误和固定用法偏误。如：

(26) 这时我想一定要好好整一下给老师看看。("整"应为"表演")

(27) 于是我开始翻柜倒箱，把屋内屋外的破报纸，空酒瓶翻了一
通。("翻柜倒箱"应改为"翻箱倒柜")

(28) 他俩就你一言我一句一句地展开了一场战争。("你一言我一句一句"应为"你一言我一语")

(29) 我就撒谎不眨眼地对妈妈说。("撒谎不眨眼地对妈妈说"应为"撒谎地说")

例 (26) 动词"整"指的词义(引申义)是"搞,弄",是方言土语,不能在规范的书面语里使用。例 (27)-(29)是汉语动词短语的固定搭配格式。由于学生没有掌握汉语的固定搭配,故出现语序颠倒,同义语素混淆等偏误。

(五) 语音偏误

语音偏误指的是动词和其他词的组合不合乎韵律而导致的偏误。如:

(30) 我想向他认错误,可是不敢。("认错误"应为"认错")

(31) 这个院子里要种植花。("种植花"应为"种植花草")

例 (30)单音节动词"认"在"表示同意,承认的义项上",为了追求组合音节上成双成对的节奏感, 和谐的韵律美, 倾向于跟单音节名词性宾语组合。35) 如,"认错儿","认输","认账"等。例 (31)双音节动词"种植"倾向于跟双音节名词性宾语组合。如,"种植花草","种植大蒜"。由于学生没有把握单音节动词"认"对宾语的音节限制,故出现偏误。

二 动词偏误原因分析

这里主要从本族语知识和目的语知识两方面,解释动词偏误的原因。

---

35) 参看李临定:『现代汉语动词』,第138页,中国社会科学出版社,1990年。

(一) 本族语知识对习得汉语动词的干扰

朝鲜语和汉语分属不同语系，所以动词的语义，语法，语用有同有异。这是由于人类的不同语言所具有的共性与个性造成的必然结果。相同的一面是朝鲜族学生习得汉语动词的有利条件，不同或不完全相同的一面是他们习得汉语动词时常常出现偏误的根源所在。下面就经常出现的偏误来分析朝鲜语知识对习得汉语动词的干扰。主要有三方面：

一是受朝鲜语固有动词词义的影响。

朝鲜语固有动词异常丰富，使用频率也很高。朝鲜族学生习得汉语之前，在大脑里已经形成了固有动词的词汇系统。他们在学习汉语的初中级阶段，常常用朝鲜语固有动词的认知模式理解和使用相应的汉语动词。朝鲜语固有动词和相应的汉语动词之间的语义具有复杂的交叉关系。如：例 (1)动词"修"与"고치다"本义相同，而引申义完全不同。例 (2)动词"碰"的引申义与"깨다"的本义基本相同，但朝鲜语搭配范围比汉语广。例(3)动词"拿"与"들다"基本义范围不同。朝鲜语"들다"基本义具有"用手或其他方式抓住，搬动(东西)"还具有"拾，端，提，举"等义。朝鲜族学生学习这类词义上不完全对应的动词时，常常受朝鲜语固有动词的词义影响，出现偏误。

二是受朝鲜语动词或动词性结构的语法功能影响。

有些动词或动词性结构在朝鲜语，汉语两种语言里，出现词类不完全对应，短语结构缺格等现象。这导致它们的功能也不尽相同。例 (10)汉语动词"关心"在朝鲜语里是动词兼名词，即"관심(名词)""관심하다(动词)"。汉语动词"关心"主要作句子的谓语。一般只充当形式动词的宾语。如：老师很关心我。/加以关心，给予关心。一般作主语。朝鲜语"관심(名词)""관심하다(动词)"。主要作句子的主语，谓语，宾语。如：나에게 관심이 크다.(对我关心很大)/나를 관심하다(关心我)/관심을 하다(进行关心)。例 (15)也属这类偏误。例(12)(13)(17)是动词性结构的缺格，不对应现象引

起的偏误。朝鲜语没有动补结构。它主要用状动结构和复合动词来表达汉语的动补结构。由于这种不对应现象，使朝鲜族学生应该使用汉语动补结构时，常常按照状动结构或复合动词进行超常规类推。如：例 (17)学习者大脑里想的是"冻得够呛"，"冻得很厉害"等"冻"的程度，用汉语表达时，常常受大脑里固有的朝鲜语状动结构的干扰，出现"很冻"的句法偏误。

三是受朝鲜语动词的固定用法的影响。

任何一种语言都在长期的历史发展过程中，形成了一套代表本民族文化特点的约定俗成的固定的习惯搭配。朝鲜语也不例外。如"배를 그러안고 웃다.(抱起肚子笑)"，"눈 깜짝하지 않고 거짓말을 하다(不眨眼撒谎)"等。汉语在表达相同意思时，语言形式不尽相同或者对同义语素的选择也很严格。如："배를 그러안고 웃다"在汉语里对应形式是"捧腹大笑"，两种语言里所用的词语虽相同，可是对同义语素的选择上，汉语比较严格，不能互换使用，不能说"抱肚子大笑"，也不能说"搂肚子大笑"。"눈 깜짝하지 않고 거짓말하다"在汉语里对应形式是"撒谎不脸红"。"不眨眼"一般用在杀人上，能说"杀人不眨眼"。朝鲜族学生学习汉语这类动词短语时，常常受表示同义的朝鲜语动词的固定搭配影响而导致偏误。

(二) 已掌握的目的语知识对习得汉语动词的干扰

汉语是缺少形态变化的语言。汉语动词的分类，各类动词组成的各种句法结构，动词的语法范畴等特点，比起任何一个词类都复杂。朝鲜族学生从初级开始学习汉语动词，随着时间的推移，约到初级阶段的中期便积累了一定的汉语动词知识。由于朝鲜族学生对汉语动词特有的语义，语法，语用，语音等不同层面的特点掌握得还不够系统和完善，所以习得汉语动词过程中，除了受朝鲜语知识干扰外，还要受已有的目的语知识的超常规类推而导致的许多偏误。主要有如下三条：

284

一是受已掌握的汉语动词的词义影响。

不同民族由于受各自所处的自然环境、文化传统、认识主客观世界的方式、方法等诸多因素的影响，形成了民族特有的概念系统以及表达此概念系统的词汇系统。动词词汇意义往往有多种义项。按词义出现先后可分为本义、引申义、色彩义、比喻义等，按词义的族群关系可分为多义、同义、近义、反义、对义等。朝鲜族学生学习和掌握汉语动词时，往往不能准确把握汉语动词特有的本义、引申义、色彩义、比喻义、同义、近义等义项，出现词义搭配不当的偏误。例(6)(23)(24)(25)是本义上出现的偏误。例(7)(22)是近义和同义上出现的偏误。例(8)是比喻义上出现的偏误。例(21)是褒义和贬义上出现的偏误。例(26)是色彩义上出现的偏误。

二是受动词及动词性结构语法功能的超常规类推的干扰。

汉语动词及动词性结构的语法功能非常复杂。如：述语动词和宾语在语义、语法、语音等方面都具有特定的制约关系。动词与各种补语的组合也有严格的限制。动结式，大多数动作动词都可带结果补语，意义笼统的动词比意义较具体的动词所结合的结果补语范围更广，动趋式，不同的动词对简单趋向补语和复合趋向补语的选择都很严格，动介式，80%以上的动词是单音节动词，介词一般只有"在、向、给"等八个。36) 朝鲜族学生往往把握不准如此复杂的规则，而按已知的某一个动词的搭配结构作超常规类推，从而出现偏误。例(9)(11)、(16)(18)(19)(20)都属此类。

三是掌握不准汉语动词的固定用法。

汉语动词具有丰富的约定俗成的固定搭配结构，如"翻箱倒柜"、"你一言我一语"、"思潮起伏"，这是朝鲜族学生学习汉语的一大难点，需要硬性记忆。朝鲜族学生往往把握不准确，出现固定搭配的语序颠倒、同义语素的混淆或同义的混用等偏误，如"翻柜倒箱"、"你一言我一句"、"思潮翻滚"等。

---

36) 参看胡裕树、范晓『动词研究综述』，第225页，山西高校联合出版社，1996年。

参考书目

中国社会科学院语言研究所:『现代汉语词典』, 商务印书馆, 1996年。

崔风焕, 李昌燮: 『朝中词典』, (中国)民族出版社, 朝鲜外国文图书出版社, 1992年。

李临定:『现代汉语动词』, 中国社会科学出版社, 1990年。

马庆株:『汉语动词和动词性结构』, 北京语言学院出版计, 1996年。

胡裕树, 范晓:『动词研究综述』, 山西高校联合出版社, 1996年。

朱德熙:『语法讲义』, 商务印书馆, 1998年。

柳英绿:『朝汉语语汇对比』, 延边大学出版社, 1999年。

崔奉春:『朝汉语语汇对比』, 延边大学出版社, 1999年。

张起旺, 王顺红:『汉外语言对比与偏误分析论文集』, 北京大学出版社, 1999年。

朝鮮語量詞

提要: 朝鲜语量词较为发达。本文拟对朝鲜语量词的分类, 特性, 语序, 语法化进行探讨。
关键词: 朝鲜语, 量词, 语法化

一. 朝鲜语量词的分类

朝鲜语的量词, 可以分为名量词和动量词两大类。名量词很多, 动量词较少。根据名量词的语义或功能又可以分为个体量词, 集合量词, 度量衡量词, 临时量词。

(一) 名量词

1. 个体量词: 这是名量词的主体, 数量较多, 语法特点丰富。 例如:

손님　　두　분　　　两位客人
客人　　两　位

소　한　마리　　　一头牛
牛　一　头

나무　한　그루　　　一颗树
树　一　颗

자동차　한　대　　　一辆汽车
汽车　一　辆

물 한 방울   一滴水

水 一 滴

常见的还有: 분(位), 마리(条, 头, 只, 匹), 포기(棵), 대(台), 가락(根, 条), 오리(根), 자루(支), 장(张), 토막(块), 칸(间), 층(层)等。

2. 集合量词: 它用于成组或成群的事物。例如:

젓가락 두 매   两双筷子

筷子 两 双

양말 한 켤레   一双袜子

袜子 一 双

실 한 꾸리   一团线

线 一 团

꽃 한 다발   一束花

花 一 束

벼집 한 가리   稻草一垛

稻草 一 垛

常见的还有: 가리(垛), 꼬치(串), 꾸리(团), 무지(堆), 켤레(双), 쌍, (双), 대(对), 권(卷), 다발(束), 묶음(捆), 짝(只), 줄(排), 꿰(串儿), 매(双), 모춤(捆)等。

3. 度量衡量词: 它包括重量, 体积, 面积, 长度, 货币等度量衡单位。例如:

천 한 자   一尺布

布 一 尺

소고기 한 근   一斤牛肉

牛 肉 一 斤

콩 세 두   三斗豆

豆 三 斗

288

술　두　냥　　　　　二两酒

酒　二　两

常见的还有: 근(斤), 술(匙), 되(升), 말(斗), 경(顷), 자(尺), 치 (寸), 원(元), 푼(分)等。

4. 临时量词, 主要由名词充当。例如:

밥　한　그릇　　　　　一碗饭

饭　一　碗

꽃　한　바구니　　　一篮子花

花　一　篮子

사과　한　상자　　　一箱子苹果

苹果　一　箱子

약　두　병　　　　　两瓶药

药　两　瓶

물　한　바가지　　　一瓢水

水　一　瓢

常见的还有: 사람(人), 뿌리(根), 박자(拍子), 가마니(麻袋), 그릇 (碗), 바가지(瓢), 바구니(篮子), 숟가락(勺子), 자루(支), 접시(碟子), 잔(杯子), 병(瓶), 상자(箱子), 통(盒子), 발(步), 봉지(口袋)等。

(二) 动量词

朝鲜语动量词较少, 语法特点简单。例如:

학교　에　두 번　갔다 왔다.　去了两次学校

学校　与格　两 次　去了

매　한　대　맞다.　　　　　挨一棍子

棍子　一　　　挨

소나기가　한　줄기　　퍼부었다.　　下一场暴雨

　暴雨　　一　　场　　　　下

총　을　한　방　놓았다.　　开一枪

枪　宾格　一　枪　　开

전화　두　통　을　　걸었다　　打两次电话

电话　两　次　宾格　　打

常用的有: 고팽이(回), 끼(顿), 대(次, 棍子), 모금(口, 次), 바퀴(圈), 바탕(次), 배(窝), 사리(次), 줄기(场), 턱(顿), 판(局), 회(次), 발(发), 방(次数), 번(次, 番), 승(胜), 차(次), 차례(次), 통(次), 패(败)。

二. 朝鲜语量词的语法特点

朝鲜语量词的语法特点如下。

(一) 量词不能单独使用

量词一般跟数词组成数量短语, 或者跟疑问代词组成指量短语。例如:

연필　두　자루　　两支铅笔

铅笔　两　支

나무　열　그루　　十棵树

树　十　棵

돼지　몇　마리　　几头猪

猪　几　头

종이　몇　장　　几张纸

纸　几　张

290

(二) 朝鲜语数词和量词分别有两个词汇系统

一个是固有词, 另一个是汉字词。例如:

		固有词	汉字词
数词	一	하나	일
	二	둘	이
	三	셋	삼
	十	열	십
	二十	스물	이십
	三十一	서른하나	삼십일

		固有词	汉字词
量词	棵	그루	주
	头	마리	두
	张	—	장
	根	오리	—
	间	칸	간
	岁	살	세

一般来说, 固有词数词跟固有词量词组合, 汉字词数词跟汉字词量词组合, 而固有词数词跟汉字词量词组合或汉字词数词跟固有词量词组合则受一些选择限制。例如:

한(固有词, 一的变异形式) 마리(固有词)

一　　　　　　　　　　只(头, 条, 匹)

一只, 一头, 一条, 一匹

열(固有词)　　　　오리(固有词)　　　　十根

十　　　　　　　根

한(固有词)	살(固有词)	一岁
一	岁	
삼(汉字词)	세(汉字词)	三岁
三	岁	
이십(汉字词)	명 / 권 / 대(汉字词)	
二十	名　卷　台　层	
二十名/卷/台/层		

* 삼(汉字词)	마리(固有词)	一只, 一头, 一条, 一匹
三	只(头, 条, 匹)	
* 십오(汉字词)	그루(固有词)	十五棵
十五	棵	
한(固有词)	명(汉字词)	一名
一	名	
* 이(汉字词)	근(汉字词)	二斤
二	斤	
* 삼(汉字词)	장(汉字词)	三张
三	张	
* 이십(汉字词)	마리(固有词)	二十只
二十	只	
* 일(汉字词)	세(固有词)	一岁
一	岁	
* 삼(汉字词)	살 (固有词)	三岁
三	岁	

固有词数词跟汉字词量词组合的时候，数词一般是10以下的数，10以上

的数一般用汉字词更合适。汉字词数词跟固有词量词组合的时候， 大多数数量组合不自然。

(三) 量词单独不能重叠

量词一般跟数词组合成数量结构以后才可以重叠， 表示"各个， 分别"的意思。重叠的数量短语后面附加词尾 –씩, 表示强调。例如：

한	개	한	개	씩	들 고	올라왔다.	一个一个地抬上来
一	个	一	个	词尾	抬	上来	

두	마리	두	마리	씩	잡았다.	两只两只地抓起来
两	只	两	只	词尾	抓起来	

한	집	한	집	씩	찾아 다녔다.	一家一家地找起来
一	家	一	家	词尾	找起来	

三. 朝鲜语数量名结构的语序

朝鲜语数量名词组主要有四个语序类型, 它们分别是: 名词+数词, 名词+数词+量词, 数词+名词, 数词+量词+名词。

(一) 名词+数词+量词

这是现代朝鲜语最基本的, 使用频率最高的结构。例如：

사과	한	개	를	먹었다.	吃了一个苹果
苹果	一	个	宾格	吃了	

책상	두 개	를	샀다.	买了两张桌子
桌子	两张	宾格	买了	

当名词是不可数名词的时候，一般只能用名数量结构来表达数量。例如：

  * 논　이　열이 팔렸다.　　　　　　　　卖了十水田

   水田 主格 十　卖了

   논이 열　마지기가　팔렸다.　　　　卖了十斗落水田

   水田 十　斗落 主格　卖了

  * 김선생　은　술 하나 를　마셨다.　金老师喝了一酒

   金老师　话题格 酒　一　宾格　喝了

   김선생　은　술 한 되 를　마셨다.　金老师喝了一升酒

   金老师　话题格 酒　一 升 宾格　喝了

据文献记载，在中世纪几乎没有名数量结构，这是从近代开始大量使用的。现在，名数量结构很发达，绝大部分名词都可以用这个形式表达数量。

(二) 名词+数词

这也是现代朝鲜语常用的结构。例如：

   연필 둘 이 모자랐다.　　　　　　　少两(根)铅笔

   铅笔 两 主格　少

   교실 에는 학생 셋 이 있다.　　教室里有三(个)学生

   教室 位格 学生 三 主格　有

在朝鲜语里，"名词+数词"的组合要具备两个条件：一是名词必须具有[+可数]或[+人物]的语义特征。二是数词表示的数目要小，一般是10以内的数目。否则，表达不自然或成为病句。例如：

  * 모래 하나 를 팠다.　　挖了一(车)沙子

   沙子 一 宾格 挖

  * 고양 이 다섯 을 샀다.　买了五(个)猫

   猫 主格 五 宾格 买了

＊ 학생 스물 이 학교 에 남았다.　　二十(个)学生留在学校

　　学生 二十 主格 学校 位格 留

　　可是，在中世纪和近代朝鲜语里，[- 可数]或[- 人物]的名词也可以
组成名数结构，只是使用频率很低。

　(三) 数词+名词

　　这种结构在现代朝鲜语里较少用，只在特定的条件下使用。例如：

　　두 친구 가 왔다.　　　　　　　来了两(个)朋友

　　两 朋友 主格 来了

　　다섯 학교 가 문 을 닫았다.　　五(所)学校倒闭了

　　五　学校 主格 门 宾格 倒闭

　　열여섯 나라 가 참가하였다.十六个国家参加了(足球比赛)

　　十六　　国家 主格　　参加了

　　朝鲜语"数词+名词"结构中的名词必须具有 [＋ 人物]的语义特征或是表
示团体，机关单位的名词。否则，数名组合不自然或成为病句。例如：

　　＊두 책상 을 샀다. 买了两(张)桌子

　　　两 桌子 宾格 买了

　　＊두 소 를 기르다. 养两(头)牛

　　　两 牛 宾格 养

　　＊두 냉수 를 마셨다.　　喝了两(杯)水

　　　两 凉水 宾格 喝了

　　据文献记载，在中世纪朝鲜语里，几乎所有的名词都可以构成数名结构，
它在当时使用频率较高。所以，韩国很多学者把数名结构看作是韩国语数
量词组的最早的形式。

(四) 数词+量词+의(属格助词, 的)+名词

这种结构在现代朝鲜语里极不常用, 很多情况下数量名结构搭配牵强。例如:

두 개 의 책상 을 샀다.　　　买了两(张)桌子
两 张 的 桌子 宾格 买了

두 잔 의 커피 를 시켰다.　　　要了两杯咖啡
两 杯 的 咖啡 宾格 要

四. 朝鲜语量词的语法化

语法化理论说明, 词语法化的过程表现为: 实词 → 虚词 → 附着形式 → 屈折词缀。这个过程被称为语法化的斜坡。词从兼有虚实两义到完全虚化, 或从虚词到词缀, 是形态的需要。最初的量词多来自于名词, 通常是名词兼为量词(吴安其, 2004)。

朝鲜语量词的语法化大体也是如此, 由名词虚化而来, 而且虚化的程度不一样。分三个类型。

(一) 名词彻底演变为量词

这类词从单个的量词本身已看不出名词的痕迹。例如:

(1) 化佛　마다　마리　에　放光하샤　每一个佛头都在发光
　　　佛　每一个　头　位格　发光

(2) 王　이　太子ㅅ　머리　에　부으시고　王看了太子的头
　　　王　主格　太子的　头　位格　看

296

(3) 염소 한 마리가 뺨이라도 핥을 듯이　一头黄牛甚至似乎要舔脸

　　黄牛 一　头 主格 脸 甚至　舔　像

　　例 (1)的마리表示"头(人体的一部分)"，名词，与例 (2)的머리(头、脑袋)共存于十五世纪。到了十七世纪마리演变为量词，表示动物的数量单位，如例 (3)，一直到现在。

　　属于这个类型的量词还有：개(个)，명(名)，살(岁)，세(岁)，짝(双、对、只)，끼(顿)，그루(棵)，년(年)，권(券)等。

(二) 量　词

　　有些名词已经演变为量词，但有时还兼有名词的功能。例如：

　　(1)　엿　　　두　　가락　　　　　两条麦芽糖

　　　　麦芽糖　　两　　　条

　　(2) 무명실　　두　　가락　　　　两条棉线

　　　　棉线　　　两　　　条

　　(3) 물래　　　의　　가락　　　　纺车的锭子

　　　　纺车　　　的　　锭子

　　(4) 조각난 가락 들은 그 우주 속으로 날았다.　碎条已经飞向那宇宙里

　　　　碎　　条 主格 那 宇宙里　飞向

　　例 (1)～(2)的가락表示"细长的块状东西"，量词。而例 (3)～(4)가락表示锭子和条子，名词。

　　属于这个类型的还有：되(升)，홉(合)，말(斗)，마지기(耕地面积单位)等词虽然接近典型的量词，但还兼名词的功能。

(三) 有些名词可能要演变为量词

例如:

　저기에　세　학생　이　있다.
　那里　三　学生　主格　有
　저기에　세　의자　가　있다.
　那里　三　椅子　主格　有
　저기　세　학교　가　있다.
　那里　三　学校　主格　有
　저기에　세　건물　있다.
　那里　三　大楼　有

学생(学生), 의자(椅子), 학교(学校), 건물(大楼)等名词有发展成量词的可能性。因为这类名词能出现在数名结构中, 而数名结构在朝鲜语数量词组当中是最早形成的。

参考文献

戴庆厦. 藏缅语族语言研究[M], 云南民族出版社, 1998年。
徐正诛. 国语文法[M], 1996年。
金善孝. 国语分类词的特点[J], 第32届韩国国语学会论文。
吴安其. 分析型语言的量词[J], 2004年北京量词研讨会论文。
朱德熙. 语法讲义[M], 商务印书馆, 1998年。

『原载『汉藏语系量词研究』, 民族出版社2005年』

朝鮮語動詞－가다的語法化

[提要]本文从共时和历时两方面考察朝鲜语动词가다的语法化途径，分析가다语法化的句法环境及其动因。

　　语法化是语言演化过程中普遍存在的现象。语法化包含两方面的内容，一是指实词逐渐虚化为没有实在意义的语法成分的过程，二是指短语逐渐凝结为一个单词的过程，可分别简称为词汇的虚化和短语的词汇化。37)

　　朝鲜语助动词用在动词或一部分形容词后面，表示动作行为状态的势态、能愿、结果、推测等。朝鲜语助动词虽然也归于动词的范畴，意义与动词相比已有不同程度的虚化，有的助动词已经很难看出与源动词意义的联系。它们不能单独作谓语，总是附着在动词或形容词的后面，跟谓词一起充当句子的成分。

　　下面从共时和历时两方面考察朝鲜语动词가다的语法化历程，具体分析가다的语法化动因和虚化的轨迹。

一. 朝鲜语가다语法化的途径

　　朝鲜语动词가다的基本意义是'从说话所在的地方向别的地方移动'，例如：

　　아버지　는　집　에　금방　오셨다가셨다. 爸爸刚来一会儿就走了。
　　爸爸（主格）家(位格)刚　来　去了

　　据文献考证，가다虚化为体标记(손세모돌，1996)广泛用于动词或形容

---

37) 江蓝生：『著名中年语言学家自选集・江蓝生卷』，安徽教育出版社，2002年版，第65页。

词后面，表示动作或状态变化的继续，发生在近代朝鲜语中，现代朝鲜语称它为"助动词"。例如：

나 는 이 책 을 계속 읽어가겠다. 我想把这本书继续读下去。

我(主格) 这 书(宾格) 继续 读 下去

날 이 점점 어두워 간다. 天渐渐地黑了

天 主格 渐渐 黑 下去

(一) V+아서(어서, 여서)+가다

朝鲜语动词가다经常跟前面的动词组成动补或连动结构，形式为V+아서(어서, 여서)+가다。例如：

옥이 는 학교 를 돌아서 갔다. 小玉绕道去了学校。

小玉(主格) 学校(宾格) 绕 去了

그 는 버스 를 내려서 갔다. 他从公共汽车下来以后走了。

他(主格) 公共汽车(宾格) 下来 走了

两个动词的连接比较松散，宾语或修饰语可以出现在动补或连动结构的前面，也可以出现在两个动词之间。例如：

옥이 는 돌아서 학교 를 갔다. 小玉绕道去了学校。

小玉(主格) 绕 学校(宾格) 去了

나 는 걸어서 공항 까지 갔다. 我徒步走到机场。

我(主格) 走 机场 到 去了

(二) V+아(어, 여)+가다

当"V+아(어, 여)+가다"的动补或连动结构中的第二个音节서渐渐地被脱弱，只剩下아(어, 여)一个音节。音节脱弱使前面的动词和가다两个成分之

300

间的词汇边界淡化, 从两个单位逐渐融合成一个句法单位——复合动词, 形式为V+아(어, 여)+가다, 가다从动词虚化为粘附于动词词根的语素。

一般来说, V+아(어, 여)+가다结构中间不能插入서, 或者插入以后意思变得牵强。例如:

학생들 이 웅덩이 를 건너갔다. 学生们迈过了水坑。

学生们(主格) 水坑(宾格) 迈过去

학생들 이 웅덩이를 건너서 갔다. 学生们迈过了水坑, 然后走了。

学生们(主格) 水坑(宾格) 迈过以后 走了

副词必须位于"V+아(어, 여)+가다"前面, 修饰整个复合动词, 而不能单独修饰动词或가다。例如:

그 는 학교 에 걸어갔다. 他走到学校。

他(主格) 学校 到 走了

그 는 학교 에 빨리 걸어갔다. 他飞快地向学校走去。

他(主格) 学校 到 飞快 走了

가다在 V_2+아(어, 여)+가다结构中, 语义进一步虚化, 既有源动词的移动的方向意义, 同时又依存于V_2补充说明前面具体动作的继续, 有的语法书称作准辅助动词(강현화, 1995)。

(三) V+아(어, 여)+가다

据考证, 词根语素가다早在中世纪(10～16世纪)朝鲜语里就广泛使用于V+아(어, 여)+가다结构, 组成了大量的复合动词(손세모돌, 1966)。它附着在动词或一部分形容词后面, 表示动作行为的持续或状态变化的持续。

1. 助动词가다主要附着在(+ 动作), (− 位移), (+ 持续)特征的动词后面, 表示某一动作行为从说话时候开始持续下去。例如:

실망하지 않고 씩씩하게 살아갈 것이다. 不灰心, 要坚强地活下去。

　灰心　　不　　坚强地　活要　下去

그 는 이후에 도 계속 만들어 갈 것이다. 他以后也会做下去的。

他(主格) 以后 也 继续 做 会下去的

이 一类的动词还有: 진행하다"进行", 학습하다"学习", 믿다"相信", 수 개하다"修改", 조사하다"调查", 투쟁하다"斗争", 분투하다"奋斗", 견지 하다"坚持", 지탱하다"支撑", 보존하다"保存", 먹다"吃", 읽다"读", 멀어 지다"遥远", 이기다"战胜", 작성하다"编写", 묻다"询问", 메우다"填平", 계산하다"计算", 바꾸다"交换", 풀다"解决"等。

有时还表示动作"接近于完成"。例如:

약 한 통 을 거의 다 먹어간다. 　　　一盒药快要吃完了。

药 一盒(宾格) 几乎 都 吃 快要

책 한 권 을 거의 다 읽어 간다. 　　　一本书快要读完了。

书 一本(宾格) 几乎 都 读 快要

그 일 을 다 해 간다. 　　　　　　那件事情快要干完了。

那 事(宾格) 都 做 快要

가다不能直接接续在(+ 动作), (－ 位移), (+ 持续)特征的动词后面。这类动词跟가다组合在一起, 需要满足以下两个条件。一是가다后要接续表示同时进行义的면서助词, 二是句中要出现表示时段的成分 동안에 例如:

A ＊ 접시 를 깨 간다

　　 碟子 宾格 打碎 快要

B 접시 를 깨가 면서 싸운다. 一边打碎碟子一边争吵

　　碟子 宾格 打碎 一边……一边 争吵

302

A * 넥타이 를 메 가다

　　红领巾 宾格 系 快要

B　넥타이 를 메가면서 떠들고 있었다. 一边系红领巾一边喧哗着。

　　红领巾 宾格 系 一边……一边 喧哗 正在

A * 착한 사람인 듯이 보여갔다.

　　好 人 装 看起来

B　착한 사람인 듯이 보여가며 인심을 얻었다. 装着好人骗得人心。

　　好人 装 看起来 人心 宾格 骗得

A * 나 는 그 사람 을 기다려 간다.

　　我 主格 那 人 宾格 快要

B　나는 그 사람을 기다려 가는 동안에 네 모습을 발견할 수 있었다.

　　我主格 那人宾格 等 期间 自己 真面目 宾格 发现 能

　　等待他的时候我可以发现自己的真面目。

这是因为 깨다"打碎", 메다"系", 보이다"看见" 等动词是(－持续)动词, 在语义上与가다相冲突, 故不能成立。而가다后接续表示同时进行意义的면, 면서后, 就表示可持续的动作, 故能成立。这类动词还有 울다"哭", 웃다"笑", 외치다"喊", 걸다"挂", 놓다"放", 밀다"推", 안다"抱", 입다"穿", 차다"踢"等。

2. V+아(어, 여)+가다

助动词가다附着在(＋状态), (＋变化), (－常态)特征的形容词后面, 表示某种状态变化的持续。例如:

날 이 점점 어두워간다. 天渐渐地黑了。

天(主格) 渐渐地 黑 下去

온돌 이 점점 식어간다. 炕渐渐地凉了。

炕(主格) 渐渐 凉 下去

그녀 는　　　점점　　늙어간다. 她渐渐地老了。

她(主格)　渐渐地　老　下去

V+아(어, 여)+가다表示状态变化的持续义时, 通常与"渐进"类副词점점"渐渐", 조금씩"一点儿", 점차"渐渐", 서서히"慢慢地"等共现。

这一类的形容词有 밝다"亮", 높다"高", 새롭다"新", 낡다"旧", 맑다"清澈", 거칠다"粗糙", 적다"少", 검다"黑", 희다"白", 푸르다"蓝", 시끄럽다"喧哗", 고요하다"安静", 차다"凉", 덥다"热", 웃다"笑", 많다"多", 흐리다"混浊"等。

二　Ka ta 虚化的动因和机制

朝鲜语动词가다经过"空间—时间—心理—性质"等认识范畴的转移, 在基本意义延伸出许多比较抽象的意义, 但가다在"N+助词+가다"等句法结构当中, 不容易出现语法化。例如:

(1) 人或物从空间的一个点移动到另一个点。例如:

북경 까지 기차 가　　　가다.　火车运行到北京。

北京　　到　火车(主格)　运行

나 는 국장으로 가다.　我当局长去了。

我(主格)　局长　　当

그 에게　소식 이 가다.　消息传到他那儿了。

他(对格)　消息(主格)　传

그 일 은 품이 많이 가다. 那个活儿很费工夫。

那 活儿(主格)　工夫 很多　费

학습 은   첫째가는 의무이다.   学习是首要的任务。
学习(主格)   首要   任务

나 는   상해 로 이사를 갔다.   我搬到上海。
我(主格)   上海   到   搬家

(2) 时间从一个时点(时段)流到另一个时点。

이 기세대로 간다 면 임무 를   훨씬 앞당겨 완성할수 있다.
这 气势 按照 下去 的话 任务(宾格) 更   提前   完能   能
照这个气势下去, 肯定能提前完成任务。

시간 이   갈수록   커지는 뉘우침. 随着时间的流逝, 越来越后悔。
时间(主格) 流逝 越……越 大 后悔

결국에 가서는 노력을 많이 한 사람에게 성공이 있게 된다.
最后   到 努力 多 做 我   成功 属于
到最后成功还是属于最勤劳的人们。

(3) 情感, 认知等心理活动从一点移动到另一点。例如:

그 사람에게 호감 이   가다.   我对他产生好感。
他   对格   好感 (主格) 产生

그 가 얼마나 기뻐하였겠는가는 짐작이 간다. 我能猜测他有多么高兴
他(主格) 多么   高兴   猜测(主格)

그것에 대하여 잘   판단 이 가지 않아요. 对它, 难以作出判断。
它   对   难以 判断(主格)

그 에게 존경 과 고마움 이   갔다. 对他产生敬意和谢意。
他 对格 敬意 和 谢意(主格)   产生

(4) 某种现象, 性质消失。例如:

머슴살이는　　　쓰라린 과거와　함께　영영　가버렸다.
雇农生活 话题格 万恶的 旧 社会 一起 永远 消失了
雇农生活随着万恶的旧社会永远消失了。

아까운 사람이　너무　일찍이　갔소.
好 人(主格) 太 早 去世
这个好人去世得太早了。

전시불이　갑자기 가다.　突然, 停电了
电灯(主格) 突然 停

콩나물국은　맛 이 가다.　豆芽汤酸了。
豆芽汤 话题格 味(主格) 酸

(5) 某种现象出现。例如:

큰 물 이 가다.　发大水
大水(主格) 发

장가를 가다.　娶媳妇
娶 媳妇

시집을 가다.　出嫁
出嫁

　　上述 (1)~(5)说明了가다的语义演变轨迹。随着语义的变化, 가다作为动词也消失了一些源动词的特征。一是가다在句子中不能独立充当句子成分。它总是借助于前面的名词性成分, 首先跟这个名词性成分组合成主谓结构、动补结构、状动结构、述宾结构等短语以后, 才能自由地作句子的谓语、状语、主语等句子成分。

　　二是가다的配价能力减弱, 配价指数减少。例如: (4) 类的1~4例句中, 가

다的配价成分只有一个, 分别是머슴살이, 사람, 전기불, 콩나물국等名词。

가다语法化最合适的句法环境是在谓语动词之后, 至于它能否虚化成动词的体标记, 主要取决于动词, 宾语, 가다三者之间的语义和语序的限制。

当가다在[+ 位移], [+ 不及物]特征的动词后面时, V+아(어, 여) +가다 受动词语义特征的选择限制, 不能带宾语, 가다的语义仍然很实在, 表示动作移动的方向。

当가다紧跟着[+ 动作], [+ 位移], [+ 及物]特征的动词后面时, 가다语义具有双重性质, 既表示动作移动, 又表示动作行为的继续。这个时候, 가다的语法化程度较低, 它处于不足语法化阶段。

当가다紧跟着[+ 动作], [- 位移], [+ 及物]特征的动词后面时, 가다的语义完全虚化, 只表示动作的继续。가다真正作为体标记, 出现在近代材料中。也就是说, 从这个时期开始, 가다完全丧失了源动词的本义, 彻底完成了语义虚化, 并在此基础上作为新的语法成分广泛用于动词或形容词后面, 补充说明动作或状态变化的持续, 从此, 语法化得以实现。

语法化是一个连续的渐变的过程而不是突变的。朝鲜语动词가다的语法化大体上经历了"动词 〉动词词根 〉体标记"的过程, 前后至少几百年。语法化是有理据的, 都有它的动因和诱发的机制。导致朝鲜语动词가다的语法化的最重要的机制有两个: 重新分析和类推。在V+아서(어서, 여서)+가다连动结构里, 由于连接两个动词的助词아서(어서, 여서)中的第二个音节的서脱弱, 使前面的动词和가다两个成分之间的词汇边界消失, 导致两个动词的融合--复合词化, 形式为V+아(어, 여)+가다。由于V+아(어, 여)+가다的形式在当时运用的时间长, 使用的频率和范围足够广, 所以它成为强势句法格式, 从而成为朝鲜语词가다的语法化的强大类推源动力。伴随着词汇的虚化, 往往会导致语音形式的弱化。朝鲜语动词的가다作为形态标记, 附着谓语动词后面, 语音形式逐渐弱化, 读轻音, 重音在前面的谓词上面。

参考文献

储泽祥，谢晓明：『汉语语法化研究中应重视的若干问题』，『世界汉语教学』
　　2002年第2期。

戴庆厦：『景颇语的实词虚化』，『中央民族大学学报』1996年第4期。

江蓝生：『著名中年语言学家自选集·江蓝生卷』，安徽教育出版社，2002年。

姜银花：『关于动词组合的多元性研究』，延世大学研究生院国语系博士学位论
　　文，1995年。

金福芬，陈国华：『汉语量词的语法化』，『清华大学学报』(哲学社会科学版) 2002
　　年增1期。

金海月：『朝鲜语"V来/去"与汉语"V来/去"的对比』， 延边大学硕士学位论文，
　　2000年。

金基赫：『国语辅助动词研究』，延世大学研究生院国语系博士学位论文，1987年。

李晋霞：『V来V去格式及其语法化』，『语言研究』2002年第2期。

木仕华：『论纳西语动词的语法化』，『民族语文』2003年第5期。

朴宗翰：『现代汉语表示方向的复合动词的形成与语义研究』，汉城大学博士学
　　位论文，1993年。

沈家煊：『著名中年语言家学自选集·沈家煊卷』，安徽教育出版社，2002年。

石毓智，李讷著：『汉语语法化的历程——形态句法发展的动因和机制』，北京
　　大学出版社，2001年。

徐时仪：『论语组结构功能的虚化』，『复旦大学』1998年第5期。

徐正诛：『国语文法』，1996年。

Son es mo tor: 『国语辅助用言研究』，韩国文化社，1996年。

Abstract

This paper focuses on the evolution of grammaticalization of Korean verb ka ta, and makes an andalysis of its specific syntactic environment, motivation and mechanism.

(原载『民族语文』2004年第4期)

·저자·

황옥화
(黃玉花)

·약　력·

중국길림사범대학교 중어중문학과 졸업
중국연변대학교 대학원 이중언어 석사
중국중앙민족대학교 대학원 사회언어학 박사
현재 중국길림대학교 부교수

·주요논저·

「중한양국어목적어비교」
「사회언어학」
「한국유학생의 텍스트오류분석」
「조선어동사－가다의 문법화」
「중국조선족 이중언어교육과 인지발전」
외 다수

한국인을 위한 중국어 오류분석

·초판 인쇄	2008년 4월 30일
·초판 발행	2008년 4월 30일
·지 은 이	황옥화
·펴 낸 이	채종준
·펴 낸 곳	한국학술정보㈜
	경기도 파주시 교하읍 문발리 513-5
	파주출판문화정보산업단지
	전화　031)908-3181(대표)·팩스　031)908-3189
	홈페이지　http://www.kstudy.cOm
	e-mail(출판사업부)　publish@kstudy.com
·등　　록	제일산-115호(2000. 6. 19)
·가　　격	30,000원

ISBN　978-89-534-8596-9 95720 (파퍼 Book)
　　　　978-89-534-8597-6 98720 (e-Book)